中国传媒大学广告学院
国家广告研究院　联合出品

从产业变化看未来

中国市场企业营销战略及行业分析

主　编　何海明　白欢朋

副主编　杜国清　符绍强　谢　军

中国财经出版传媒集团

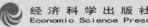

经济科学出版社
Economic Science Press

图书在版编目（CIP）数据

从产业变化看未来：中国市场企业营销战略及行业分析 /
何海明，白欢朋主编 . —北京：经济科学出版社，2017. 12
ISBN 978-7-5141-8896-7

Ⅰ . ①从… Ⅱ . ①何…②白… Ⅲ . ①企业管理 – 营销
管理 – 研究 – 中国 Ⅳ . ①F279.23

中国版本图书馆 CIP 数据核字（2017）第 321908 号

责任编辑：于海汛
责任校对：郑淑艳
责任印制：潘泽新

从产业变化看未来

——中国市场企业营销战略及行业分析

主　编　何海明　白欢朋

副主编　杜国清　符绍强　谢　军

经济科学出版社出版、发行　新华书店经销

社址：北京市海淀区阜成路甲 28 号　邮编：100142

总编部电话：010 – 88191217　发行部电话：010 – 88191522

网址：www. esp. com. cn

电子邮件：esp@esp. com. cn

天猫网店：经济科学出版社旗舰店

网址：http: //jjkxcbs. tmall. com

北京联兴盛业印刷股份有限公司印装

710×1000　16 开　24 印张　480000 字

2017 年 12 月第 1 版　2017 年 12 月第 1 次印刷

ISBN 978 – 7 – 5141 – 8896 – 7　定价：89.00 元

（图书出现印装问题，本社负责调换。电话：010 – 88191510）

（版权所有　侵权必究　举报电话：010 – 88191586

电子邮箱：dbts@esp. com. cn）

本书编委会

主　　编　何海明　白欢朋

副　主　编　杜国清　符绍强　谢　军

课题组成员　陈　怡　吴　胜　马　澈　朱晓红

　　　　　　张　茜　张　驰　孔　娟　郜佳唯

　　　　　　刘桂林　安　璃　项星宇　张安吉

专家组成员（按姓氏拼音字母顺序排列）

　　　　　　陈　昊　陈泉泉　广宇昊　后显慧

　　　　　　姜　凤　罗秋平　马　勇　孙　跃

　　　　　　宋照伟　徐长明　徐骋志　肖卫吾

　　　　　　叶丹芃　曾申平　朱　伟　钟睖睖

本书为中国传媒大学广告学院何海明教授于2016年主持的横向课题——《广告主行业研究课程》的结项成果

当企业管理者走进课堂

（代前言）

　　《从产业变化看未来》这本书的源起是中国传媒大学的一门公开课。2016年我从中央电视台调到我的母校中国传媒大学广告学院任教。众所周知，这所学校是专业特色非常鲜明的大学。除了在央视看到的著名国脸、主持人们毕业于播音主持艺术学院，还有两个全国一流学科：新闻传播学（含广告）和戏剧与影视学。就我所在的广告学院，师资队伍也很强，教授、博导众多，学生素质一流，因此我考虑该开一门什么样的课来给母校做点贡献。

　　通过我在央视工作的体会发现，很多节目在全国都有很强的影响力，其实不在于创作者多有水平，而在于国家平台上能请到最优秀的专家、嘉宾，他们出谋划策，出头露面，才使我们的节目达到国家级的标准，是平台和团队共同的努力才使节目达到一个高的水准。

　　在央视的20年中，我差不多都在做广告营销管理，而来投广告的企业应该是中国最大、最优秀的消费品领域企业，这些企业的管理者也是我们这个时代最杰出的企业家或经理人。请他们走进课堂，就中国市场企业的营销战略和同学们分享，一定很精彩。

　　于是我联系了12家企业管理者，开了一门企业营销战略的课。这些企业管理者基于对我转型和对学校教育的支持来到了中国传媒大学，精心准备、精彩亮相。这里有一向深居简出，又刚直不阿的农夫山泉董事长钟睒睒；有才华横溢、眼光犀利的华润雪花啤酒助理总经理曾申平；有人文气息浓厚、出口成章的泸州老窖集团公司总裁孙跃；有沉稳干练、执行力超强的苏酒集团副总裁朱伟；有深耕汽车行业数年、居功不傲的东风日产销售总部副总部长陈昊；有谦虚内敛、兢兢业业的长城汽车销售公司副总经理徐骋志；有激情澎湃、逻辑严密的海尔卡萨帝公司总经理宋照伟；有年轻飞扬、才情满怀的老板电器首席品牌官叶丹芃；有专注洗涤行业20年、孜孜不倦的洗衣科学家蓝月亮集团CEO罗秋平。

　　我们将他们的讲课文稿整理成集，分享给更多的读者。其中还有三位企业管理者：北京红星集团总经理肖卫吾和中金公司投资银行部总经理陈泉泉，在征求本人意见后没有发表他们的文稿；三节课创始人 &CEO 后显慧的讲稿我们放在今后的新媒体创业创新一书中。

除了上述企业高层，我们还请了国家信息中心副主任徐长明介绍汽车行业的营销，中国家电协会理事长姜风介绍家电行业及其品牌营销，中国食品工业协会副秘书长马勇介绍白酒工业的前世今生。整理这 12 家企业管理层和行业专家的讲课是一种享受，因为他们在课堂上面对学生听众真诚认真，没有保留，比我们在各大论坛上看到的企业管理者的发言更少包装、更多坦率、更多深度思考。

农夫山泉的钟睒睒讲高水平的产品是如何做出的，他认为广告就是对产品长期的思考，并为传统企业大声疾呼；雪花啤酒的曾申平讲雪花成为市场第一的秘诀；泸州老窖的孙跃讲泸州老窖的文化和品牌传播；苏酒集团的朱伟讲洋河在市场上成功的原因和保障；东风日产的陈昊讲如何针对 HALE 人群将汽车营销年轻化；长城汽车的徐骋志讲哈弗如何成为 SUV 品类第一；卡萨帝的宋照伟讲中国家电第一个高端品牌如何打造；老板电器的叶丹芃讲"90 后"营销团队如何将传统厨电做得年轻时尚；蓝月亮的罗秋平讲如何开创一个品类并做大。特别感谢罗秋平在术后两周的第一次外出，就安排给了大学的学生。本书的第二部分是涉及上述六个行业的分析报告，帮助读者以更宽的视角理解这些企业所处的市场环境，所有的行业报告均来自北京华通人商用信息有限公司。华通人公司 CEO 白欢朋关于行业研究的思路和方法我们列在这部分的第一篇。华通人公司研究总监谢军为我们提供了行业分析报告。这本书的出版是我们与华通人公司共同努力的结果。

企业管理者和行业专家们讲的是当下针对产业变革、消费升级、媒介环境剧变下的企业营销战略，但我们从中可以看到这些产业从传统走向未来的趋势和他们基于营销实践的思考。这既为其他企业营销探索者提供借鉴和启发，也是对中国市场营销战略学术研究的贡献。这里要感谢一下赞助商：众盟数据，这是一家年轻的线下大数据公司。其 CEO 广宇昊及高管张茜在听到这门课的设想时毫不犹豫地赞助了这门公开课，解决了其中的经费问题。

这门课也是传媒大学广告学院集体努力的结果。丁俊杰院长宽松包容、鼎力支持这样的设想和实践，公共关系系主任杜国清教授亲自带队课后采访嘉宾，及时发布采访稿，陈怡老师安排老师的学校行程，符绍强教授联系出版、整理文稿，博士生张驰管理学生并帮助整理出书，网络与新媒体系主任马澈老师安排协调各种教学事务。中央电视台财经频道的前制片人吴胜联系嘉宾并发布预告。为本书的出版做出贡献的还有很多在校的研究生同学，不一一列举。

正如一位企业嘉宾所言，本书是当代一流的企业精华案例和内容，时代性、实战性兼具，理论与实际相结合，弥补了传统营销课程第三方眼睛看管理的短板，一流的甲方经验更具借鉴和学习意义。本书截稿时，我邀请了中国传媒大学广告学院院长、国家广告研究院院长丁俊杰教授，北京大学新闻传播学院副院长陈刚教授及我的两位导师中国传媒大学资深教授黄升民先生、北京师范大学新闻传播学院执行院长喻国明教授，以及中央电视台《对话》栏目主持人陈伟鸿先生给本书做个推荐，感谢诸位老师的拨冗指点。

　　这本书立足当下市场及企业的营销变革，着眼未来，是刚进入这个行业或为这个行业服务的创业者最佳的参考书，我们也希望它对即将走向营销一线的学生提供帮助。从这个角度讲，尽管本书仍有很多不足，但对它所做的贡献，我们是很有信心的。

何海明

2017 年 11 月

目　录

第二部分　行业发展研究报告

第一部分

企业的品牌营销与实践

农夫山泉的品牌升级之路

农夫山泉的品牌之道

◎ 钟睒睒

农夫山泉品牌简介

农夫山泉股份有限公司成立于 1996 年，专注于研发、推广饮用天然水、果蔬汁饮料、特殊用途饮料和茶饮料等各类软饮料，向消费者提供天然、健康的饮料产品。

多年来，农夫山泉以战略性的水源布局、独特的产品定位、国际领先的生产设备、完善的质量标准体系和运营管理体系，快速发展成中国领先的饮料生产企业之一。根据 AC 尼尔森的数据显示，农夫山泉已经成为中国包装饮用水市场占有率排名第一的品牌。

农夫山泉通过建设在八大优质水源地周边的 10 余座现代化生产基地进行规模化生产，通过遍布全国的营销网络，将各产品分销至全国各地。农夫山泉坚持"天然、健康"的产品理念，从不使用城市自来水生产瓶装饮用水，也从不在饮用水中添加任何人工矿物质。坚持水源地建厂、水源地灌装，确保所有生产过程都在水源地完成。除"农夫山泉"品牌之外，钟睒睒还带领企业还先后创立了"农夫果园"、"尖叫"、"水溶 C100"、"力量帝"、"东方树叶"与"茶 π"等品牌。

图1 农夫山泉旗下产品

互联网时代下，传统企业面临着前所未有的激烈竞争与多方挑战。作为地道的传统企业，农夫山泉开始了它的升级转型之路。从观念升级出发，对标国际品牌，农夫山泉凭借过硬的产品质量应对消费升级，在激烈的市场混战中，成功地实现了传统企业的困境突围。

农夫山泉的品牌升级之路

传统企业的升级不是一件容易的事情。从劳动分工到知识分工，单个个人、单个企业所拥有的知识在人类知识库的总量中所占的比例越来越小。传统企业准备新的知识系统成为必要之必要。因此，传统企业的升级一定要以观念升级为始。

观念升级：传统企业升级第一步

随着市场竞争的加剧，升级是企业跳不过的一道鸿沟。钟睒睒认为，企业升级的第一步应该是观念的升级。如果观念不转变，升级没有理论支撑，就很难成功。不同的产品、不同的品牌、升级的路子虽然不尽相同，但有一条是相同的，那就是观念的升级。传统企业从内容、包装、制造工艺到装备水平都需要升级。"因为过去总是昨天，明天总是需要新的东西、新的思想、新的创新，创新是永远不会过时的。传统企业的升级不是一件容易的事情，但升级的难度再难，也是传统企业必须选择的唯一道路。"

传统企业到底应该如何进行观念升级？钟睒睒首次公开了农夫山泉的品牌升级路径。

对标管理：赶超国际品牌

对于农夫山泉来说，观念升级的第一步是对标，对标和超越国际品牌，有比较才有鉴别，从文化和观念上寻找超越的空间。

"我们最早对水的认识是解渴，第二步有了安全的认识，第三步是健康认识。然而现在我们理解的水，它代表了一种生态文明。"钟睒睒认为，水是人类生存的屏障，人类生存的基础环境和水是密切相关的，凡是有水的地方，都有很好的生态。

钠含量小于 20mg/L 的矿泉水才能称作"低钠"。国际上，低钠淡矿泉同样非常稀有，深受麦当娜喜爱的挪威芙丝矿泉水（VOSS），其水源地在挪威芙丝湖，钠的含量为 4mg/L；加拿大冰山牌冰川水（Berg），钠的含量低至无法检测；意大利露瑞希矿泉水（Lurisia），水源取自皮埃蒙特高原，而法国依云矿泉水（Evian），水源取自阿尔卑斯山。农夫山泉如果要想升级和超越，必须满足的条件是：好水源、好环境、好口感和好设计。

好水源

农夫山泉的水源之一是长白山北麓的莫涯泉，这块泉水位于东经 127° 59′ 北纬 42° 32′ 的无人区。农夫山泉苦苦寻找了 5 年，才发现这块宝贵的水源地。国家林业局发布的森林指数表明，长白山的森林指数为 100%。现在在中国只有两个这样的地方，一个在云南和缅甸交界的地方，另一个就是在长白山。

图 2　长白山北麓的莫涯泉

好环境

莫涯泉周边的生态环境十分优美，原始森林的类型为长白山针阔混交林，森林覆盖率接近 100%。森林中繁衍生息着约 2800 种植物和 1500 动物。包括珍稀的中华秋沙鸭、东北虎、山楂海棠。农夫山泉工厂周边，360 度眺望过去看不到一座房子。

好口感

莫崖泉的口感独特，喝起来像冰雪融化的松柔感，想象每年森林里第一场雪的气味，这就是莫涯泉具有的气息。此外，莫涯泉中也含有一定的矿物元素，钠含量在 4.5 毫克/升左右，因钠含量低，莫涯泉口感清冽，尤其适合中国人口感。

好设计

农夫山泉在高端水的设计上下了很大的功夫。

首先，农夫山泉高端水的设计要反映出水源地长白山的生态文化。向设计师详细讲述长白山独特生态文化和莫涯泉的特点后，农夫山泉又邀请设计师来到长白山水源地寻找创意灵感。经过一段时间的亲身体验与实地感受，设计师运用了长白山地区的动物形象。这个创意得到了农夫山泉的肯定。经过创意会的讨论后，农夫山泉设计团队认为还需要多一点生态元素来表达长白山的丰富生态。于是，包装设计上出现了 3 种珍贵植物和 4 种稀有动物，以及一种生存期为 270 天的特殊的雪花图案。自此，长白山的生态环境神秘又优雅地展现在农夫山泉高端水瓶身上。

图 3　农夫山泉高端水的设计

其次，农夫山泉高端水的设计要展现出中国文化的沉淀。为了让包装充满艺术性，农夫山泉先后与两家分别来自意大利和俄罗斯的工作室合作。不过这两家工作室给出的方案都不太理想，他们给出的设计方案缺乏中国元素，不像农夫山泉的风格。农夫山泉认为包装上一定要体现中国文化，而且中国文化要沉淀、要端庄。

再次，好设计是感性的，可遇不可求。在包装设计上，农夫山泉深深地体会到了这一点。在与第二家英国设计公司的合作中，农夫山泉对一套包装设计思路相当满意，并进行了8轮修改和打样，可惜当时国内的工艺无法将之工业化，农夫山泉不得不放弃掉这个方案。在与第三家英国设计公司合作的时候，农夫山泉非常喜欢一款以长白山天池为基础元素的设计方案。但是最终由于这款设计的外形过于独特，难以实现工业化而与之失之交臂。

最后，好设计是要精益求精。农夫山泉在高端水的包装设计上一共请了3个国家的5家设计工作室，经过一轮又一轮的修改打磨，推出50余稿，300多个设计，才终于敲定方案。在与英国Horse工作室合作时，他们仅在设计图的修改上就花了1年的时间。在之后的包装打样中，由于瓶子在装水以后和装水以前的效果不同，农夫山泉又花了1年的时间寻找工厂做模样，但是所有工厂做出来的模样都不理想，不得不放弃方案。"光满足一个好的设计，就会让你脱一层皮。"钟睒睒感叹道。后来，工厂为了这个设计停工了3年。又经过了与两个不同设计室的合作和"好马也吃回头草"的重新设计，农夫山泉才拿出满意的方案。

图4　农夫山泉在"一带一路"论坛上

2014 年 11 月，农夫山泉的打样玻璃瓶亮相。她优雅、神秘、无与伦比。她向世人充分展示了长白山的生态文明。农夫山泉的这款天然矿泉水（玻璃瓶）自 2015 年发布以来，就得到了广泛认可，包揽 D&AD 木铅笔奖、FAB 包装设计最佳作品奖、Pentawards 铂金奖等 5 项国际大奖，这些都是中国企业在国际上少有获得的殊荣。2016 年 G20 峰会上，农夫山泉成为指定用水，2017 年的"一带一路"峰会论坛上，农夫山泉再次成为指定用水。

品牌升级：你的品牌就是你的声音

"传统企业要学会发出自己的声音，不能让互联网的大咖左右舆论的方向，你的品牌就是你的声音，你的历史就是你最好的故事。"

——钟睒睒

农夫山泉的品牌矩阵

农夫山泉自 1996 年成立以来，秉承着"健康、天然"的品牌理念，不断开拓饮料领域，推出一系列优质品牌。2003 年，农夫山泉创造性地推出了"农夫果园"混合果汁饮料，延续"农夫"的品牌优势，农夫果园上市当年其市场综合占有率即在全国果汁饮料十大主导品牌中跨入第七位。到 2006 年，在果汁饮料前十个品牌中名列第五。由此，农夫山泉公司从单一瓶装饮用水公司跨入综合性饮料生产企业强者之列。2004 年情绪饮料"尖叫"问世，以独特的包装和"与其心跳，不如尖叫"的诉求一上市就获得了青少年消费者的认可。农夫山泉的"水溶 C100"品牌在 2008 年 5 月问世，以补充维生素 C 为功能利益点，因口感独特，造型清新出众，让人眼前一亮，上市当年即引起市场轰动。2011 年，农夫山泉推出无糖茶叶饮料"东方树叶"，凭借清新独特的口感，吸引了一大批追随者。2016 年，农夫山泉进一步升级产品又推出了 17.5° NFC 果汁饮料。

经过 20 年的成长，农夫山泉已经形成了比较成熟的产品系列。旗下的产品目前主要分为五大类，涉及水、茶、果汁、鲜果类和功能性饮料，自此，农夫山泉几乎覆盖了所有饮料领域。农夫山泉、茶 π、东方树叶、水溶 C100、农夫果园、维他命水等优质品牌，都深受广大消费者的欢迎。

农夫山泉的广告源自长期对于产品和企业文化及历史的思考

"广告，内容为王！"在被问到农夫山泉广告的成功之道时，钟睒睒这样说道。一直以来，农夫山泉的广告清新明丽，打动人心。究其成功原因，钟睒睒说"投广告的时候关键是内容，做广告的关键也是内容。只要内容能够胜出，广告投在哪里都一样，都能传播。当你的内容足够好的时候，你的广告不用钱。"

好的广告一定是集结了众人的智慧，外界一度猜测，农夫山泉的创意团队起码是有几十个人，甚至上百人。钟睒睒透露，农夫山泉的创意团队是很优秀的团队，人数是最小的两位数。

图 5　农夫山泉的产品矩阵

这样一个优秀的小团队是如何做广告的呢？钟睒睒认为，广告创意不是一个晚上懵想的，这样是想不出来创意的。"广告本身是一种长期对产品的思考，必须对真实发生、存在、产品，从制造前一开始就已经有了你的观念，你才能创造出一个好的广告。"

因此，农夫山泉的产品和广告都是连在一起的，实际上从产品开始这些历史和素材就已经具备。1998 年，"农夫山泉有点甜"的广告横空出世改写了饮料行业的市场格局；2000 年，钟睒睒策划了一场声势浩大的"水战"。当时，农夫山泉突然宣布停止生产纯净水，转产天然水，原因是"纯净水对健康无益"。这一观点的提出，顿时震惊了国内的饮料业，农夫山泉似乎也成为行业"公敌"，数家国内饮料企业甚至一度联手对农夫山泉进行封杀，这一事件成为轰动当年饮料行业的一件大事。也就自那时起，农夫山泉登上了瓶装饮用水市场前三甲的宝座，并稳坐至今。之后，无论是"农夫果园""尖叫"饮料，还是"东方树叶"茶饮料，农夫山泉的广告与产品特质紧密相连，几乎融为一体。

优秀的团队和员工，辛苦寻找水源的历史，这些都已经融进企业的血液当中，企业的基因已经在那里，这些就是农夫山泉公司的文化。2016 年是农夫山泉成立的第 20 年，农夫山泉推出了四部以公司员工为主体的纪录片，每一个片子讲述的都是农夫山泉员工的真实故事。第一部推出的是贵州武陵山篇，片名为《一百二十里》。片子的主人公叫肖帅，是农夫山泉武陵山工厂的一名源头检测员。2015 年，农夫山泉的广告拍摄团队跟随肖帅，记录了他进山取水样的一天。第二部推出的是西藏篇，片名为《最后一公里》，讲述的是农夫山泉在西藏的一位业务代表尼玛多吉的故事。第三部的拍摄地在千岛湖，片名为《一个人的岛》。第四条纪录片叫做《一天的假期》，讲述的是农夫山泉一位颇有传奇色彩的人物，农夫山泉 18 年的员工饶明红厂长。这四部以公司员工为主题的纪录片一经播放，就引发了社会各界的广泛关注。观众在感动之余，也体会到了农夫山泉对员工的珍视和满满的社会责任感。

图 6　农夫山泉员工肖帅

践行社会责任，公益营销助力提升农夫山泉的品牌美誉度

"公益只需要去做，不需要天天去讲。农夫山泉在公益事业上会尽自己的能力。"钟睒睒认为，不说的公益是最好的公益，宣扬出来的公益带有很强的自私性，本身就不是公益。

农夫山泉成立于1996年，积极投身社会公益事业，并长期支持中国体育。自1999年起，农夫山泉连续5年成为中国乒乓球国家队的主要赞助商。2000年，农夫山泉被中国奥委会选定为悉尼奥运会中国体育代表团训练及比赛专用水。2001年，农夫山泉和北京申奥委联合推出"一分钱"公益活动，提出"再小的力量也是一种支持"、"买一瓶农夫山泉，你就为申奥捐出一分钱"。2002年，农夫山泉又发起"阳光工程"公益活动，向全国24个省、329个市、县的395所基础教育设施缺乏的学校赠送了价值人民币500余万元的体育器材。20多年来，农夫山泉始终坚持"天然、健康"的产品理念，倡导健康的生活方式，通过一次次公益之举履行着自己的社会责任。农夫山泉在不断扩大知名度的同时也通过公益营销提高了自己的品牌美誉度。

图7　农夫山泉"一分钱行动"

泛娱乐时代内容为王，围绕娱乐化内容者打造深入人心的品牌传播

在泛娱乐化时代，综艺节目成为吸引和聚合消费者注意力的最佳平台之一，农夫山泉同样重视综艺对于品牌的价值。2016年，农夫山泉独家冠名国内首档全明星健康类真人秀节目《拜拜啦肉肉》，开启场景营销。《拜拜啦肉肉》节目组将农夫山泉的水源基地作为取景地，将节目内容与农夫山泉进行融合，让观众在感受节目本身所带来的趣味性的同时，也可以欣赏到农夫山泉水源基地的美丽风光。

中国市场企业营销战略及行业分析

图8　农夫山泉在冠名综艺

《拜拜啦肉肉》内容层面的升级也带来了营销方式的升级。节目中，"肉星"们的减肥计划被拆分成一个一个探寻、保护优质水种的任务，游戏环节均围绕农夫山泉品牌展开。每一款植入产品都在节目中以最合适的场景与嘉宾进行互动，突出产品卖点同时激发观众的购买欲望，真正通过场景记忆点沟通品牌和网友，促进品销价值的提升。[①]

2017年6月，农夫山泉维他命水独家冠名中国首档大型Hip-hop音乐选秀节目《中国有嘻哈》。这档网络综艺节目完美地诠释了时下年轻人的生活态度，标榜"自我张扬"与"真实表达"的态度所触及的"90后"、"95后"群体，与农夫山泉维他命水所对应的目标受众群体十分吻合。[②]

图9　农夫山泉冠名中国有嘻哈

① 麦迪逊邦：《〈优酷拜拜啦肉肉〉携手农夫山泉花式玩转场景营销》，http://www.madisonboom.com/2016/12/02/youku-collaborte-with-nongfu-spring-and-playing-around-scene-marketing-on-tv-show-of-health/。

② 广告营销圈：《号称投入2亿的超级网综《中国有嘻哈》究竟能给品牌带来什么？》，搜狐娱乐，2017年6月8日 http://www.sohu.com/a/147173133_441449。

农夫山泉维他命水不仅作为重要道具出现在节目中，选手们在展示 Freestyle 的时候也会自发地将"农夫山泉"、"有点甜"等词语融入进自己的 Rap 中，形成一种特殊的"台词植入"。以这种方式将嘻哈音乐与品牌进行有效连接，让观众在享受嘻哈音乐魅力的同时，也感受到农夫山泉维他命水这个品牌的活力与力量。

跨界联合不断，农夫山泉＋网易云音乐实现品牌共赢

2017 年 8 月，农夫山泉与网易云音乐宣布达成战略合作，精选出 30 条网易云音乐乐评，印在 4 亿瓶农夫山泉饮用天然水瓶身，制成"乐瓶"，并在北京、上海、杭州、南京等全国 69 个城市和京东超市销售。这款网易云音乐和农夫山泉联合打造的"乐瓶"充满了音乐的元素。从外形上，网易云音乐黑胶唱片的图案和用户乐评印制在农夫山泉瓶身上，乐评也不仅停留在"看"的阶段，通过任意 APP 扫描附在瓶身上的二维码，无须下载，可直接跳转至网易云音乐 APP 的相应歌单。此外，为了进一步增加音乐的趣味性和互动性，用户可以通过网易云音乐 APP 扫描瓶身图案，体验定制化 AR。扫描完成后，手机界面将会让用户置身于沉浸式星空，点击星球会弹出随机乐评，用户可以拍照、同框合影，并即时分享到社交平台。

此次合作一经推出，立马引起了消费者的极大关注，瞬间引爆了社交网络。农夫山泉此次与网易云音乐的合作可谓是双赢。"对于跨界跨品牌合作，双方都比较看重的是两家企业的合作能否实现更大程度的品牌溢价，能否实现'1+1>2'的效果。"网易云音乐副总裁李茵的期望变成了现实。对年轻人市场的重视让农夫山泉与网易云音乐一拍即合，品类的基因让跨界营销这件事变得很重要。频繁且持续的跨界也会让品牌形成独特的"人格"。对于农夫山泉而言，快消品做内容有天然的门槛，通过跨界获得内容，精准地触达某一个消费群体，让他们对品牌产生一个新鲜的认知，持续下来就会形成一个丰满的有活力的品牌形象。过去农夫山泉有点甜，乐瓶之后，农夫山泉还有点咸。而对于快消品牌来说，这样的跨界合作带来的关注度也是能实时反映到销售上，并实现产品溢价。

图 10　农夫山泉的音乐瓶身

对于网易云音乐而言，从出行场景到饮用水场景，乐瓶丰富了消费者的音乐体验，延伸了 UGC 内容的影响力，并借助农夫山泉的销售渠道，下沉到三四线城市中去，辐射更多的消费者。根据 QuestMobile 发布的移动互联网 2017 年 Q2 报告，云音乐 2017 年 6 月的新下载用户已经达到了 1905 万人，同比增长 109.77%。跨界营销实现内容产品从达成情感共鸣到突破流量瓶颈的功能转变。农夫山泉和网易云音乐的跨界合作，农夫山泉开放品牌核心资产——瓶身设计，和一个高认知度的品牌合作，不仅使乐评突破传播层面的影响力，带动产品销售，还借助乐评实现品牌核心资产的另类演绎。以品牌核心资产跨界合作，以创造力赋予时间魅力，重塑经典的意义，持续给到年轻人刺激，这对于传统品牌来说未尝不是一个实现品牌焕新、夺回年轻人注意力的好办法。

借力体育赛事的超级 IP，丰富品牌联想，打造体育营销教科书式案例

随着消费者日益追求健康、品质的生活，马拉松赛事的热度持续不断地上涨。农夫山泉在马拉松上也开始发力，与"奔跑中国"合作再次打造了一个体育营销的经典案例。"奔跑中国"是在"健康中国"国家战略背景下，由中国田径协会和中央电视台联合主办、智美体育集团运营的全新马拉松系列赛事。2017 年，"奔跑中国"马拉松系列赛在"红色之旅"和"改革开放"两大主题的引领下，将在全国各大城市举办 16 场马拉松系列赛事。国家战略与时代精神的融合，让"奔跑中国"形成了广泛的社会影响力和行业关注度，已经成为马拉松赛事的首个国家级超级 IP，吸引了众多国内外知名品牌主的关注和青睐。基于对"奔跑中国"这一超级 IP 价值的极大认同，农夫山泉成为"奔跑中国"马拉松系列赛战略合作伙伴，同时成为赛事唯一指定饮用水品牌。

图 11　农夫山泉与奔跑中国

作为一项极限挑战运动，补水可以说是马拉松参赛者完成比赛不可缺少的重要保障，在刚刚举办的"奔跑中国·红色之旅"延安站的比赛中，农夫山泉对赛事补水保障体系和机制进行了精心策划和全面落实，也使农夫山泉的品牌形象和健康理念与"奔跑中国"IP融为一体，增强了农夫山泉品牌的运动健康DNA，进一步丰富了品牌联想。农夫山泉在赛道沿线设置了多个补水站，并投入了上百人的志愿者团队，全程为参赛者提供补水支持，为数千名参赛者顺利完赛提供保障，为赛事成功举办做出了积极的贡献。

农夫山泉能够成功离不开其在体育营销上的积极运作。早在公司成立之初，农夫山泉就开始借助体育赛事并最终将自身打造成全国知名的饮用水品牌。1998年法国世界杯期间，农夫山泉掘到了包装水行业体育营销的第一桶金，通过"农夫山泉有点甜"的广告诉求被广大世界杯电视观众所接受。农夫山泉从4月中旬开始在中央电视台体育频道和中央台一套少儿节目"大风车"栏目投放广告。在体育频道播放频率较高，使许多足球迷和体育爱好者对农夫山泉印象深刻。世界杯开幕后，农夫山泉又出巨资赞助世界杯足球赛中央电视台五套演播室，使品牌得以更好的宣传。农夫山泉也由此成为饮用水行业的一匹黑马，市场占有率从原来的十几位一跃上升到第三位，被业内人士戏称为1998年世界杯的"大赢家"。

1999年春夏之交，中国乒协和中国乒乓球国家队实地考察了农夫山泉的水源和生产基地，最终选择农夫山泉为乒乓球"梦之队"的合作伙伴，从此以后农夫山泉连续4年成为中国乒乓球国家队的主要赞助商。2000年，农夫山泉全力支持中国奥运代表团出征悉尼奥运会，凭借"天然、健康、安全"的优秀品质成为2000年悉尼奥运会中国代表团训练、比赛专用水，为中国奥运代表团获得傲人战绩立下"汗马功劳"。2000年7月18日，中国奥委会授予浙江千岛湖养生堂饮用水有限公司"中国奥委会合作伙伴和荣誉赞助商"称号。浙江千岛湖养生堂饮用水有限公司成为首家2000~2004年中国奥委会重要合作伙伴，并将在以后长达4年的时间里与中国奥委会展开密切的合作。2000年11月，浙江千岛湖养生堂饮用水有限公司被授予"北京2008年奥运申办委员会热心赞助商和北京2008年奥申委声援团"称号。因为早在悉尼奥运会期间，它就在悉尼的唐人街举行"支持北京申办2008年奥运会万人签名活动"，唤起全世界热爱体育、热爱中国的不同肤色、不同种族的人们对北京申奥的支持。2015年，农夫山泉冠名赞助2015世界斯诺克世界杯，2016年，农夫山泉合作的体育赛事包括轮滑城市赛、武汉网球公开赛系列赛，与此同时也与中超联赛的杭州绿城足球队合作了一系列活动。

钟睒睒论传统企业

传统企业就是人类过去 10 年、20 年，甚至上百年不断在犯错过程中自省并沉淀下来的各类知识、工艺、标准、传统和方法，维持着人们各种生活必须之需的企业。在中国，传统企业承担着 90% 以上人口的就业任务，是 95% 以上的低学历、低收入人群的生活来源，是国家稳定的保障。但是，传统企业却是一类长期备受冷落的企业。在长时间的发展中，它们面临着来自互联网、国家政策以及媒体舆论的多方压力与挑战，生存环境和条件受到限制。

互联网高速侵蚀传统企业空间

传统企业与高新技术企业长期处于不公平的竞争环境之中。随着互联网的高速发展，渠道间日益激烈的竞争以及消费者的逐渐增权，致使传统企业的利润空间被进一步侵蚀。

电商平台改变了传统的经营模式，传统利益链条被打破。以往的产品价值链是企业将产品交付给各地的超市、便利店等渠道商，再由这些渠道商传递给消费者。这种经营模式经过长时间的发展，已经形成为一种稳定的利益关系模式。然而电商平台的出现，让渠道之间的竞争变得更加激烈。为了吸引更多的流量，渠道商不断地进行压价，致使企业的利润空间也受到了压缩。

另外，互联网消弭了商家与消费者之间的信息不对称，消费者增权。对于消费者来说，传统零售业最大的弊端在于信息的不对称性。也正是依靠这种不对称，企业才能够将价格权力掌握在自己手中。然而 C2C、B2C 的出现却完全打破这样的格局，将世界变平坦，将一件商品的真正定价变得透明，大大降低了消费者的信息获取成本，让每一个人都知道这件商品的真正价格区间，使得区域性价格垄断不再成为可能。[1]

国家政策缺乏对传统企业的支持与维护

传统企业长期缺乏政府的扶持，严苛的税收政策不利于传统企业的发展。从 20 世纪 80 年代中期以来，中国制定了一系列高新技术产业的税收优惠政策以鼓励和促进相关产业的发展。1991 年井喷式地出台了 10 项政策，给予了高新技术产业前所未有的扶持。1999 年 8 月，中共中央、国务院在北京召开全国技术创新大会。在这一历史背景下，当年高新技术产业税收优惠政策出台数量达到了历

---

[1] 理奥资讯：《互联网＋传统产业：互联网对 17 个传统行业的冲击》，搜狐财经，2015 年 6 月 15 日，http://www.sohu.com/a/18937352_114990。

史峰值，共计 11 项。① 近几年，国家对高新技术产业的扶持力度也依旧不减。与此相反，传统企业大多税赋重，是社会最低端的企业。国家除了给予小微企业减免税收的扶持外，就很少有其他的优惠政策。在目前的市场环境下，传统企业面临着各种权力的垄断和割据，其中就包括互联网和大数据。

"政府支持企业的标准是高技术，互联网企业在过去的 20 年中，在政府和舆论支持下变得时髦，掠夺了很多的资源和优秀人才，取得了竞争优势。但是高技术意味着有高的创造性、高的社会增长力和高的科技含量，它们应该由市场来支持。政府所应该支持的是以就业为单位，创造就业人数最多的传统企业。"钟睒睒道出了传统企业不受政府重视的窘境。由于政府支持企业的标准更看重 GDP 的高低，而非就业人数的多少，一些传统企业得不到政府的支持，在发展上步履蹒跚。

此外，政府没有维持商业生态的稳定，政策导向互联网产业，也是传统企业承受的压力之一。传统企业长期受到金融企业、房地产企业、互联网电商企业的无情挤压。尤其是近几年在政府大力支持电商的情况下，往往用 5000 家、10000 家，甚至 50000 家传统企业的亏损、薄利和微利维持着一家互联网电商企业的垄断利润，这使得传统企业的生存环境更加雪上加霜。

媒体对传统媒体的舆论导向有失公允

传统企业对民生的重要性以及生存困境少有宣传报道。尽管传统企业承担着 90% 以上的就业，是国家生存及稳定的保障。但是大众媒体关于传统企业的报道逐渐被与互联网有关的报道所取代，传统企业对民生重要性的相关报道更是少之又少。随着国家大力支持互联网发展的相关政策出台，媒体关注的焦点自然转向了"互联网"、"电商"、"BAT"、"大数据"等关键热词。正因如此，传统企业越来越少地出现在公众的视野里，逐渐被大众所忽视，成为沉默的羔羊，传统企业面临的生存困境也是鲜有人知。

在中国，没有传统企业就不可能有互联网，不可能有电商，也不可能有大数据和 AI。没有传统企业就没有人类进步的基础。正是因为有了传统企业长期的日积月累，点点滴滴的结果，才有了大数据的数据来源。

然而，媒体对大数据和人工智能的看待有失客观。"大数据"和"人工智能"在媒体的报道中，仿佛成了攻克一切的神器。媒体不断地用大量篇幅去报道互联网新技术的神奇之处，宣扬人们在科技发展上取得的成就，随后陷入一种自我狂欢抑或是盲目恐慌的状态。这样的失实报道营造了一种"传统企业将死"的假象，为传统企业的发展蒙上了一层本不应该存在的阴影。

---

① 黄萃、苏竣、施丽萍、程啸天：《中国高新技术产业税收优惠政策文本量化研究》，载于《科研管理》2011 年第 10 期，第 46~54、96 页。

在长时间的发展中，传统企业面临着来自各方的压力与挑战，生存境况越发艰难。传统企业要想更好地生存下去，就要采取各种措施突破困境。农夫山泉首先从自身出发，进行转型和升级，完成了一次自我的历练。

专家简介

钟睒睒，男，浙江诸暨人，大学学历，1993 年创办养生堂有限公司，打响了养生堂龟鳖丸、朵而胶囊等品牌。1996 年在杭州投资创立农夫山泉股份有限公司，打造出农夫山泉、农夫果园、尖叫等国内知名饮料品牌。现任农夫山泉股份有限公司董事长兼总经理、养生堂有限公司董事长。

农夫山泉品牌大事记

1996 年：公司成立
➤ 钟睒睒创立农夫山泉前身新安江养生堂饮用水有限公司。

1997 年：农夫山泉诞生
➤ 农夫山泉诞生。

➤ 1997 年 5 月，农夫山泉问世，主攻上海、杭州两地市场。以有点甜为卖点，凭借其在保健品市场练就的实战经验和大量资金的支持，通过大范围、高密度的广告轰炸，杀入中国水市并迅速崛起，奠定了农夫山泉在水市场的高档、高质的形象。至 7 月底，农夫山泉已在上海大型超市包装饮用水单品销售额排行榜上名列第一。

农夫山泉诞生
6月源自千岛湖优质水源的4L装农夫山泉上市

1998 年："农夫山泉有点甜"的广告语

➢ 1998 年，公司赞助世界杯足球赛中央五套演播室，搭上了世界杯的"快车"而迅速成为饮用水行业的一匹黑马，广告语"喝农夫山泉，看 98 世界杯"深入人心。

➢ 4月份，伴随着"农夫山泉有点甜"的广告语，550 毫升运动装农夫山泉迅速在全国铺开。1998 年 4 月起，农夫山泉从华东三省迅速走向全国。550 毫升运动装在全国各地作推广，借助全国热点媒体的传播，农夫山泉有点甜的广告语迅速传遍大江南北，在短时间内就使农夫山泉的品牌知名度从零达到了几乎童叟皆知的程度，农夫山泉的红色风暴也开始席卷全国各地。当年，农夫山泉的市场占有率迅速上升为全国第三，基本形成与娃哈哈、乐百氏三足鼎立的局面。

1999 年：进行奥运营销，传播善待生命、关注健康、重视运动的理念和品牌形象

➢ 自 1999 年起，农夫山泉传播善待生命、关注健康、重视运动的理念和品牌形象，成为中国乒乓球队唯一指定用水，并连续 5 年成为中国乒乓球国家队的主要赞助商。同年，农夫山泉全力支持中国奥运代表团出征悉尼奥运会，凭借天然、健康、安全的优秀品质被中国奥委会选定为悉尼 2000 年奥运会与雅典 2004 年奥运会中国体育代表团训练及比赛专用水。

2000 年：转型天然水，"制造"事件，并向行业领导品牌发起挑战，在消费者心里树立了"天然水"第一品牌的定位

➢ 4 月 24 日，转型天然水，因纯净水对人体无益，农夫山泉郑重向业界宣布不再生产纯净水，转而全部生产天然水。

转型天然水
4月24日，因纯净水对人体无益，农夫山泉郑重向业界宣布不再生产纯净水，转而全部生产天然水

➤ 公司被授予"中国奥委会合作伙伴"荣誉称号和"北京2008年奥运会申办委员会热心赞助商"荣誉称号；"农夫山泉"饮用天然水被中国奥委会选定为"2000年奥运会中国体育代表团比赛训练专用水"；中国跨世纪十大策划经典个案评选揭晓，"农夫山泉有点甜"名列其中。

➤ 2000年，钟睒睒策划了一场声势浩大的"水战"。当时，农夫山泉突然宣布停止生产纯净水，转产天然水，原因是"纯净水对健康无益"。这一观点的提出，顿时震惊了国内的饮料业，农夫山泉似乎也成为行业"公敌"，数家国内饮料企业甚至一度联手对农夫山泉进行封杀，这一事件成为轰动当年饮料行业的一件大事。也就自那时起，农夫山泉登上了瓶装饮用水市场前三甲的宝座，并稳坐至今。农夫山泉也因此得罪了几乎所有的同行。很多人指责他不讲商业道德，靠炒作牟利。对此，钟睒睒认为：世界上没有一个人可以说广告做得好就可以把东西卖出去，而产品本身才是决定市场的唯一"杀手锏"。这场水战看似冒险，其实却是钟睒睒未雨绸缪、深思熟虑的结果。当年，养生堂旗下的产业中，赖以起家的保健品增长放缓，而饮料业则后来居上，成为养生堂销售收入的主要贡献者之一。然而，当时农夫山泉纯净水的市场份额并不是很高，要在竞争激烈的饮料市场立足，产品就必须具有差异化。于是，钟睒睒果断地率先抢占了浙江千岛湖20年的独家开发权，并在积累了一定的市场经验、资金、品牌知名度和渠道之后，发动了对纯净水企业的进攻。由于天然水生产对水源的要求很高，它必须是符合一定标准的地表水、泉水或者矿泉水等，因此水源地的储备对生产企业来说至关重要。钟睒睒又先后在东北的长白山、华中地区的丹江口、珠江三角洲的万绿湖等设立了生产基地。与此同时，他还多方努力，期望建立天然水的国家标准。在这场天然水与纯净水的争斗中，钟睒睒非常清楚，农夫山泉的"天然"概念已经深入人心，这是花多少广告费也无法买来的效果。

➤ 自 2000 年掀起的天然水与纯净水之战，农夫山泉后来居上，连续 5 年销量排名行业第一。可以说，天然水的事件营销，从策划、造势、消费者宣贯都做到了极致，对农夫山泉的品牌形象提升以及差异化起到了至关重要的影响。从品牌和营销的角度而言，农夫山泉是"制造"事件，并向行业领导品牌发起挑战，打造自己独特的品牌形象和定位。通过天然水事件，农夫山泉在消费者心里树立了"天然水"第一品牌的定位，区别于普通的纯净水。

2001 年：支持北京申奥，进行了"一分钱行动"的大型公益活动；变更为股份公司

➤ 农夫山泉在从 2001 年开始，进行了"一分钱行动"的大型公益活动。

➤ 支持北京申奥，入选为悉尼奥运会中国代表团训练比赛专用水。和北京申奥会联合推出"一分钱"公益活动，"从现在起，买一瓶农夫山泉，你就为申奥捐出一分钱"。

支持北京申奥

入选为悉尼奥运会中国代表团训练比赛专用水。第一次将3个集装箱的农夫山泉运抵悉尼比赛现场

和北京申奥委联合推出"一分钱"公益活动。以刘骏和孔令辉为代言人，提出"再小的力量也是一种支持"、"从现在起，买一瓶农夫山泉，你就为申奥捐出一分钱。"

➤ 2001 年 6 月 10 日，公司整体变更设立为股份公司，公司正式更名为"农夫山泉股份有限公司"。

2002 年：发起"阳光工程"公益活动

➤ 发起"一分钱"公益活动——"阳光工程"，社会层面关注中小学体育设施建设，将品牌美度、忠诚度提升到历史新高。

➤ 2002 年，全球最大市场研究机构——AC 尼尔森：中国消费品市场中最受欢迎的六大品牌，"农夫山泉"是唯一民族品牌。

2003 年：农夫果园上市，公司从单一的饮用水公司跨入综合饮料开发深加工企业；启动"载人航天工程"合作

➢ 在长白山发现新水源。

在长白山发现新水源

在吉林长白山发现优质天然水源"锚草泉"。该水源周围10平方公里无人居住。泉水涌自玄武岩裂缝，常年水温9±2℃，清纯甘洌

➢ 以"喝前摇一摇"为广告语的中高浓度混合果蔬汁——农夫果园上市。混合果蔬汁逐渐成为一个新的果蔬汁饮料品类。在上市之初即被业界称为"摇出了果汁行业的新天地"。"农夫果园"的上市，标志着公司从单一的饮用水公司跨入综合饮料开发深加工企业的行列。

➢ 2003 年 9 月，"农夫山泉"瓶装饮用天然水被国家质检总局评为"中国名牌产品"。

➢ 10 月 12 日，启动"载人航天工程"合作，在"神舟五号"发射前三天，公司出资 1000 万元支持中国航天工程事业，农夫山泉成为"中国航天员专用饮用水"。

启动"载人航天工程"合作

10月12日，就在"神舟5号"发射前3天，我公司出资人民币1000万元用于支持中国航天工程事业。农夫山泉成为"中国航天员专用饮用水"

➢ 与 TC 冰箱展开旺季联合促销，掀起异业联合营销的新高潮。TCL 在国内家电业首开白色家电与饮料厂商战略联盟的先河，与农夫山泉共同在全国范围推出"零距离体验"营销模式，意欲优势互补、做大各自市场。所谓"零距离体验"，就是 TCL 在各大卖场将农夫山泉的饮料真物置于 TCL 冰箱中冰镇。消费者选购时，打开冰箱样机即可一饮为快，亲身体验 TCL 冰箱的数字保鲜功能。

2004 年："尖叫"上市

➢ 2004 年初，公司取得国家质检总局颁发的全国工业产品生产许可证，成为饮料行业首批取得食品质量安全市场准入认证的企业之一。公司在广东河源市万绿湖投资建设中国最大的饮用水基地、华南最大的景点式旅游工厂。

➢ 情绪饮料"尖叫"上市。

尖叫问世
情绪饮料"尖叫"以独特的包装和"与其心跳，不如尖叫"的诉求一上市就获得了青少年消费者的认可

2005 年：5 万元重奖征集广告创意，再次吸引业界的眼球

➢ 农夫山泉在 2005 年度推出新品农夫汽茶，是一种全新概念的产品——加汽茶饮料。3 月底，它的首支广告"打劫篇"一面世，就以幽默的广告创意、别具特色的人物形象，吸引了广大消费者的眼球，短期内提高了产品的知名度。但是由于种种原因，这一广告片受到了一些媒体的限制播放。农夫汽茶的推广进入了市场营销的第二阶段，同时，农夫山泉公司决定开展农夫汽茶广告创意有奖征集，从广大消费者聪明的脑袋和切身的消费体验中，发掘农夫汽茶的下一篇广告的创意。

➢ 建立丹江口水源基地。

2006 年：发起 "饮水思源" 公益活动

➢ 万绿湖成为新水源。

万绿湖成为新水源

广东万绿湖为中国国家森林公园，饮用水源一级保护区，水域面积370平方公里，农夫山泉从万绿湖湖面以下60米处取水，万绿湖成为农夫山泉华南的水源基地。

➢ 与宋庆龄基金会合作发起 "饮水思源" 公益活动，用于帮助水源地的贫困孩子，感恩水源地人民为保护水源做出的巨大贡献。

发起 "饮水思源" 公益活动

与宋庆龄基金会合作进行 "饮水思源" 活动，筹集人民币500余万元，用于帮助水源地的贫困孩子，感恩水源地人民为保护水源做出的巨大贡献

饮水思源 农夫山泉

➢ 农夫山泉被 AC 尼尔森评选为中国大陆消费者最信赖的六大品牌之一。

➤ 2006年10月17日，国家工商总局商标局认定"农夫山泉"为中国驰名商标。

2007 年：荣获"中国名牌"产品称号

➤ 2007 年 9 月，农夫果园荣获"中国名牌"产品称号。

➤ 2007 年 4 月，农夫山泉的水测试营销策略在一定程度上改变了消费者的饮水观念，直接大幅度提高了销量；业内指出，农夫山泉的水测试矛头直指康师傅矿物质水等非天然饮用水品牌。由此可见，农夫山泉称霸水市的雄心昭然若揭。同年，中国商业联合会、中华全国商业信息中心授予农夫山泉荣誉证书，农夫山泉牌瓶装饮用水连续 5 年（2002~2006 年）荣列同类产品市场销量第一位；2007 百度风云榜饮料行业报告中，最受网民关注的饮用水品牌农夫山泉位列第一。

2008 年：推出"水溶 C100"

➤ 2008 年 5 月 12 日，四川汶川大地震发生后，公司连同母公司养生堂有限公司第一时间加入抗震救灾中，董事长钟睒睒"八天七夜"深入灾区指挥公司救灾，农夫山泉及养生堂有限公司累计向灾区捐赠 2533 万元的物资及资金。地震期间还组织成立"母亲"救护队到当地医院，陪护受灾的孤儿、残疾儿童。

➤ 2008 年，公司新品"水溶 C100"柠檬汁饮料"一炮打响"，震撼市场。

➤ 新疆玛纳斯、四川峨眉山相继成为第五、六个水源地。

第五、六个水源地
新疆玛纳斯、四川峨眉山相继成为第五、六个水源地

> 2008~2009 年被美国《读者文摘》评选为中国瓶装水中唯一的"白金品牌"。

2009 年： "水溶 C100 等饮料砷含量超标"事件；开展"寻源千岛湖"的危机公关活动，制造了一次事件营销的危机公关

> 2009 年 11 月 24 日，海口市工商局向消费者发布了农夫山泉和统一企业 3 种饮料总砷含量超标的消息。12 月 2 日，海口市工商局在各媒体上再次公布了农夫山泉和统一产品复检全部合格消息，截然不同的两种结果，引起社会广泛关注。

> 2009 年，继"水溶 C100"柠檬汁饮料畅销之后，公司推出"水溶 C100"西柚汁饮料。经过中国民营企业联合会、中国统计协会、中国管理科学研究院的综合评定，公司入选 2009 年度"中国民营 500 强"企业。

> 媒体报道，千岛湖的水源监测得出结论，千岛湖水质在 2009 年 1 月被列入Ⅳ类，而Ⅳ类地表水主要适用于一般工业用水及人体非直接接触娱乐用水区。农夫山泉通过开展一次"寻源千岛湖"的危机公关活动，有效地制造了一次事件营销的危机公关。

"寻源"活动全国推广
全国范围的"寻源"活动拉开帷幕，
消费者实地到访我们的水源和生产基地。

➢ 根据 2009 年第 1 号《综合信用等级评估公告》，公司再次被评定为 AAA 综合信用等级企业。

2010 年：水溶 C100 开展"奢华"促销活动；力量帝维他命水上市

➢ 面对整个饮料行业各品类间的挤压、细分品类品牌之间的竞争挑战，农夫山泉水溶 C100 以秒杀赢大牌为主题对 TVC 进行投放，展开地面推广，开展了历时 3 个月的史上最奢华促销。8 月初，某饮料即将展开"史上最奢华的促销"概念一出，就立刻在各大 BBS，SNS 炒热了，神秘、悬疑、好奇，各种猜疑不断；一周后，媒体报道，农夫山泉证实，确为旗下水溶 C100 品牌所为，活动即将开始，敬请关注；紧接着，以"秒杀赢大牌"为主题的 TVC 开始投放，地面推广展开，历时 3 个月的"史上最奢华促销"活动轰轰烈烈全面开展起来了。集盖＋秒杀，饮料促销新玩法；以"秒杀大牌"事件作为亮点，以网络作为载体，加以电视广告、软文炒作，空中、地面多媒体、多渠道活动配合，造势宣传，扩大影响。①

➢ 救助云南旱灾。

救助云南旱灾

3月22日向云南旱灾地区捐赠价值人民币1300万元的农夫山泉天然水，使灾区约16个县市的缺水百姓喝上了优质天然水

➢ 11 月力量帝维他命水上市。

2011 年：东方树叶问世

➢ 东方树叶问世。

---

① http://www.meihua.info/a/55777.

东方树叶问世
2011年5月，推出无糖茶饮料东方树叶

2012 年：瓶装水问鼎全国第一

➢ 2012 年宝鸡眉县太白山天然水生产基地投产。

➢ 瓶装水问鼎全国第一。

2013 年：农夫山泉"标准门"事件

➢ 4 月 10 日，《京华时报》发出第一篇关于农夫山泉的报道——《农夫山泉被指标准不如自来水》。自此拉开了这场争论的序幕。到 5 月 6 号连续 27 天，《京华时报》用了 67 个版面反反复复地报道，矛头直指农夫山泉。与此同时，农夫山泉也连续四次回应，并在多个媒体刊登澄清报道。在此过程中，北京市桶装饮用水销售行业协会下发《关于建议北京市桶装饮用水行业销售企业对"农夫山泉"品牌桶装水进行下架处理的通知》，要求北京市桶装饮用水行业各销售企业即刻对农夫山泉桶装饮用水产品做下架处理。6 日，《京华时报》报道，北京市质监局证实，因"标准"问题，农夫山泉桶装水已在北京停产。针对《京华时报》的一系列报道，农夫山泉股份有限公司（以下简称"农夫山泉"）

《京华时报》5 月 6 日头版。

在 6 日下午召开天然水标准新闻发布会，针对文章中的地标、浙标、标签、酸性四个问题进行回应。①

➤ 雅安抗震救灾。

2014 年：推出 17.5 度橙

➤ 2014 年，"农夫山泉"入围 2013 年度中国行业影响力品牌。

➤ 推出 17.5 度橙。

推出17.5°橙　**农夫山泉默默种橙8年**
品质超群，方才面市
农夫山泉17.5°橙为纽荷尔脐橙，产自江西赣南核心橙产区，是拥有平均17.5黄金糖酸比的脐橙。
以美国农业部USDA的分级标准为验收标准，17.5°橙的糖酸比至少达到12.7，高时可达20左右，平均值约在17.5左右，有点酸的甜才是橙子的美味。

2015 年：天然矿泉水等三款新品上市；打造了"为青春泉力以赴"的线上活动

➤ 三款新品上市。

➤ 农夫山泉天然矿泉水自上市以来，已拿下五项国际包装大奖。

荣获五项国际包装大奖
自上市以来，农夫山泉天然矿泉水已拿下五项国际包装大奖，
创下中国产品问鼎世界大奖的纪录。

| 2015年 D&AD 木铅笔奖 (2015.5) | 2015年 Pentawards 铂金奖 (2015.9) | 2015年 The Design Week Award (2015.11) | 2015年 The Dieline 国际包装设计大奖 软饮料类第一名 (2015.5) | 2015年 第17届FAB 包装设计类最佳作品奖 无酒精饮料包装设计金奖 (2015.5) |

---

① http://www.meihua.info/a/49129.

➢ 农夫山泉与真众互动（ZenZone）一起打造了"为青春泉力以赴"的线上活动，推出"军训秘籍"和"军训女神"给各位正在经历军训的新同学加油打气；同时，还收集了不少大学里不能错过的事，提前给期待大学生活的同学们一些指引，让大家的校园生活变得丰富多彩起来。

2016 年：推出果味茶饮料茶 π；李娜为婴儿水代言

➢ 推出 17.5NFC 果汁。

推出17.5°NFC果汁

17.5°，农夫山泉辛勤劳作的符号，代表了我们对水果理想糖酸比的追求！农夫人十年如一日，在地头培育蔬果的实业精神。每一种水果原料，都凝结了我们的汗水、辛劳和诚意。从地头到店头，全程严格管理，确保鲜爽与美味。这是中国果汁饮料的新高度。

➢ 推出果味茶饮料茶 π。

➤ 农夫山泉 2016 年 5 月份宣布 BIGBANG 成为其形象代言人。据悉，「茶 π」是 BIGBANG 以全员形式代言的首个中国品牌。

➤ 推出果味饮料水葡萄。

➤ 5 月 16 日，国际网球名将李娜在其微博上宣布，将为农夫山泉的婴儿水做代言。这是娜姐在公布二胎消息后的首个婴幼儿产品代言，也因而引发了广泛的关注。

➤ G20 指定会议用水，来自杭州本土的农夫山泉。

➤ 农夫山泉 20 周年的时候，它陆续发布了 4 个专门为周年拍摄的系列广告片（当然你完全可以称它们为纪录片）。从搬运工到水质检测员，从长白山到千岛湖，让员工成为广告中的主角，想用他们或许平凡却不平庸的故事，低调却谦和地告诉人们：农夫山泉的品质就是来自这些闪闪发光的普通员工们。

2017 年：农夫山泉营销上动作不断，综艺、跨界不断引发关注

➤ 5 月，农夫山泉玻璃瓶装矿泉水登上"一带一路"国际合作高峰论坛

➤ 6 月，农夫山泉赞助"奔跑中国"马拉松赛事，成为赛事唯一指定饮用水品牌

➤ 6 月，农夫山泉维他命水豪掷 1.2 亿元独家冠名《中国有嘻哈》

➤ 8 月，农夫山泉牵手网易云音乐，将乐评印在了瓶身上，引发广泛传播和关注

➤ 9 月，农夫山泉牵手 TRE 电竞，助力年轻人实现梦想，借助时下热门的电竞升级品牌形象

经典广告语汇总

➤ 农夫山泉有点甜
➤ 我们不生产水，我们只是大自然的搬运工
➤ 水的质量决定生命的质量
➤ 你每喝一瓶农夫山泉，就为贫困山区孩子捐出一分钱

（文稿整理：陈 怡 张 驰 项星宇）

你的品牌就是你的声音

——专访养生堂有限公司董事长钟睒睒

传统企业在与互联网企业竞争谁处于劣势

《新趋势》：您如何看待传统企业和互联网企业的区别？

钟睒睒：传统企业和互联网企业在我看来都是同一类企业，都是为了利益，只不过用各种不同手段，这种传统和互联网的分类其实带有一种歧视，这种歧视会对很多传统企业造成伤害。中国互联网企业和外国互联网企业经营的方向是不一样的，中国的互联网企业和传统企业在争夺奶酪，在往线下走；而欧美的互联网企业是创新的，在往线上走。不仅互联网企业有创新，传统企业也有创新，但舆论导向还是偏向互联网企业。我认为是对创新的理解问题，谁来创新，谁主导创新，这些需要思考。

传统企业承担着90%以上的就业，是95%以上的低学历、低收入人群的生活来源，是这个国家稳定的保障。然而一些互联网企业交的税是15%，我们是25%。

过硬的品质是面对挑战的利器

和讯网：全国工商联数据显示，农夫山泉这几年的营收中在前两年非常快，近几年比较慢，这是为什么？

钟睒睒：2013年的"标准门"事件让农夫山泉遍体鳞伤，到现在农夫山泉仍然没有恢复当年的市场份额，仍然有很多人觉得农夫山泉有问题，这就是舆论对品牌的伤害。

但是我们是一家非常有市场潜力的公司，2016 年行业前十位的增长速度中排名第一，2017 年行业前 20 位的增速当中也是第一位，农夫山泉的营收变化反映了我们在修复的过程中。老百姓一定会明白过来，当然我们也希望得到政府的支持和社会的尊重。品牌真正有价值，应该由法律保护。此外，一些媒体在报道过程中会回避品牌信息，有失公正、公允。

《中国经营报》：时隔 4 年，农夫山泉桶装水重新回到北京市场，您认为怎么把之前的市场找回来？

钟睒睒：承德厂在雾灵山山脉，是北京北边最好的一块水源，承德又是皇家的避暑之地。我们经过多年的周边考察，选定了那个地方。承德厂产水量不是很大，基本就是覆盖北京、天津、河北的一部分，我们覆盖大部分市场的水还是长白山的水。

我们决定回到北京市场，因为北京现在饮用水产品质量不够好。长期饮用纯净水不利于身体健康，我们不担心自己产品的质量，但怕不让我们发声。中国如果能够允许基于真实的比较性广告，消费者能够了解产品间的差异，中国的发展会加速。所以法律制度应该与时俱进。

《中国经营报》：您会不会后悔当初离开北京市场？

钟睒睒：不后悔，因为农夫山泉不是为了利润而生存的，当然利润也是必要的，因为员工要生存，企业要发展。我对真理看得更重，时间会让埋没的真理重新出现，我对北京市场充满信心。

《中国经营报》：您如何看待价格战？

钟睒睒：价格战也是一种竞争战略，但要有法律条款约束，企业不能以低于生产经营成本进行价格战。现在的价格战到处都是，尤其是电商的价格战，这对中国经济的伤害是非常巨大的，阻碍中国产品升级换代。但是我们国家没有法律进行规制，我希望媒体能呼吁这个问题。一些企业以低于成本价销售产品进行恶性竞争，调查记者应该有所作为。

农夫山泉积极应对消费升级

财新传媒：农夫山泉推出了高端水，您对消费升级是怎么理解的？

钟睒睒：消费升级是国家应该重点关注的问题，国富民强在于百姓的生活质量好。我认为不能只讲对小微企业的扶持，还要实行对低收入人群的免税政策，这样才能提高国家和社会的幸福指数。

财新传媒：您认为消费升级的状况下，消费者的行为和习惯有什么变化吗？

钟睒睒：消费升级和进步是明显的，人民的生活水平在提高，要求也在提高，但人追求幸福、追求改善是本能。比如现在消费者追求健康、自然、无添加剂的饮料，我们在新疆榨苹果汁，无添加剂，还有我们的茶在抗氧化反应方面比日本人做得好，不仅无添加剂还用透明瓶子进行包装。但是我们不打算马上开拓国际市场，不是技术问题，而是中国的法制、自然环境等还不能得到外国市场的认可，我们的产品要冠以其他国家的名义才能更好打开市场。

财新传媒：您认为对国家、对消费者有益的产品有哪些要素？

钟睒睒：要素是市场选择的，所以市场才会丰富多彩。作为一个企业应该检视自己的产品，因为企业是通过产品表达爱国主张和社会公共性，如果某个公司说的和做的不一样，新闻媒体应该揭露他。一些规模大的企业言行不一，但新闻媒体没有揭露。同时虚假信息的传播在法律监管方面不够。产品生产者和舆论制造者都有社会责任，如果每个人都承担起社会责任，中国会发展得更好。

《中国经营报》：您说高端的水卖一瓶亏一瓶，这是什么原因呢？

钟睒睒：高端的水卖一瓶亏一瓶，是因为大众没有达到这个消费水平。企业有制造成本，生产线有折旧成本，生产速度大于目前消费者的消费速度，消费水平还不够高。等大家生活水平提高了，对于高端水的消费自然会增多。人均收入超过 8000 美元标准线的时候，就是消费水平突飞猛进的时候，但是现在还没有达到。

《中国经营报》：高端水在市场布局中未来会有多大份额？

钟睒睒：高端水的份额我不敢说，但我只能说其他企业撼动农夫山泉第一的位置会比较困难。企业的内控标准、制造水平、员工素质、自然环境条件决定企业有没有办法胜出，有办法胜出就可能第一。比如我们的员工中就有浙江省的劳动模范，这就是农夫山泉作为第一的保障之一。

《中国经营报》："茶 π"推出之后获得成功的原因是什么？

钟睒睒：我们的"茶派"是天然的，用的是纯果汁。我们对自己的检视只有一个标准，我们有没有能力达到，如果达到就要做到，如果达不到就不去做。努力做到了，市场一定会认可。

做公益不需声张

新华社：农夫山泉作为优秀的民族品牌，一直致力于热心公益事业，多年前卖一瓶水捐一分钱，让人记忆犹新，您 2017 年有没有组织大型公益活动的规划？

钟睒睒：我认为的公益带有很强的私密性，自己宣传自己做公益的过程中，其实公益的价值和真正内涵就已经消失了。我认为公益只需要认认真真去做，而不需要天天去讲，农夫山泉会尽自己的能力去做公益。

数据公开化透明化是我们的期望

财新传媒：您作为企业家对于用大数据解读经济指数有什么期待？

钟睒睒：作为国家的管理者来说，数据是有价值的。有些数据必须掌握在国家手里，国家从公平公正的原则，让数据公开化、透明化，尤其是消费者指数、信心指数、中国竞争力指数等。但大数据不能是某一个或几个企业控制的大数据，一些企业以数据威慑中小企业是很危险的，国家应该有责任保护这些中小企业。

学习对于传统企业最重要

《新趋势》：您对在校学生的学习有什么建议？您在招聘人才的时候最注意学生的哪些素质？

钟睒睒：现在是青出于蓝胜于蓝，长江后浪推前浪，我现在花更多的时间向单位里最年轻的人学习，每个人看这个世界都有不同的视角。孔夫子讲"三人行必有我师"，这是中国文化的精粹。我认为学习对于传统企业最重要，不能停下来。

新人的学习能力、开放性、向上性是基本素质，专业并不重要。但现在很多学生不愿意到传统企业，这对我们来说也是一个挑战。

（文稿整理：郜佳唯　安　瑀　刘桂林　陈　怡）

雪花啤酒："简单"笃行铸就辉煌

◎ 曾申平

雪花啤酒品牌简介

华润雪花啤酒有限公司成立于 1993 年 5 月，是一家生产、经营啤酒的全国性的专业啤酒公司，总部设于中国北京。目前华润雪花啤酒在中国经营 98 家啤酒厂，旗下含雪花啤酒品牌及 30 多个区域品牌。2016 年华润雪花啤酒总销量达到 1171.5 万千升，共占有中国啤酒市场约 26% 的份额。

雪花做大市场的奥秘

"最大的鱼不一定生在最大的塘里，但最大的鱼一定长在最大的塘里；消费品做到中国第一，就是世界第一。"这句话在雪花啤酒再次得到应验。

2013 年底，华润雪花啤酒产销总量和雪花品牌销量双双突破 1000 万吨，持续创造了中国乃至世界啤酒市场的新纪录。然而，雪花品牌销量虽然是国内"青岛"、"燕京"、"百威"销量的总和，但市场集中度较之全球主要啤酒消费大国仍然很低，若再放到不同价位的餐饮以及其他销售渠道中，集中度将更为分散。如何建立起行业市场的领先地位，持续提升市场和品牌地位集中度，是华润雪花多年来一直在探索并持续挑战的课题。

雪花啤酒的区域扩张战略

雪花啤酒真正的区域扩张策略是：在一个新市场里，先通过产品品质及品牌运作站稳脚跟、取得优势、扩大优势，最后成功反转。而竞争对手在失去了市场地位后，被收购往往成了其最好且双赢的选择。

更重要的是，每一次并购之后，雪花啤酒并没有延续使用被收购企业的品牌，而是统一为"雪花"品牌。因而对于雪花而言，并购只是部分解决了产能和渠道资源，而不能直接"继承"市场份额。20 世纪 90 年代外资的直接并购没有获得市场上的成功，雪花啤酒在国内的并购也并不是其获得市场份额的决定性因素。

了解中国消费者的独特性

雪花啤酒的市场份额，更多的是自己打下来的。既然不是买来的，那雪花啤酒能在市场的竞争中胜出的原因是什么？作为地道的舶来品，啤酒的品牌营销不应该是越西化越正宗吗？为什么还需要了解消费者？中国消费者有什么不同？

对体育感兴趣的人可能会知道，包括足球世界杯在内的各项大型赛事的赞助商，往往会有啤酒品牌的身影。和兄弟们一起喝着啤酒看着明星进球的场景，也是啤酒广告的通用模板。当啤酒品牌努力用西方的啤酒饮用习惯引诱中国消费者时，他们很容易走似是而非的误区。的确，中国人也会在看体育赛事直播时喝啤酒，但有所不同的是，啤酒旁边一般还会有一碟花生米。而且在中国的不同地区，佐酒的小菜也带有强烈的区域特色。比如在啤酒消费大省四川，消费者往往会用"美好"的酱卤肉就着雪花啤酒大快朵颐。

这小小的一碟花生米却意味着中外消费习惯的差距。在酒吧里看球赛、喝啤酒是西方人的习惯，而在中国，啤酒是在饭桌上喝的，喝酒必吃菜，即使只是一碟花生米。

曾经有专业的市场调查公司对全球消费者的啤酒饮用习惯进行调研。他们发现，在中国，95%以上的啤酒是在就餐的时候被喝掉，而这个数字在俄罗斯为35%，在中国以外的东亚地区大约为15%，在欧美则仅为5%，而且这5%中主要都是亚裔。吃饭时喝酒对中国人来说似乎是不需要调研就能做出的结论。然而在与其他国家横向对比之后却是一个非常重要的决策依据信息。因为这个数据意味着，中国人喝啤酒的方式和世界上其他任何地区都不一样，因而中国市场不可照搬其他任何地方的成功经验。

雪花啤酒深知这95%背后的意义。所以，在雪花的品牌传播中，原先已经在消费者心目中用西化方式建立与啤酒相关的很少用，因为雪花知道，那不是中国人消费啤酒的主流场景。

雪花开创"啤酒畅饮不上头"

雪花一直在为中国人的消费习惯，不断改善啤酒的口味。比如更适合中国人口感的淡爽型啤酒，就是雪花在洞察中国消费习惯后，第一个在行业里系统推出的口味。

传统欧洲啤酒的麦芽汁浓度一般都在12~15度之间（黄啤酒），黑啤酒则为15度以上。但对中国人来说啤酒苦味值太高，影响啤酒的饮用量，尤其是中国人喜欢吃饭的时候喝啤酒，苦味值太高会影响吃饭的口感。

雪花的淡爽型啤酒，是经过大量的消费者选择后将麦芽汁调整到更适合中国饮用的浓度，较低的苦味使淡爽型啤酒更适合在吃饭时饮用。

另一个重大改进，是雪花让啤酒不再上头。老外习惯拿一个小瓶一两个人喝一个中午，把啤酒当成饮料，小口慢呷；在中国呢？一个小时吃饭的时间，每人灌个五瓶十瓶！单次饮用量比老外多那么多，头不疼才怪。

是引导消费者，按西方人的方式小口慢呷，还是尊重中国人的习惯？雪花啤酒发现可以通过把醇酯比调到一定的范围解决这个问题。这样一来，中国人可以保持自己的习惯，而且喝了不会上头。雪花啤酒畅饮不上头，对消费者的引导有很大的作用，为自身品牌创造增量的同时，也带动中国啤酒容量的快速增长。

从产品包装上引导消费者

雪花啤酒还解决了高端啤酒如何从感觉上与普通啤酒区分的问题。一想到啤酒，不少人的第一联想可能是一只深绿色的玻璃瓶。然而细心的消费者会发现，雪花啤酒的大部分产品已经开始采用透明玻璃瓶。透明瓶将啤酒本身的颜色直接呈现出来，给人金黄透亮的感觉。"金灿灿的，感觉有档次。"在市场调研中，与传统的绿瓶相比，消费者更愿意选择现在的瓶子。在高档饭店雪白的台布上，"菜往上一放，金黄色的啤酒一摆，整个饭桌看起来会都很'顺'。"一位浙江的消费者这样说。雪花纯生的档次感正是通过这种消费者更容易感受的形式来传达的。

独特的雪花"大品牌"战略

雪花的快速发展没有什么独到之处，我们不过是在做同一件事情，更好地满足消费者的需求。这是一个非常初级的市场概念，但是我们的成功、不成功的原因都在这里。

最朴素的消费者至上理念，是雪花啤酒快速发展到今天的关键。20年间，雪花啤酒一直研究消费者需求的调研和判断方法，而且初步形成了雪花啤酒自己的理念和具体方法。这种对消费者的深度了解，支持了雪花啤酒的正确决策。比如前面所述的淡爽型啤酒的推出、啤酒包装的革命性创新，等等。

另一个巨大成果，就是雪花啤酒有别于啤酒业其他品牌的、独特的雪花大品牌战略。也就是说，华润雪花啤酒在全国市场，集中资源只运作"雪花"这一个全国性品牌。这个大品牌战略，决定了雪花啤酒的品牌组合策略、市场布局策略、分销和覆盖策略。

2002年，当雪花啤酒做出这个决定，用雪花品牌整合当时正在销售的上百个品牌时，企业内外部是一片质疑声。这在当时是一个充满挑战和风险的举措，业内有人形容雪花啤酒"把所有鸡蛋都放进一个篮子里"。

但事实证明，大品牌战略让雪花获得了连续10年的高速成长！根据我们的经验，凡是深受质疑的策略，自然也就颠覆了流行的观念，颠覆了过去大家习惯的策略，成功的可能性就会更高。

事实上，所谓雪花大品牌战略是一场"豪赌"的看法，是因为当时"没看懂"；今天"看懂了"，却又"来不及"了。支撑雪花准确做出这一有关品牌的战略论断的，是雪花啤酒对消费者从战略层面的真正重视。没有对消费者的深刻洞察，就不可能有对中国啤酒业未来的洞见，也就不可能有颠覆当时所有业内品牌观点的雪花大品牌战略。

回顾近年来华润雪花啤酒的市场和品牌发展，成效与不足并存，但"简单"一直是取得成效的主旋律。就如 2014 年 Mercatus 全球年会总结评价所言，雪花啤酒近年来把几个看似不可能完成的目标实现了，主要得益于善于设计长期发展目标、制定有效的市场策略，并能用简单的行为予以持续的推进和完成。

图 1　雪花啤酒案例"世界最大啤酒品牌打造世界最大的本土精制酒组合"，
获得 2013 年度 Mercatus 全球营销大奖金奖

早期华润雪花收购的几个区域品牌如雪花、蓝剑、华丹等，规模均相对较大，品牌规模不分上下，各区域公司独立进行品牌推广。按目前的江湖理论叫"多品牌发展"，大有各路品牌豪杰并起之势，甚是热闹。但是汇至全国，各区域品牌又呈现出市场地位低、影响范围小的弊端，更致命的是华润啤酒的牌子都是"区域性小品牌"。反观竞品却是全国覆盖、全国传播的大品牌。经过系统的反思和研讨，一句"简单"的决定："全国统一推广雪花品牌、5 年全国第一"，后续几个"简单"的措施："雪花主攻最大细分市场"、"有效场所和价位全推雪花"、"全国推广资源只给雪花"、"集中精力建立根据地市场"、"公司利益至上、队伍五湖四海、打起背包就出发",让华润雪花4年就实现了雪花品牌销量全国第一,5年创下了公司总销量全国第一。

2008年以后,华润雪花制定并启动了精制酒战略,早期只规定用"雪花"品牌,而商标识别"百花齐放"、"百家争鸣"的状态显然不能在精制酒方面形成全国统一的形象。经过论证和系统的设计,公司以"中国元素"作为雪花组合产品识别,并陆续推动了四个统一:"统一规定主流至高档各细分市场识别"、"统一全国包装物标准"、"统一全国推广产品"、"统一全国推广要素"。从目前的收效看,雪花纯生的全国地位已经确立,且增速明显高于两个主要竞争品牌的同细分产品。雪花"勇闯天涯"也已成为中档产品的全国第一,同样增速持续高于主要竞争对手。

图2　雪花脸谱系列

图3　京剧表演艺术家梅葆玖品鉴雪花脸谱啤酒

雪花啤酒的"中国元素"和"进取、挑战、创新"的品牌文化

"消费者大脑中现存的第一品牌印象及联想，是曾经的市场领导品牌所培育的结果。超越品牌一定是用不一样的品牌沟通策略和更有效率的方式来颠覆固有印象，并重建消费者第一品牌的印象"，这可能是做成第一品牌的一般常识。早期的雪花品牌形象建设，也经历过多次的探索与尝试，如"明星代言"、"体育运动"、"激情释放"、"畅想成长"等，从后来的结果看，效果和效率一般，更明显的不足在于品牌形象的独特性无法有效凸显。经过多次探索研讨，雪花啤酒逐步跳出了"啤酒舶来品"、"欧美消费方式"、"啤酒西方根"、"欧美元素至上"的陷阱，从"中国消费场所、中国消费方式、中国消费心理"出发，率先将中国元素植入雪花品牌核心要素中，并逐步开始设计产品及品牌推广活动。从初期效果来看，短期收效较慢，效率还有待提升。历经五六年的品牌推广，雪花独特的品牌形象已逐步显现。行业协会相关负责人在谈起雪花品牌和中国酒类品牌时，十分惋惜当下中国葡萄酒行业的倾覆，"中国葡萄酒行业十几年近百亿资源，却以'北纬38度、波尔多、法国酿造大师'等品牌概念来培育消费者，以致欧、美、拉的葡萄酒品牌成为佳酿，而中国的精品葡萄酒却成了'低端'，主要原因是中国葡萄酒品牌文化的根扎到别人家去了，哪是人家的对手？"这位"行家"的切肤之感，或许也是对雪花品牌发展设计的一种认可吧。

雪花品牌成功跳出了似是而非的"中国啤酒品牌欧美标准"后，根据目标消费人群及"中国元素"，力求表现"精神"、"文化"和"地位"，并推出了相应的独特的品牌活动，品牌推广成效逐步显现。"雪花勇闯天涯"活动从2005年推出至今，继探索雅鲁藏布大峡谷、探秘长江源、远征国境线、极地探索、挑战乔戈里峰、共攀长征之巅、穿越可可西里、冲破雪线之后，2013年翻越喜马拉雅山。"勇闯天涯"以其对人迹罕至的自然地理的独特挑战方式和对自然环境的关注，在业界引起了不小的震动。在9年的活动实践中，我们不断设计并优化出"雪花勇闯天涯"的核心信息并持续推广，"勇闯天涯"正契合了当代年轻人的主流价值观。他们处于事业初创期，怀揣梦想，勇于面对生活中的挑战，希望通过自己的努力来改变现状、实现梦想。在品牌调研时，经常有年轻群体消费者自发提及"听到勇闯天涯，就有'向前冲'的感觉"。宝洁前首席营销执行官吉姆·施坦格尔（Jim Stengel）携WPP（全球第一大传媒集团）在美国撰写并全球出版的 *GROW* 一书中写道，"雪花品牌运用勇闯天涯的口号，号召了中国人特别是年轻人的民族自豪感，这是雪花品牌发展成功的重要原因"，被吉姆·施坦格尔选中写入书中的10年高增长中国品牌仅有雪花、海尔和平安银行3个，而全球10年高增长的啤酒品牌被选中的也仅有雪花和喜力两家。

中国市场企业营销战略及行业分析

图4 2013年，"勇闯天涯"之翻越喜马拉雅的勇士们

图5 2009年，"勇闯天涯"挑战乔戈里

图6 古建筑摄影大赛参赛者在云南建水朝阳楼合影

同样，雪花纯生·中国古建筑摄影大赛在最初的两三年里，质疑声不绝于耳。因为其颠覆了啤酒的推广形式，这在过去从未有过。活动期间，我们在全国范围内征集中国古建筑题材的摄影作品，并开展了几十场摄影外拍、讲座、影展等形式的活动。5 年下来，在建筑领域、摄影界产生了巨大影响，受到了建筑爱好者和摄影爱好者的广泛关注和认可。目前，该摄影大赛已成为全国规模最大的、以中国古建筑为拍摄题材的摄影类活动。在为广大古建筑及摄影爱好者搭建文化交流平台的同时，更为中国古建筑保存了较为完整的影像记录，同时也为雪花品牌注入了深厚的文化底蕴。近两年，雪花纯生得到了目标消费群体的广泛认同（如政、商、媒、艺等高端群体）。雪花纯生极具独特性的形象优势逐渐显现，与之相关的市场地位也水涨船高，高档的产品形象得到了消费者的一致认同。较之更具独特性的雪花脸谱在上海外滩高端 MINT 夜场进行上市发布时，现场得到了一致的声音："啤酒这么做，是第一次见到！"

从"勇闯天涯"到"中国古建筑摄影大赛"，华润雪花在人们心目中建立起了"积极、创新、进取、挑战"的清晰品牌形象，走出了一条与众不同的差异化竞争和自主品牌创新道路。

2014 年 SABMiller 举办 Mercatus 全球品牌营销年会期间，其全球市场总监尼克（Nick）专程接待了华润雪花代表团，席间谈论起雪花"简单"的品牌建设，Nick 自言："直到 4 年前我才弄懂雪花的品牌建设中包括渠道和价格管理，这是一个看上去非常简单的方法，但对发展非常有效，如果 SAB 在 20 年前就发现这个非常有效的方法，那么 SAB 在全球的发展将不只是现在这样。"这可能也是主要伙伴和同行对雪花啤酒的品牌建设最直接的评价。

据中国行业企业信息发布中心公布的数据，2013 年华润雪花以 1172 万吨的年销量蝉联啤酒企业销量第一，雪花品牌销量以 1062 万吨继续保持第一——这也是全球第一个总销量与品牌销量同时超过千万吨的企业。

1000 多万吨的销量意味着什么？如果与爱喝啤酒的德国相比，雪花品牌的销量超过整个德国的啤酒产量；如果中国 13 亿人有 1/3 饮用啤酒，雪花啤酒的销量足够分给每人 50 瓶。

勇闯天涯第十年——雪花品牌挑战"未登峰"。自 1994 年成立以来，在短短的十多年内以迅猛的发展态势，成为全国最大的啤酒公司和销量第一的啤酒品牌。崛起的雪花啤酒如何打造自己的品牌形象？如何挖掘消费者尚未满足的个性需求？又是如何建立起自己鲜明的品牌个性和核心竞争优势呢？

从"进取、挑战、创新"开始——影响几亿人。通过对消费者的洞察，雪花发现，年轻一代作为消费的新生力量正在崛起。这个群体普遍具有积极向上的个性和敢于挑战的特质，而这个特性与提倡"进取、挑战、创新"的雪花啤酒非常契合。2003 年底，雪花啤酒对雪花的定位做出了调整，将年轻人作为主要的消费群体，在定位"成长"的基础上,雪花啤酒为年轻人量身定制了一个体验场:雪花啤酒勇闯天涯。

在雪花啤酒看来,"以目前国内的大学生群体为基础计算,一年能够影响4000万人,十年就是4亿人次,这是什么概念?这是一代人,也是未来的中坚力量。"

建立雪花的品牌文化,倡导雪花的品牌价值观。现代社会的年轻人的消费观念发生了很大的变化。他们希望生活得更精致、更加个性化;消费不再是简单地满足生活所需,越来越多的人在消费时主要看重的是品牌是否能够满足诸如情感、希望等更高层次的心理需求,渴望通过消费体现自己与众不同的品位,凸显自己的个性。

对此,华润雪花发现,在都市化程度越来越高的当代,年轻人更愿意在工作之余去亲近自然、挑战自己、证明自己。通过"雪花啤酒勇闯天涯"这个体验场,年轻人展现和张扬了他们不羁的个性,宣泄了他们不畏艰险,敢于挑战自己的特质,通过这样的一个平台,雪花啤酒与年轻人之间产生了共鸣,有了一个有效沟通的桥梁。

图 7 2012 年,雪花勇闯天涯冲破雪线活动现场

参加过2012年"雪花勇闯天涯冲破雪线"活动的武汉女孩黄晓萌,在谈起那段经历时表示,"勇闯天涯更像是一场大浪淘沙。在这个过程中,我开始反思过于平淡无奇的生活,思考我真正热爱的事物,我的追求所在,这是一次难得的洗礼。"

对于"勇闯天涯"的概念,"每个人都有不同的见解,我们追求的不只是让参与者体验雪山、蓝天,而是要带给他们'进取、挑战、创新'的状态。"

勇闯天涯，一种年轻的生活方式。不难发现，这些年具有不畏艰难险阻、敢于挑战自我极限的年轻群体越来越多。勇闯天涯，已经被定义为一种现代的年轻的生活方式。而雪花啤酒恰恰巧妙地抓住了这个契机，从生活方式入手，用"勇闯天涯"作为媒介，建立了消费者的品牌体验场。

从 2005 年的雅鲁藏布江大峡谷探险，到 2013 年翻越喜马拉雅，"雪花啤酒勇闯天涯"已经从点及线到面地全面展开，2017 年在全国 23 个省124 个城市开展了活动选拔及传播。中国社会快速发展的背

图8 2013 年，雪花啤酒开展挑战未登峰
活动宣传

后，是全社会都在倡导一种进取、挑战、创新的理念，雪花也恰是顺应了时代的潮流，才能快速取得如今的成绩。

当然，成绩的背后，必然会有艰辛。据了解，雪花当年决定开展这场主题为"勇闯天涯"的全国性活动之初，在企业内部就不被理解，甚至颇受争议。它与体育赛事相差得很远，甚至看上去与啤酒也没多大关系。然而从 2005 年第一届"雅鲁藏布大峡谷探索成长之旅"开始，"勇闯天涯"就获得了出乎意料的效果。

在华润雪花的管理层更倾向这样的观点，"根据我们的经验，凡是深受质疑的策略，自然也就颠覆了流行的观念，颠覆了过去大家习惯的策略，成功的可能性就会更高。"雪花认为，"一个后发的品牌，如果只是模仿，就无法超越。只能是找我们自己的机会和定位，然后多多尝试，最后由消费者的选择给出答案。"

正是凭借这样的自信与魄力，"勇闯天涯"历经 10 年，成为国内啤酒品牌最大规模、区域最广泛甚至是最为成功的一次全国范围的品牌推广活动。"勇闯天涯"也成为大众最为熟悉的品牌活动主题之一。有调查显示，雪花"勇闯天涯"的广告在网络上的认知率将近 80%，而同类广告的这个数字一般不会超过 50%。

雪花的中国情怀——"民族的才是世界的"。中国市场是一片孕育传奇的沃土，人口基数大，经济增长与消费水平增长速度快，意味着中国市场广阔的空间与可期的前景。所以生在中国的企业似乎有这样一种先天的优势：成为中国第一，就极有可能同时成为世界第一。

融入中国文化是赢得中国大众消费者的必选项。喝过雪花啤酒的人不难发现，中国印章、中国笔触、中国窗洞、剪纸和戏剧脸谱等元素经常出现在产品设计上。

与其他品牌中国风运用的浅尝辄止不同，雪花啤酒前所未有地密集使用中国元素，作为长期坚持的品牌战略。

雪花啤酒曾经在海外进行过一系列的测试，将不同品牌的不同产品摆在当地消费者面前，问他们认为哪款产品是中国的。结果被挑选出来前三的品种均是雪花啤酒。"这说明雪花啤酒的识别性最强。"中国的市场环境，尤其是中国的消费者习惯，离不开中国文化的背景。没有融入中国文化的品牌，就很难被最主流的消费人群所认可。对舶来品而言，如果不尊重中国消费者的习惯而是坚守所谓的"洋正宗"传统，就只能局限在小众群体中打圈；而对本土企业而言，将自己的品牌与中国文化紧密结合，便是保持竞争优势的文化壁垒。

成功者的特点是不盲从。与清华大学合作出版的中国古建筑系列丛书的序言中，华润雪花总经理说过这样一段话："中国人不乏智慧、不乏决心、不乏激情，甚至不乏财力。但关键的是，我们缺少一点'独立性'，不论是我们的'产品'，还是我们的'思想'。没有'独立性'，就不会有'独特性'；没有'独特性'，连'识别'都无法建立。"

从这个角度看，无论是渠道上的深耕，还是中国元素；无论是勇闯天涯活动，还是支持中国古建筑，雪花啤酒的举措都是独立首创，不盲从、不跟风。成功者的特点不是学习所谓的先进经验，而是立足中国本土市场做出适应自身环境和资源的创新。

雪花啤酒案例的启示

中国市场是一片孕育传奇的沃土。人口基数大，经济增长与消费水平增长速度快，意味着中国市场广阔的空间与可期的前景。所以生在中国的企业似乎有这样一种先天的优势：成为中国第一，就极有可能同时成为世界第一。

当人们还在讨论中国如何从制造大国变成品牌大国，如何从 Made in China 变成 Created by China 时，有一批企业已经完成实践，不仅在产量上跻身世界前列，也创造了一批世界级品牌。雪花啤酒便是其中的一例。

中国企业不需要羡慕别人，反而是外资企业羡慕中国企业拥有这么有潜力的市场。在中国营销的实践中，涌现出更多的世界级品牌，才不辜负这一片沃土。

中国营销自成体系。或许中国还不擅长于书写营销理论，但不代表中国营销没有理论体系。梳理理论是专家学者的工作，企业家面临的是直接的市场竞争。在市场竞争中胜出的企业，必然有其自成体系的营销思想。从品牌传播到渠道运作再到并购整合，雪花啤酒从自身成功的案例中总结出的经验，必然会外溢到中国营销界，充实中国营销的案例库，丰富中国营销体系。

中国已经从实践中逐渐形成与全世界其他任何国家地区都不完全相同的体系。虽然已经有不少西方营销学者对雪花啤酒、海尔、平安银行等一批案例表现出深厚的兴趣，并且未来可能被纳入西方的营销理论中，但中国营销自成体系，中国营销只可借鉴西方营销理论，不可生搬硬套。

"消费者第一饮用量"是硬道理。用销量破解强大品牌，用销量托起强大品牌——这是营销专家刘春雄在《中国式营销》中提出的观点。他认为：面对先入为主的跨国品牌，中国企业品牌显得那么弱小，但能够破解跨国品牌的不是弱小的中国品牌，而是销量。

不迷信概念化的条条框框，先实现销量突破，再一次被雪花啤酒证明是可行的。因此，与雪花啤酒一样，很多中国产品成长的第一步不是在品牌、销量等类似鸡和蛋的问题上纠结，而是用销量突破过去强大的品牌。等到销量做到一定规模之后，雪花啤酒强大的销量就为独特的品牌建设路径提供了坚实的支撑。

更了解市场是本土企业的巨大优势。WTO或许可以消除各种关税壁垒与行政干预，但各种差异对中国企业来说则是天然的竞争屏障：巨大的城乡差异、地域差异、行业差异、渠道差异……这些差异构成了中国独特的营销环境，不少外资企业要么无视中国市场的差异，要么深陷中国市场的迷宫中，结果都是一样：失败，退出。前文提到20世纪90年代外资并购本土啤酒企业，之后又无功而返，就是因为忽略了中国市场的特殊性。

对于希望在潜力巨大的中国市场分得一杯羹的企业而言，了解中国市场可能需要一个漫长的过程。只有可口可乐、宝洁等少数跨国企业潜心了解了中国这个特殊的市场，所以也只有这些企业能够在中国获得成功。

当啤酒业外资巨头终于认识到这一点之后，他们也学习着参股中国啤酒企业而不是控股。在SABMiller扩张全球的战略中，唯有在中国是不控股，这是SABMiller尊重中国特性市场环境而做出的策略。正是这种策略，让雪花啤酒既有全方位的全球化视野和能力，也可以按照自己的思路施展。

融入中国文化是赢得中国大众消费者的必选项。中国的市场环境，尤其是中国的消费者习惯，离不开中国文化的背景。没有融入进中国文化的品牌，就很难被最主流的消费人群所认可。

对舶来品而言，如果不尊重中国消费者的习惯而是坚守所谓的"正宗"传统，就只能限在小众群体中打圈；而对本土企业而言，将自己的品牌与中国文化紧密结合，便是抵御外来竞争的防火墙。

成功者的特点是不盲从。无论是渠道上的深耕，还是中国元素，无论是勇闯天涯活动还是支持中国古建筑，雪花啤酒的这些举措都是独立首创，不盲从、不跟风。成功者的特点不是学习所谓的先进经验，而是立足中国本土市场做出适应自身环境和资源的创新。

中国市场企业营销战略及行业分析

所有只会复制案例而不能适应环境变化的巨头都是虚胖子。无论是外资进入中国市场，还是中国企业走出国门都是如此。以前大家只看到中国市场的价值，而雪花啤酒这类企业的成功，则证明了中国营销的价值。中国营销没有盲目学习标杆，而是在独立的探索中成为自己的标杆。

专家简介

曾申平，现华润雪花啤酒管理团队成员，主管营销。啤酒行业从业 19 年，2000 年入职华润雪花啤酒，任职区域业务经理、市场总监等职；后调任华润雪花啤酒总部，历任华润雪花啤酒总部产品、销售、市场等部门总经理、营销中心总经理等职。

雪花啤酒成为 2022 年冬奥会赞助商，右为曾申平

（文稿整理：符绍强）

泸州老窖的文化和品牌传播

挖掘文化内涵助力品牌传播

◎ 孙　跃

泸州老窖品牌简介

泸州老窖是在明清 36 家古老酿酒作坊群的基础上发展起来的国有大型骨干酿酒企业，位于川南"酒城"泸州。泸州老窖拥有始建于明代万历年间并不间断使用至今的 1573 国宝窖池群，及传承 23 代的"泸州老窖酒传统酿制技艺"，是行业率先拥有"双国宝"文化遗产的企业。

图 1　泸州老窖注册商标

泸州老窖的八字优势——"地窖艺酿文化资源"

营销，中国分得没有那么清楚，"营"也是"销"，"销"也是"营"，简单认为营销和销售没有区别。在英语里面分得就比较清楚，"营"就是把自己产品的价值和卖点，能够通过媒介传递到消费者的心智当中，引起消费者对产品的购买欲望，这个顺序是挖掘产品的卖点，找到合适的媒介——电视、报纸、网络——传递到消费者的心智，在消费者的心智当中引起购买的欲望，这就叫做"营"。什么叫做"销"？就是通过代理商、通过物流分销到各个卖场、各个终端，消费者想购买产品的时候能够买得到，也就是说"营"以及"销"的交际点就在销售的终端。所以可口可乐说自己的产品要买得起、买得到、乐得买。乐得买，就应该是"营"的工作，而买得到就是"销"的工作。现在跟过去相比产生了很多新的终端、网购，通过一些云商、电子平台很方便买到自己的产品。

那么做"营"、做品牌应该怎么做呢？场景体验，建立情感联系。比如说可口可乐，它可以玩电脑的时候喝，可以中秋节、春节一家人聚会的时候喝，同学平时吃火锅的时候喝，有时候出去旅游的时候喝，有时候 K 歌的时候喝，喝可口可乐有很多的场景，但是一个广告做成千上万的场景是不可能的。大体分类梳理 10 个场景，每一个场景下，这个场景既有关联又相对独立，构成了消费品。消费者产品体验基本架构是主要消费场景和情景。这个场景下，宣传的画面、传递的声音、书写的文案能够让消费者产生同感和共鸣，而这种共鸣和同感是一些美好的东西，是一种散发人性光辉的东西，是一种非常美的体验，这就是塑造品牌。品牌在消费者的心中是企业长期形成的独特的情感联系，差异化的情感联系，就是和别人不一样。要想让消费者感觉到某个品牌传递的无论是产品品质还是服务要具有独特性，需要非常美好的情景联系。做"营"首先要想到消费者的体验。

泸州老窖品牌塑造有以下几个步骤和原则：第一步，挖掘梳理提升泸州老窖优势资源。第二步，找到一个合适的路径，把这些优势资源传播出去；第三步，通过一些事件营销活动和公关活动让第三方来说企业好、品牌好、产品好。

图 2　泸州老窖品牌塑造的步骤

一个企业的文化需要它的完整性、一致性和协同性，这非常重要。企业做传播时一个字都不让说错，就是要强化、重复、一致。通过挖掘、梳理和提升泸州老窖的优势资源分为八个字：

"地窖艺酿文化资源"

第一个字，"地"，产地。描述泸州产白酒的这个地方，把它描述成造物主眷顾的地方。泸州这个地方是在青藏高原、云贵高原、秦岭围城的襁褓里，在长江和沱江交汇润泽的地方。这里全年气候炎热、潮湿，没有很冷的季节，白酒中的微生物在冬天不会被冻死，最适合酿造中国白酒。我们还抢注了一个概念，北纬 28 度中国酿酒龙脉，这个特殊的地理环境最适合酿造白酒。有一年联合国教科文组织到泸州考察时说的一句话被我们借力，"联合国教科文组织认为，沿长江两岸泸州北纬 28 度是最适合酿造白酒的地方"。

第二个字，"窖"，窖池，千年老窖万年糟。泸州老窖，最强的资源就是窖池，就是出好酒的物质保障。泸州老窖获得了国务院颁发的文物证书，百年的窖池 1916 个，任何一个企业别说 1916 个，只要有一个，这个企业的故事也会编得很圆满。泸州老窖注册了国窖，有人反映说可以注册"国窖"，为什么不能注册"国酒"？国家工商总局的证券报上公告了一次，说中国的国酒是黄酒，黄酒的历史比白酒历史还早。茅台说是国酒，对别的白酒产生了歧视，所以不能注册是国酒。而"国窖"是稀缺资源，中国第一窖，对别人没有形成歧视，可以注册。"国窖"是国酒的资源，是国酒的"妈妈"，窖池是我们的优质资源。

第三个字，"艺"，酿酒技艺。每一个时代都有酿酒大师，所有泸州老窖的酿酒技艺都传承至今。白酒行业获得第一个物质文化遗产的窖池是泸州老窖，中国第一个获得非物质文化遗产的企业也是泸州老窖酿酒技艺。为什么泸州老窖是第一个中国白酒企业，双国宝企业？原因是窖池和酿酒技艺。我们来对"1573"作一个梳理，中国第一窖的池的规模最大，持续使用最长，保存最完整。什么时候打造的？ 1573 年。所以我们就把这个打造窖池的年份和注册下来的"国窖"并在一起，"国窖 1573"成为泸州老窖高端产品品牌的名字。这个品牌是 2000 年塑造的。为什么塑造这个品牌？因为泸州老窖是五粮液的"老师"，现在五粮液价格上去了，我们要把泸州老窖拉上去。和五粮液相比消费者不认怎么办？我们就要在泸州老窖的酒里面选取顶尖级的好酒把它包装成"国窖 1573"，价格比茅台、五粮液还高。定价就是定位，"国窖 1573"非常成功。

图 3　国窖 1573

第四字，"酿"，在"会呼吸的洞"里酿酒。酿酒技艺，水是关键。中国西南地区的喀斯特地貌，地下不是黄土，是沙石，对水的过滤特别好，这个区域产生了五粮液、茅台和泸州老窖。川南的罗红高粱，吃起来不好吃，但是酿出酒的质量特别好。洞就是山洞，整个西南地区的喀斯特地貌有很多天然形成的山洞，叫做"会呼吸的山洞"，刚酿造出来的白酒是糟辣，通过酒坛内外的交换，在恒温恒湿的条件下逐步绵柔醇香。

最后四个字是"文化资源"。清朝著名总督张之洞的"酒好不怕巷子深"就诞生在泸州。当时张之洞到泸州视察，在巷子深处好不容易找到好酒，发出感慨。

我们建议泸州市在长江边上建一个雕塑，写上张之洞的名言，"酒好不怕巷深"，复原这个历史文化。有清朝大师张问陶为泸州老窖写了一首诗，"城下人家水上城，酒楼红处一江明，街杯却爱泸州好，十指寒香给客橙"，呈现了泸州四个美：城美，江美，酒美，姑娘美。泸州老窖获得的荣誉非常多，最著名的有两个：一个是1915年的巴拿马金奖；另一个是1952年在全国首届评酒会上，被评为中国四大名酒之一，与茅台、汾酒和西凤酒并称为中国四大名酒。

奇招妙招，传播泸州老窖名号

把泸州老窖的八个字梳理出来，作为企业的优势资源，从营销环节到制造环节全公司每个人按照这个标准进行宣传，这是第一步。第二步是找到一个合适的路径传播出去。

在国家标识性媒体宣传。中央电视台广告为什么这么贵，大家还要上去做广告呢？因为中央电视台是国家的媒体，不仅仅是消息的发布，更多代表的是国家的声音，甚至是人民的声音，占位非常重要。以什么样的路径来传播企业的优势资源？《参考消息》《环球时报》《财经杂志》，新华社的《瞭望》等历史类、地理类、财经类、新闻类的国家地标式的媒体，要在这些路径上把它宣传出去。

事件行销，让第三方赞赏泸州老窖。泸州老窖事件行销非常多。举个例子，第一个就是每年农历二月初二，这一天泸州老窖都会搞一个"封藏大典"。因为泸州老窖是浓香型酒的鼻祖，是浓香型酒的发源地。说北纬28度是中国酿酒"龙脉"，是因为中华民族有这样一个习惯，把始发于此随着时间而变得更加兴旺发达的地方叫做"龙脉"。而泸州在长江边上，长江是中华民族的图腾，我们的井又叫做龙泉井，才有了我们占位中国酿酒龙脉的说法。泸州老窖的口号，"泸州老窖中国荣耀"。与它对比，有两个企业的广告语也不错，"万科让建筑赞美生命"，就是一切的建筑是以人为本，让建筑赞美生命；"郎酒"也不错，"神采飞扬中国郎"。像泸州老窖这样具有深厚的历史文化底蕴的品牌，不仅仅是一种精神状态，还有非常厚重的中国文化。泸州老窖轻易不请代言人，因为很难找到一个人能够担起这么厚重的历史。"泸州老窖中国荣耀"，在社会价值的说法上我们不仅仅是酿酒卖酒，而是在传承中国千百年酒文化的荣耀，在传承中国固态发酵、酿酒技艺非物质文化遗产的荣耀。国家的荣耀时刻以及个人的荣耀时刻总有泸州老窖相伴。

跟"国字号"绑一起。大家都愿意喝跟"国字号"联系在一起的白酒，泸州老窖永远跟国家大事在一起。率先赞助神舟九号飞天，广告在中央电视台播放。倒计时3，2，1，发射，卫星就发射了，广告语就来了："这是中国的力量，这是世界的仰望，和祖国在一起，泸州老窖为中国荣耀干杯"。

图4　泸州老窖

十年封藏大典。封藏大典，历经10年的打磨已经固化成一个模式，每年的农历二月初一下午，长江边上的景色非常漂亮，我们升起篝火，从全国各地邀请来的嘉宾、名流都把平常的面具摘下来，大家围着篝火，吃火锅，喝白酒，有一种宾至如归的感觉，乐手演奏蒙古族的马头琴，来宾们与少数民族汉子一起载歌载舞，每个人都出一身汗，非常畅快。

现场有去娱乐化的祭祖仪式，音乐以及拍的视频非常感人，梳理出白酒与中华文化的关系。人们朗诵祖宗的教训，如仁义礼智信等。总酿酒师第22代传人接受新的年轻员工的膜拜，新的员工要表态。员工都觉得工作上有了闪失罚点儿奖金是小事，对不起祖宗是大事，是宗教式的洗礼，祭祖的仪式。

图5　十年封藏大典现场

有画面感的春酿入洞。第三个环节，在公证处的见证下把泸州老窖洞藏好，见证酒的价值。泸州老窖创造了一个概念，注册了"春酿"。白酒是封到土窖里面，纯生物工程。一旦封到土窖里面不能再添加任何东西了，整个地气和酒的质量相关。夏天烤出来的酒水气重，特别辣；秋天烤出来的酒特别的寡淡，特别的清；冬天很冷，一般不烤酒；春天烤出来的酒质量是最好的，就注册了春酿这个概念。秋收粮，冬入窖，春出酒，这都是有画面感支撑的。

图 6　春酿入洞现场

有出情景剧叫"生命中那坛酒"。基本上模仿了朱军主持的"艺术人生"节目，朱军主持过，张斌主持过，孟非也主持过，全都是名角主持。每一年人们都哭得稀里哗啦，我们拍了这个视频，军旅生涯那杯酒，大学同学毕业分手那杯酒，结婚那杯酒，播的那些情景剧有故事、有音乐、有这些名人。每一次都要有七八个嘉宾，这些嘉宾讲到自己的一些故事和酒交际，我们感觉到酒呈现的一种精神价值。

文字拍卖。情景剧一结束之后马上进入拍卖环节。从山洞里面把 20 世纪 50 年代、60 年代生产的那些老酒装成 100 斤、50 斤来拍卖，每一年拍卖额 4000 万 ~5000 万元，效果非常好。因为拍卖也是在情景剧中。文字的作用是很厉害的，比如"酒是一种格调，以水的外形，火的性格渗透到人类生活的方方面面，每个人的生命中注定有一坛酒"有很多渲染拍卖的文字。

　　拍卖活动结束时已到了傍晚，把长江上的船全都包下来，这个活动名字叫做"渔舟唱晚"，其实就是卡拉 OK，每条船上的宾客都唱。每年的活动都唱嗨，三杯不记主人是谁，往往是客人劝着主人喝酒，非常开心。

图7　"渔舟唱晚"现场

　　和大师一起美酒 DIY。二月初三上午，泸州老窖集团派出 8 位国家级的调酒大师，客人分成组，感受一滴调味酒滴到一瓶酒里面，酒的口感发生巨大变化，让客人去体会。然后教会客人如何勾调酒，选择最喜欢的大师站在旁边勾调，勾调两瓶作为礼品，还可以带走一个收藏作品。中午在永兴村吃一餐有机蔬菜的农家饭再返城。

　　每年封藏大典都固化为这 7 个环节，每一个环节都特别受欢迎。企业每年在这 7 个环节下功夫，任何一个工作大块切成小块，把一个小快程序化、标准化，反复做，就会做得非常精细，非常完美。这么大的活动，这么多细节要做得好，就是一年一点一滴的积累，每一个细节责任都非常明确。当有一天做到极致的时候，会对每个人的微笑、每个人的言谈举止都有要求。而且，我们对新媒体的利用越来越前卫，给我们带来了非常好的口碑。

　　第二个事件性活动叫做泸州高粱红，就是模仿《红高粱》电影场景。每年 8 月，泸州漫山遍野的高粱红太漂亮了，我们都会举行一个泸州高粱红的文化采风活动，邀请获得茅盾文学奖的作家、著名诗人、画家和摄影师到泸州去采风，活动结束后向社会发布大量视频、文案和照片。很多文章说泸州老窖的产品质量是从源头抓起的，就是这个潜台词。我们跟《环球时报》联合搞了大型论坛，叫做"1573年的世界和中国"。1573年这个时间横截面上，世界跟中国都发生了哪些大的事件？这些事件有哪些精神价值可以为我们借用？这个事件活动也搞得非常成功。凤凰卫视走进泸州老窖，知性美女、帅哥主持人到泸州老窖窖池边拍照。中央电视台走进泸州老窖，让主持人、时尚元素和企业以及产品结合到一起去，借用公共关系专业的一句话，"不看你是谁，看你和谁在一起"。

泸州老窖品牌塑造的原则：三个把握

第一个就是把握住品牌塑造的基本规律。战略规律，聚焦规律，一定要聚焦国家的大事，也就是国家的地标式媒体，不管是传统媒体还是新媒体。第二个就是把握当下社会舆论的情绪。第三个就是把握住自身品牌的基调。

茅台、五粮液、泸州老窖不是在一个跑道上跑一、二、三，而应该在三个跑道上都跑出自己的"第一"。茅台的品牌更多是国家的，是红色的，代表这个企业的高度，就是大企业承担大责任。五粮液品牌的含义是改革开放，基调是现代化、工业化，有实力的，甚至是国际化的。改革开放以后，五粮液企业有一篇文章是"中国白酒今天不国际化，未来将被边缘化"。泸州老窖"国窖1573"是历史文化，它的基调是手工的。从1573年走来，它的定位是人本位。喝这杯白酒是自己的沧桑阅历，更重视内心的感受，是品味低调优雅的过程。

"中国文化走多远，中国白酒走多远"，文化是白酒的本质。不用担心中国白酒是否走向国际化，而要看中国经济社会的发展，要看我们是平视西方、俯视西方，还是仰视西方。当东方仰视西方变成为东方被西方所模仿，白酒自然会融合。产业化水平，首先是采用工具决定了效率、成本、精致程度和文化的渗透。文化和国力以及经济的发展有关系，与自信心也有直接的关系。例如，东南亚国家的人们，骑重庆的力帆摩托，喝泸州老窖，他们都在模仿我们的生活。一个企业的品牌是有差异的，我们要抓住自己的基调期积累培育，而不是简单同质化做比较。

做任何品牌塑造一定要注重它的关键消费节点在哪里。春节拍广告片一定是残缺之美，比如，女儿跟妈妈说回家，妈妈便盼望着，而大年三十，门铃响了，打开门看到的不是自己女儿，便会很失落。女儿来电话说工作太忙回不去了，妈妈泪眼婆娑。这种广告大家能够记得住，有感情。清朝有一句非常著名的残缺之美的对联，上联是，"元宵不见月，点几盏灯为山河增色"，下联是"惊蛰未闻雷，击数声鼓替百姓添乐"，这就是残缺之美。我想到泸州老窖的春节广告片，"平时家在心里，此刻家在眼前，回家过年，国窖1573"，让人想到了提着包过安检的镜头，慈母手追线的镜头，家里包饺子的镜头。

标新立异，跨界找灵感

如何把白酒的消费者体验描述出来？如果只说白酒是3斤高粱1斤酒，就没有意思了。3斤高粱还不到10元钱，而1斤酒卖到500~1500元。人们对白酒消费者的体验应该是这样描述的，"入口绵柔、回味悠长、酱香浓郁、饮后留香"。我们联想到红酒消费者体验的描述，"红酒里面有大西洋的海风，有阳光的味道，有采葡萄姑娘爽朗的笑声，甚至我们看到采葡萄姑娘生机勃勃的神态"。这个红酒描述比白酒描述好，因为虽然"入口绵柔、回味悠长、酱香浓郁、饮后浓香"非常质朴，但这种消费者体验的美感没有给出太多的感染力，跟红酒一对比，显然需要改进。

普洱茶姑娘诗意解读"国窖1573"。杭州西湖边上开普洱茶庄店的女儿叫做马梦雪，她写了普洱茶的消费者体验，其中一个叫做《普洱女人》，把普洱茶比喻成一个美女。她是这么说的，"假如在我年轻时刻不能遇见你，就将我的青春压成薄薄的饼，让时光去醇化，等待着在水中复活，在唇齿间和你相见。当亮丽汤色在你口中绽放，你可知道我这粒等待的心"。对这个普洱茶有感觉了吗？后来我们就请她写关于白酒行业的。她写了很多，其中之一就是诗意解读"国窖1573"。

诗意解读国窖1573

有时候，喝酒好像爱情，是一个人的事，一个人的义无返顾、一个人的冷暖自知、一个人的天荒地老，无关其他。

有时候，喝酒好像婚姻，是两个人的事，两个人的两情相悦、两个人的知情达意、两人的相守相对，地久天长。

有时候，喝酒好像群会，是一群人的事，一群人的志同道合、一群人的金石为盟、一群人的众志成城，开天辟地。

有时候，喝酒好像情怀，是一国人的事，一国人的血脉相承、一国人的同仇敌忾、一国人的世代流传、生生不息。

图8　诗意解读国窖1573（1）

这是红酒美人书写的白酒体验。后来我们觉得上面那个广告味浓了，而这几句就比较好："国窖近年来一直全力对世界展示中国荣耀，浇灌中国品牌，塑造高价值的品牌，在世界有华人的地方，国窖永远能激起你对故乡的依恋，一位长期在海外的外国朋友喝到我送给他的国窖1573，他含着热泪说他喝到纯粹的中国水土与思乡之情"。

诗意解读国窖1573

一款好酒如果有了悠久的文化与与时俱进的创新，它就会有底气与前途。一个好的酒品牌应该同时给消费者以功能、情感和梦想三方面的满足，而一个国家的名酒品牌更应该同时对消费者以历史、文化与技艺三方面的传播普及。

与个人而言，我们要做的是保护喜欢的东西、呵护深爱的人、坚持正确的事。
对国际而言，我们要做的是保护中国的国土、传播中国的文化、传承中国的技艺。

国窖近年来一直在全力对世界展示中国荣耀、浇灌中国品味、塑造高价值品牌。在世界有华人的地方，国窖是永远能在你没能提防的时候，骤然扯起你的乡愁、掀起你的依恋与脆弱的国之水。
一位常年在海外的爱酒朋友曾在喝到我送给他的国窖1573后含着热泪说他喝到的是纯粹的祖国水土与思乡之情。

图 9　诗意解读国窖 1573（2）

这个解读的作者是马来西亚华人，她起初专门跟国内有钱人做家庭红酒酒窖生意，后来她只写消费者体验，包括红酒、白酒、啤酒的消费者体验，或者描述一些红酒酒庄喝酒的氛围。最经典的一篇是她写高粱种子落到土里面，到高粱发幼芽，长成很美的高粱，这个高粱是如何酿成美酒，这一滴美酒进入人体以后像一个精灵一样参与一个人的生活，这滴酒来感受人间的情味，写得非常好。我们据此拍成一个视频，得到非常好的评价。

微信上邂逅"诗仙太白"的文案出自"老树画画"的一个微信公众号。老树是山东一个教授，现在中央财经大学，他的画小有名气，画很简单，但是配上诗就很不一样了。那就是义子南的诗作。老树画的画有点接近于丰子恺，但是丰子恺倾向于从历史诗句当中，找一些有生活气息的东西作成画，比如说历史上有一句话叫做"客走茶凉"，丰子恺画的小画里面有一个小珠帘，天上圆月加一个小方桌，方桌上放了一个小茶壶，两个小茶杯。画面很简单，但是丰子恺的画的最大特点就是笔墨之外的东西太丰富了，他配了一句"人散后，一轮明月皎入沟"，就把很多好朋友在一起相聚，然后人散后心里的失落，怀念快乐场景的这种感觉表现出来了。丰子恺的画里面有非常多的生活气息，还有一幅画是四川茅草屋，茅草屋后面有一个竹林，前面有一个农家小院，小院旁边有一个小石桌，小石桌旁边坐了三个人，其中石桌旁边有一束梅花正在绽放，丰子恺为其题词，"小桌呼朋三面坐，留将一面与梅花"，这就是丰子恺的特征。老树或许与丰子恺还有相当大的距离，但是的确把现代人生活的很多无奈、生活中的琐事，用接近丰子恺的风格描述出来了，再经过义子南赋诗描述，体验感就来了。

老树画画

老树画画，哪个才女配这牛文！牙都笑白了，脸也笑皱了！

无风无雨亦无舟，一捧鲜花一捧愁

老房子失火，真是没得救

盼那个磨人的小妖精，出现在渡口

图 10　老树画作与义子南诗词（1）

　　来感受一下，老树画的一幅画，江边有一个老头，抱了一束花，没有啥意思。但是配上这幅文字，"老树画画，哪个才女配这牛文，牙都笑白了，脸也笑皱了"，就变得有趣了。有了这样的解读对这幅画的体验又不一样了。类似的还有，"依依两岸游，泛泛飞沙鸥，江山无意留过客，谁多情谁添愁，今日少年任风流，到头还不是一样老病休"，很落地；"春雨惊春清谷天，转眼过去又半年，知道你们忙得很，喊来蜻蜓陪我玩"，很轻松，能感受到有时候叫朋友玩又不好意思打扰别人，自己很轻松的状态；"一丸明月一城秋，一人呆坐三更后，三更真是很高冷，霜天晓角带清愁，哒，还不回去睡，找抽！"能感受到人有时候自己想不明白，那就是吃饱了撑的；还有"万事莫问我，问我又如何，人情世故我懂得也不多，你看，人海那么阔，哪天没风波？"通过诗句解读，心胸突然爽朗开阔了很多；后面这个就更有意思了，"清清白白与红红，都是东风情味，多情人生你会遇到谁，若经一场噬骨魅，也莫说后悔"，这是叫我们别去后悔。

老树画画

春雨惊春清谷天，转眼过去又半年

知道你们忙得很，喊来蜻蜓陪我玩

万事莫问我，问我又何如

人情世故我懂得也不多

你看，人海这么阔
哪天没风波

依依两岸游，泛泛飞沙鸥

江山无意留过客，谁多情谁添愁

今日少年任风流，到头还不是一样老病休

想那么多干啥，捞个姐，喝酒

一丸明月一城秋，一人呆坐三更后

三更真是很高冷，霜天晓角带清愁

哒，还不回去睡，找抽

清清白白与红红，都是东风情味

多情人生你会遇到谁，若经一场噬骨魅，也莫说后悔

图 11　老树画作与义子南诗词（2）

泸州老窖现已和这位义子南签约，让他专门为"诗仙太白"写了很多的文案，写消费者体验的。

白酒在竞争过程中是通过历史文化、通过它的稀缺性来体现人的社会定位，体现人的经济实力。全功能白酒的竞争机会已经很少了。作为"诗仙太白"这样的白酒，应该塑造出自己的个性化。"诗仙太白"非常具有文人特征，可以朝着文人酒方向塑造。而塑造品牌的时候应对品牌消费场景、消费者体验做一些思考。

白酒企业的关键＝品牌＋基地＋能力

"诗仙太白"已经把时尚问题解决掉了，但白酒行业的发展机会发生了一种颠覆性的变化。白酒市场机会很多，但白酒行业在低端市场，在新式白酒领域面临巨大挑战，尤其是新式白酒领域是最容易"死"的。真正颠覆这个行业，要讲科技，让科技使快乐更健康，有可能颠覆掉所有的传统白酒系统，这都是有可能的。白酒企业成功的关键因素有三个方面：

图 12　白酒企业成功的关键因素

第一个方面仍然是品牌，我们脑子里有一根弦，持续拿着利润的一部分塑造品牌。做广告仍然很重要。品牌是产品品质、服务，所有企业的诚信，业务流程最凝练、最高度的概括。品牌是需要长期坚持塑造的。当品牌还没有起来、企业利润还非常低的时候，就要开始布局塑造品牌。

第二个方面就是基地，一定要有自己的根据地，一定要问自己的市场在哪里。比如说泸州老窖一年卖了100亿元的产品，它是在全国20多个省市非常分散取得的，还是在四五个省市集中取得的？这个决定了企业的经营质量。一定要有自己的基地，在一个市场上，只有占到27%~30%以上的份额地位才能稳固，这样品牌投入才会小，自然购买才会大。面对竞争对手的时候，才不会一下被击倒。随着新媒体的出现，新媒体中的社群基地也要有自己的固定消费群，企业不管通过公众号，还是通过传统媒体塑造品牌，一定要和自己的社群做生活方式的链接，一定要让自己的产品成为生活方式的一部分，要有这样的重度消费的人群。

第三个方面是能力，包括一个企业的战略能力，人力资源配置能力，市场营销能力，以及后台对整个前端市场反应速度的能力。一个市场常常有这么两种状态，一种状态是当地人就喜欢这个品牌，这个产品在当地不怎么受欢迎，但是找对了代理商，这个代理商在当地渠道网络深耕非常细、影响力非常大、资源非常强大，可以把市场做起来。另一种状态是经销商不够强大，品牌影响力也不好，但是企业的运营能力特别强。企业可以把自己的品牌和消费者的沟通，也就是"营"做得非常畅销，让客户消费你的产品时感到时尚，不落伍，同时也要把产品迅速传递到每一个终端，使消费者想购买的时候能够很方便地购买。

白酒行业业态分析：在痛点中看到"燃点"

白酒行业的三大痛点：第一，就是安全的问题。白酒有很多积极的价值，但是酒精度数偏高，很容易喝多，对肝脏的伤害引起了很多的诟病。第二，口感。喝到嘴里很辣，不愉悦，不舒服。第三，白酒比较传统，不够时尚。这是目前白酒行业的三大痛点。

图13　白酒行业的三大痛点

白酒的本质是什么？那就是自由、情义和快乐。人有三个状态，第一个状态就是清醒的状态，第二个状态就是自己不能控制的睡眠状态，第三个状态就是喝了酒以后的状态。喝酒之后会摘掉很多的面具，会非常自由自在，会非常轻松，会把平时的很多纠结放下来了。如果用西方的普世价值来讲，酒的本质就应该是自由。说酒的本质是自由，有很多人觉得接受不了，自由是什么，很缥缈。如果放得低一点，中国酒的本质就是交情、情谊，酒的本质就是快乐。

图14　酒的本质

泸州老窖的品牌不仅靠文化，也靠价格支撑。2004年以前，一瓶五粮液比一瓶茅台贵100元钱，人们都抢着喝五粮液不喝茅台，而在1989年以前一瓶泸州老窖特曲比五粮液贵上将近1元钱，当时整个酒就很便宜，普通一瓶酒就是7元多。

茅台是怎么超过五粮液的？先说五粮液怎么超过泸州老窖的。1989年泸州老窖公司写了一篇文章，提出要做老百姓消费得起的酒，要做良心酒，成本加合理的利润，这样给泸州老窖定价。之后文章在《人民日报》上发表了，中央领导给予了很高的评价，基本上确定了泸州老窖的品牌以及价格、品质之间的关系。但品牌不仅是靠文化，也靠价格支撑。改革开放以后，消费结构升级，人们逐渐变得有钱了，给朋友、长辈送酒，送10元钱一瓶的酒觉得更有面子，渐渐五粮液超越了泸州老窖，成为中国第一品牌。原来的第一品牌是泸州老窖，到2004年，茅台拍了一个广告，这个广告很重要，"够交情和够年头的酒"，率先推出了年份酒。然后大量举办事件性活动，在全国很多重要场合宣传茅台的文化，还和我们党的历史紧密地结合起来。2004年以后茅台逐渐地超过了五粮液、泸州老窖，成为第一品牌。茅台超越五粮液，推出"够交情和够年头的酒"的年份酒是它一个很重要的具有里程碑意义的举措。

白酒行业会永恒，也会分化。白酒的历史有七千多年，猿猴造酒，水果落到岩石上，下雨发酵，吃了发酵的苹果，有酒味的苹果，吃完以后活蹦乱跳非常开心，猴就开始酿酒。后来和神明说话要用酒，装神弄鬼也要用酒，红白喜事也要用酒，因此，酒是中国人情感的伴随品。白酒作为中国文化的载体，这么多年都在传承。一般认为男女之间喝红酒比较有意思，可以渲染一下气氛。提起啤酒，总觉得是伐木工人喝的，上不了档次，不太正式。

因此，白酒作为中国人情感的伴随品，作为中国文化的载体，决定了白酒是会永恒存在的。同时，由于健康的需要和消费者对生活品质的讲究，也一定是要分化的。

抓住发展机会，科技让快乐更健康

第一个发展机会，做一款中国白酒行业的"可口可乐"。目前农村市场相当多低端消费者，像泸州老窖这样的白酒喝不起。据专业机构研究，现在整个市场白酒销量是6000亿元，到2020年，还要扩充4000亿元。因为富起来的人越来越重视健康，喝高端白酒的人数量在增加，而刚刚富起来的人，刚刚生活无忧的人对白酒的需求量非常大，所以要针对这个机会马上采取行动，做一款中国白酒行业的"可口可乐"。什么概念？生产一款白酒，全国只卖一个价，统一80元一瓶。泸州老窖已经塑造的品牌是大集团出品，产品广告在自媒体、在央视、在杂志、在户外、在互联网上疯狂宣传，产品性价比非常高，食品安全有保障，品牌亲和力强，包装有高辨识度。这种品牌塑造方式是一种颠覆传统白酒品牌的塑造方式，品牌更多地回归到产品本身，企业将更多精力和资源投入到体现顾客价值的产品本身。我们在打造这样一个牌子，买过来的商标叫做醉清风，有大写意的意思。

第二个发展机会是通过科技让快乐更健康。要改变"白酒这个行业是全世界最落后、最陈旧、最传统的行业"的印象。其实这样的行业恰恰蕴含着巨大的商业机会，白酒行业应该有一批牛人去研究生命科学、研究生化、研究白酒工艺、研究白酒喝下去以后的反应。酒是乙醇，乙醇如何在醇化酶作用下转化为乙醛，如何转化为二氧化碳和水，变成无害的东西排出体外，这就是说要研究怎么样通过科技让快乐更健康。如果把这个课题研究出来，整个白酒行业就颠覆掉了。一个哈佛大学的学者，对中国的白酒历史非常喜欢，但他发现白酒酒精度数高的，对身体伤害大；酒精度数低的不好喝，不够醇香，太寡淡。现在这个问题已经解决得非常好。泸州老窖申请了专利，一种提取物取代酶，可以将酒精度降到很低，但喝到的是高度白酒的感觉，已经不需要肝脏承担分解酒

精那么大的压力。

专家简介

孙跃，现任泸州老窖集团有限责任公司党委副书记、副董事长、总裁。

（文稿整理：姚中芹）

诗 酒 人 生

——专访泸州老窖集团总裁孙跃

泸州老窖品牌塑造三原则

《新趋势》：在泸州老窖塑造品牌方面您有哪些见解？

孙跃：泸州老窖品牌塑造有三个原则。首先，一定要把品牌和国家的大事结合起来，也要结合国家的地标式媒体，不管是传统媒体还是新媒体。其次，要把握当下社会舆论的情绪。最后，要把握住自身品牌的基调。茅台、五粮液和泸州老窖三家白酒企业不是在一个跑道上争前三名，而应该在三个跑道上都跑出自己的"第一"。

《新趋势》：您在讲课过程中特别强调了消费者体验，请问您是如何看待消费者体验的？

孙跃：传统白酒的体验比较抽象，我从红酒的生动体验描述和融入感情的普洱茶歌曲得到启发，希望用诗意来表达白酒。我们邀请义子南为诗仙太白酒量身定做文案，将诗仙太白塑造成文人酒。

此外我们贸易上在做一个品牌叫"海蛎子"，有想过与烤肉连锁店合作，把连锁店的名字改成海蛎子，做消费者体验。消费者前面烤了好吃的肉，后面就是卖的这种肉，后面卖的红酒就是前面吃的烤肉品尝的红酒，就是一定要把消费者体验做起来。不仅仅是一个海蛎子海外生活用品的店，每一个店都一定要有一个消费者的体验区，消费者相互影响，销售店的人气就起来了。比如说这个牛肉吃着非常香，我告诉你后面卖的牛肉就是这种牛肉，你可能会买两包给爸爸妈妈吃。

做品牌一定要有自己的根据地，要有自己的固定消费群，企业不管通过公众号还是通过传统媒体塑造品牌，一定要和自己的消费者做生活方式的连接，一定要让自己的产品成为目标消费者生活方式的一部分。

图15 泸州老窖的品牌之一"海蛎子"

《新趋势》：您觉得啤酒和白酒在营销上面有什么比较大的区别？

孙跃：我觉得啤酒的市场化程度更高。因为啤酒相对来说产品单价更低，它更接近日常消费者。在做购买决策的时候，它的购买决策复杂程度更低，也更简单。所以啤酒营销更接近快速消费品，像矿泉水一样，更强调突破率，注重在市场上铺的面。低端白酒和啤酒有一些接近；中档白酒和高档白酒更多的是团购，一般消费者到酒店喝都是自带。白酒营销重视对意见领袖的培育，此外，对团购、对大事件的参与、对消费者体验气氛的营造、对文化挖掘的重视程度都要比啤酒更重一点。相对来说白酒竞争的激烈程度要比啤酒弱一点。啤酒的同质化程度很高，虽然品牌不一样，但是大家觉得差不多。白酒品牌品质的感知价值、感知差异化更明显。相对来说，白酒利润比较高，啤酒利润比较低，白酒行业是争着往上提价，啤酒行业是互相压低价格，这是竞争激烈的结果。

做大做强的"11265"集团发展战略

《新趋势》：请问贵公司发展战略如何？

孙跃：2009 年我到泸州老窖时主要在泸州老窖股份有限公司里做酒的营销。2015 年股份有限公司和集团分开，我成为集团副总裁后开始负责集团方面的事。股份上市专注做泸州老窖，现在集团主要战略就是迅速做实做大。我们现在制定的战略就是"11265"发展战略，"1"是一个大的目标，要进入世界 500 强之列，以这个大的目标来寻找实现这个大目标的方法，就是另外一个"1"，就是一个中心，以资本经营为中心，通过资本这个杠杆撬动更多融合发展、跨界发展的产业。

"2"就是两个轮子，把传统的实业和金融有机地结合起来。

"6"是指我们在六大产业上发力，六大产业是指贸易、食品、金融、酒业、物流、建工文旅六大板块。

第一大板块就是贸易。我们做了一个特别品牌叫做海蛎子，来迎合市场消费者的升级。海外生活用品一定是突出四个词：保真、平价、易购、时尚。我们要充分地依靠电子商务这个平台，所以我们有白酒的泸州老窖公司，还有跨境电商公司，还有以线下为主的依托大宗平台的大宗产品的智同商贸公司。也有构建行业交易平台的中国白酒交易中心，所以我们把贸易作为我们的第一大产业去对标世界 500 强在贸易上的规模。

同时把食品作为我们第二大板块。我们充分利用泸州老窖作为传统白酒，特别是在质量上的优势和产业的相关性，再去分析中国通过 30 多年近 40 年的改革开放，我们老百姓的生活在不断地升级也就是说我们正走在一条由吃得饱向吃得好这条食品的供给侧升级的路上。吃得饱转到吃得好，就是企业创新去寻求更好的产品供给。实现企业满足市场需求之后比较好营利空间的机会，重点就是利用资本这根杠杆，为传统的老字号企业实现并购、升级、改造。而升级、改造，特别是传统食品企业，最需要的就是智能制造能够通过高科技，实现更高水平的、高质量的、低成本的产品。

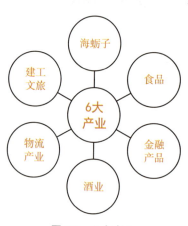

图 16　六大产业

第三大板块是金融。泸州老窖拥有证券公司；泸州市商业银行，也是泸州市农商行第一大股东；全国规模比较大的小额贷款公司；在泸州目前比较大的融资租赁公司，等等，以及我们正在加速发展的投资管理公司，形成了一个比较大的金融体系。

第四大板块是酒业。酒业是我们的传统产业，应该考虑如何做得更精、更钻？

66

第五大板块是物流。我们利用四川自贸区的优势，同时我们泸州有四川唯一的长江入海口的口岸优势，来建立一个区域平台，利用共享这个理念，构建一个物流平台，支持整个泸州的建设，形成建、文、医、教等产业。形成一个大数据，解决我们作为一个大集团消费数据来源的重要入口关，通过数据来源入口关，支撑整个消费板块。这是第六大板块，建工文旅板块。我们承担泸州市的一些城市建设，也包括我们周边一些城市的建设。我们还在泸州市做产业扶贫，产业扶贫是我们集团发展的需要，同时也是扶贫的需要。

"5"是指自 2015 年老窖集团与老窖股份公司实施"六分开"以来，老窖集团以"做实做大"为目标，站高谋远确立了"11265"发展战略，即以资本运营为中心，十年进入世界 500 强；以金融和实业双轮驱动，发展贸易、食品、金融、酒业、物流、建工文旅六大产业；用 5 年时间再造一个泸州老窖，通过艰苦创业、改革创新，公司架构与治理、产业布局与发展、经营业绩等逐步迈上发展快车道。

日常经历理论化以指导实践

《新趋势》：您搭框架的习惯是从做销售的时候就有的，还是说从负责营销的时候开始的？

孙跃：我习惯于把自己做的事情提炼一下，并上升到一定理论高度。日常实践中最初只是接触了一方面，要是想把它搭成框架就要搜资料，接着能够发现这些实践可能是理论架构中的两个或者三个点。理论中发现的其他方面可以进一步指导自己的工作。这样做的时候就觉得工作很有章法，并且整个队伍和资源的配置很完备，资源能够得到有效对接。

营销思维是边干边想得到的，每个人的思想都有形成的过程。市场经济的真正弄潮儿在一线，我的能力在于把一些特殊性的事件提炼成普遍性的规律，制定成我们公司的原则，传达给整个团队，然后我们按照这个原则去开展工作。

《新趋势》：您在领导团队方面有什么感悟？

孙跃：我们的团队不缺项目，不缺钱，而是缺人，这让我很着急。在团队人才的结构上，我认为有两个问题：第一，我们团队存在人才断层的问题，带的年轻人居多，不是上层带中层、中层带下层的方式。第二，我认为博士生、硕士生、本科生应该要有一个合理搭配，一毕业就来到我这里工作是最好的。在带团队的方法上，我认为也有两方面问题：一方面，整个队伍的建设如果是慢慢塑造出来的，就会政令畅通，很团结、有凝聚力。如果这个团队不是领导自己组建的，是通过别人介绍或者推荐的，那就会出现一个问题，就是有经验的人很多，每个人都觉得自己很厉害，认为公司按照自己的逻辑来会更好，这样的一个团队，十个人磨合之后能够沉淀下来两个就不错了。当然也可以请有经验的人员，形成一个

梯队，但作为领导者，你要知道这个团队是要散的，你得接受这个现实，所以一个企业的团队最重要的还是要自己培养。另一方面，我也在大会上说过，必须学会喜欢自己的下属，才能够耐心地带他。带没有经验的新人确实太辛苦太累了，有很多非常简单的事情可能会做不好，所以作为领导者要有耐心。

结语

出于个人经历，孙跃先生对销售和营销的概念有深刻的了解，关于白酒行业品牌的塑造、集团战略给我们带来了精彩的分享。其中，"营销思维要积极提炼，理论和实践相互促进"给我们提供了学习新事物的好方法，关于集团建设的想法也很高屋建瓴，让我们有全局的眼光来看待集团发展。孙跃先生的访谈干货满满，同时又让我们感受到他的诗意生活态度。

（文稿整理：安　瑀　郜佳唯　刘桂林　陈　怡）

洋河成功的秘诀

做精产品创新，体制成就品牌

◎朱　伟

品牌简介

洋河股份（苏酒集团），位于中国白酒之都——江苏省宿迁市，坐拥"三河两湖一湿地"，是与苏格兰威士忌产区、法国干邑产区齐名的世界三大湿地名酒产区之一。公司下辖洋河、双沟、泗阳三大酿酒生产基地和苏酒集团贸易股份有限公司，是中国白酒行业唯一拥有洋河、双沟两大"中国名酒"，两个"中华老字号"的企业。

图 1　洋河注册商标

成就洋河的是历史和新产品

洋河股份成立于 1949 年，但洋河的酿酒历史就很早了，是历史上早已闻名的酿酒小镇上的作坊，之后公私合营，把所有的民营酿酒作坊合并到一起成立国营洋河酒厂。

在计划经济时期，洋河企业非常红火。"皇帝的女儿不愁嫁"这句话，形容那时候的洋河集团再合适不过了。洋河有两个名酒称号——一个是 1952 年作为国家工信部评选的甲等白酒的第一名，另一个是 1979 年洋河评为品酒会的名酒之一，有这两个金字招牌，计划经济时期洋河白酒供不应求。企业在那个时刻形成了与体系吻合得近乎完美的运行机制。但是，一旦外部环境发生剧烈的变化后，企业就面临极大的不适应，面临着巨大的痛苦和压力，需要浴火重生。从 20 世纪 90 年代初到 2005 年，是企业非常痛苦的一个阶段，甚至连工人工资都发不出

去，连年亏损、销售萎缩，企业人心惶惶，看不到未来。

2004年，洋河开发了一款新产品——洋河蓝色经典，以这款新产品上升势头为契机，洋河开创了从2004年到2012年8年时间的高速成长，公司从3亿元左右的销售收入，到2012年前后200多亿元，这是高速增长的时期。

图2　洋河蓝色经典·天之蓝

2014年之后，白酒行业面临着"三公"消费限制，行业蛋糕压缩、市场缩容。整个行业处于深度的调整期，直到2017年行业复苏，洋河企业才又开启新的增长。

酒类企业的根基是品质与品牌

品质与品牌是酒类企业的根基，因为白酒是食品，就是满足人们吃喝的需求。每天成千上万的消费者用自己的感官，特别是口感来品鉴、区别、评分，最后用人民币投票来选择。产品的特点决定了品质是非常重要的基础，产品本身一定要过硬，市场营销不是仅靠广告策划就能打遍天下，而是所有的行为、营销都是附着于产品本身。产品本身一定要经得起检验，有足够硬的品质。产品品质会说话，这才是所有营销行为，包括广告行为的着力点、起点、基础和根本。没有这个前提，再多的广告投入、再多的营销努力也是无济于事的。

在品牌层面也是这样。消费品领域中品牌起着非常重要的作用，不同的品牌开发同样的产品，最后运营起来是事倍功半还是事半功倍，和产品背后的品牌关系非常大。同样的包装，甚至是同样的口感、同样的价位，品牌不同，做起来难易程度会天地悬殊，这就是产品背后品牌的价值。

为什么白酒企业讲血统、讲八大名酒、讲十七大名酒就是这个道理，正如我们耳熟能详的可口可乐前总裁说过的一句话，"如果全世界的工厂一夜之间被一场大火烧掉，只要可口可乐的品牌在，第二天我就可以从银行贷到足够的钱，重新建起可口可乐的生产线"。

产权制度是保持企业活力的关键

产权制度改革对洋河发展也起到非常重要的作用。洋河经历了 2002 年和 2006 年两次股权制度改革，从原有的国有独资到现在国有第一大股东的公众公司。在这个过程中，管理层参与企业改制，形成了比较好的股权结构，这是我们过去十几年发展过程中非常重要的产权制度的支撑。产权制度是经济学家科斯首创，并因此获得诺贝尔经济学奖。关于产权最经典的一个例子，就是"公共草地的悲剧"。"公共草地的悲剧"说明，一个资源有主和没有主、产权界定清晰和不清晰，决定了资源如何使用和管理。国外是这样，国内同样如此。在 20 世纪初那 10 年，我国把在竞争领域的中小国有企业改变成股份制或者民营，带来了过去十几年整个经济的活力和竞争力。

洋河的营销认知

1、品质是营销的根本

2、营销是企业经营体系的重要组成部分

3、营销本身是一个系统工程

4、品牌是白酒营销的关键环节

5、品牌是产品品质的自然延伸

6、我们的品牌创新

图 3　洋河的营销认识

做精做少产品

2003 年时洋河企业销售额虽然只有 3 亿元左右，但是产品非常多，有几百个产品，大部分产品销售额非常少，但是因为销售的压力，哪个产品也不敢退出市场。从"蓝色经典"新产品开发出来后，我们辩证地认识到，多就是少、少就

是多。少反倒能创造更多的销售额。现在我们光一个蓝色经典系列，在整个公司的销售额达到 200 多亿元。一个产品取得了这样的成绩，是以前几百个产品加起来都很难达到的额度。做精做少产品，新产品开发以及新产品价格定位、包装、酒质所带来的产品竞争力，给洋河过去十几年的发展奠定了十分重要的基础。

市场扁平化，厂家主导终端开发

洋河在营销模式上彻底打破了计划经济时依赖于行业代理公司的全国销售体系，大破大立，企业走上前台，和经销商一起一家一家地做终端市场，做市场扁平化，企业深度参与核心终端的开发，公司的招商是具体到以县为单位，而不是以省为单位。厂商共同开发终端，不是说一个县开发了经销商之后，就完全放手经销商去做，而是厂方直接参与甚至更多的主导终端开发。做市场过程当中聚焦核心市场。因为资源有限，所以洋河公司前期就聚焦江苏，聚焦江苏也只聚焦江苏的几个城市，聚焦江苏的几个城市也只聚焦到以酒店为核心的渠道，而且即使在酒店这样的核心渠道，公司前期也只聚焦酒店当中的 A 类、B 类，就是最高端的、影响力最大的一些核心终端。用聚焦的理念来打造新的销售模式，这个过程当中重视品牌宣传、重视品牌投入，这样一种销售模式，是洋河所总结的。我觉得非常重要的经验，就是市场化的营销理念。国家已经从计划经济过渡到市场经济了，如果公司的思维和模式还停留在计划经济，就是刻舟求剑，不可能得到结果。采用符合市场经济规律、市场化的销售模式，才能取得新商机和竞争优势。

挑战与机遇

 洋河面临的挑战

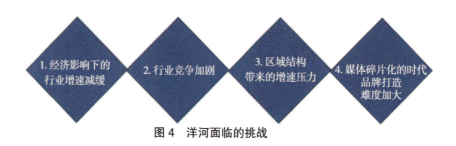

图 4　洋河面临的挑战

洋河蓝色经典系列定位比较高端，有海之蓝、天之蓝、梦之蓝系列，刚开始海之蓝定位是 100 多元钱，这样的定位确实提高了销售额，但问题是对百元以下的市场有所忽视，怎么看待这个决策？到底是得还是失，其实是仁者见仁、智者见智的。有一款产品，比如 50 元钱的产品，这涉及企业内部产品品牌的边界问题，同一个品牌的价格跨度从 100~1000 元都可以有？还是其他的方案。再就是企业跨度，到底是多元化还是专业化？多元化和专业化的得失，也是企业争议最多的问题。

同样的洋河在高端市场还有一点的空间。在真正的大几百元、1000 元以上的市场应该说布局和作为目前都还不够，虽然梦之蓝 2017 年的销售额能达到 50 亿元以上，梦之蓝单品增长的速度超过 50%，增长速度比较快，基数也比较大，但是和茅台、五粮液比还是有较大的差距。当然，企业和个人一样，都有一个发展阶段的问题，有的时候也不能过于拔苗助长，超越阶段的去规划，看到不足还只能耐住性子，从自己的基础扎扎实实做起。好高骛远，有时看起来是机会的东西，把握不好可能会把自己的根本丢掉。

市场相对集中，也是一个辩证的问题。市场集中利大还是弊大，市场集中不要表现在区域结构上，如江苏一个省的占比达到 60% 左右。在产品结构上，海之蓝、天之蓝、梦之蓝的占比达 70%，品牌结构和区域结构非常集中。这种集中的利弊，也是企业经营管理层经常讨论的一个题目，有得有失，好和坏辩证相生。优点是稳定，比如江苏市场占比很大，市场很稳定，不会出现大的问题，但增长的速度会受到影响。在江苏省，比如一旦我们市场占有率到了 80%，还怎么实现 20%、30% 的增长？

关注行业环境，更关注经济环境。企业的命运不完全取决于企业的努力，有时外部环境的变化对企业也有决定性的作用，从洋河的发展史可以很清晰地看到这一点。2000 年的洋河企业非常痛苦，白酒行业一片低迷，所有人都说白酒行业是夕阳产业，原因是 1997 年亚洲金融危机带来的后续影响，销售一片惨淡。2012 年之后，白酒行业所面临的经济环境也有很大变化，由高增长变为高速下滑，而之前的七八年里行业一片高歌猛进，所有人都一片乐观。2012 年形势陡然急转之后，还是这些企业、还是这些领导品牌，但是环境发生变化了，销售有 50% 的下滑。这样的环境是企业改变不了的。如果行业高速成长，企业只不过是你增长快、我增长慢，其乐融融、日子都好过。但如果行业下滑，就会变成挤压式的，你多就是我少，你少就是我多，这时竞争必然加剧。洋河区域结构非常集中，品牌结构非常集中，洋河从这样一种产品结构和品牌结构中获益。在一定程度上就要承受相应不利的一面，这是硬币的另一面。

品牌打造是一个持续的过程。在媒体碎片化时代，品牌打造的难度在加大。2007~2012 年是广告环境的黄金 5 年，是广告比较好做的 5 年。那 5 年中，企业要是有足够的预算，广告思路很清晰，包括以和中央电视台为代表的全国各大媒体平台有战略合作关系，就可以以这些大平台作为支撑来做传播。那时洋河在央视一年好几亿元的投放，和全国最大的户外公司签订全年的战略合作，在全国的楼宇通过分众传媒每天都有高频次的投放，在机场的LED，机场的灯箱在做，在高铁LED做，和新浪网、凤凰网这类网络媒体平台合作，全都是打包式的、常年的高频次的合作。广告带来持续高增长。现在的媒体环境发生了很大的变化，这么做有必要，但显然还不够，这也是一种挑战。

机遇抓住了才是胜利。洋河海之蓝、天之蓝是全国大单品，在全国范围没有很突出的竟品，这是特点和优点。海之蓝130多元左右的价位，天之蓝250多元的价位，全国范围内很明显的竟品不是太多，所以就有比较广阔的发展空间，如果就这两个单品做成各几十亿元的大单品，将是集团重要的支撑。

梦之蓝虽然发展速度比较快，但是与茅台、五粮液在高端占有的蛋糕比差距较大。在价位上，如果我们把企业比作一棵树，这棵树的树梢还没有涨到和茅台、五粮液相当的高度，如果将来树梢、树干整体达到五粮液、茅台的价位之后，梦之蓝的品牌价值和销量将是非常可观的。

省外市场的扩展空间。洋河省内市场占比非常大，这是洋河的不利因素，但从另一方面而言，省外市场扩展的空间很大，以省外第一大市场河南为例，尽管河南是洋河除了江苏之外全国最大的市场，但占比也只有2%~3%，这样的市场翻一番、翻两番甚至翻三番的可能性非常大。

消费升级的趋势。白酒这个品类非常特殊，从几元到几千元都有人在消费、都有人在买，没有哪几个品类具有这么宽的价格带。难得的是随着大消费时代的到来和消费水平的提高，整个价格持续上升，这使名酒企业坐享红利，在这个过程中，企业再多做一些努力，获得的蛋糕就更为可观，这是消费升级带来的机遇。

图5 洋河蓝色经典·梦之蓝（1）

品牌创新抓住差异化

众所周知，洋河蓝色经典系列产品面世之后，无论产品的包装、价格定位、品牌定位，还是广告表现，甚至媒体策略，都和当时的其他白酒企业差异非常大。正是这种差异化和与众不同，使得蓝色经典脱颖而出，成长极快。

图6　洋河蓝色经典·梦之蓝（2）

把握住营销的本质

第一，品质是营销的根本。我们一定要有正确的企业价值观，即产品本身是营销的根本和基础，是营销的原点。这样，我们所有的营销行为和努力才有足够的支撑，我们的所有投入才真正会事半功倍。对营销人员而言，产品不属于我们生产、不属于我们研发，但是很大程度上决定着我们营销系统的成败得失。

在最近一次行业协会组织全国的品酒会上，有一两百名品酒师参与，完全是盲评，十轮投票，最后前十名当中，洋河公司占了3个，而第一名是洋河公司的一个年轻人。这是我们的技术基础和品质自信。

第二，营销仍然是企业经营体系中非常重要的组成部分。在白酒行业有这样一些声音，觉得好像营销是不屑一提的，有的企业认为只重生产和质量，不会营销还挺光荣。其实，营销决定着整个企业组织的经营效率问题，而且是企业经营管理基本功的一种体现。做广告和市场营销的人，要有足够的底气和自信，营销绝对不是有些人所说的忽悠、花言巧语，对产品本身毫无贡献，绝对不是这样。国际企业也很重视营销，像宝洁的广告预算占到全年销售额的10%以上。

第三，营销本身是一个系统工程。没有广告，没有营销，就没有宝洁这样的企业。营销不是某一个环节、某一个领域、某一个局部，或者说某一个技巧，而是非常复杂的系统工程。比如一款新产品白酒上市，这个酒在烟酒店、酒店或者商超铺货率高还是低，铺货的位置好还是坏，是铺一瓶、两瓶、十瓶，还是整个专柜几十瓶、上百瓶，陈列之后要不要其他品牌元素，能不能在店内做一些广告位的开发，产品地推的陈列、终端的消费者引导做得如何，整个区域内广告投放的策略如何、执行如何，以及核心消费者、意见领袖点对点的开发等，都是决定一个产品和品牌在某个区域内能不能做成功的因素。十几项因素当中90%都做得非常好，但如果其中有哪一个环节设计不当、做得不好，就可能会功亏一篑。营销没有最好的办法，能一招制胜。营销要我们有系统的思维、统筹的思维、全局的思维，深谋远虑的把握，张弛有度的安排。这包括资源匹配、过程把控、全链式调整。所以，想做成一件事情其实是很不容易的。全社会每年有那么多的品类、那么多新类，来势汹汹，但是3~5年后都铩羽而归。我们不要在技术层面投机取巧，寻找所谓的"一招鲜"，一招制胜的方法，而要从一些基本的东西入手，系统地、全面地、扎实地、长期坚持、耐住性子地去做，这样才有未来。

第四，品牌是白酒营销的关键环节。对于白酒这样的品类来说，与一般的消费品又有区别，而这种区别又决定了品牌在白酒营销中所占有的权重更大。有以下这些特点：一是普通消费者对白酒的鉴别能力不够，让普通消费者评出一二三四等级其实是很难的，一款100元、300元、500元的酒放在你面前，普通消费者不见得能区分出三款酒有什么区别。二是白酒消费很多时候不只是实用功能，而是"面子"功能。三是白酒的单价高。所以白酒的几个特点：消费者识别能力相对偏弱，"面子"属性以及单价比较高决定了品牌起着更为重要的背书和保障作用。消费者不了解的时候，往往是选品牌，选大牌、选高端、选所有人都知道的品牌。

第五，品牌是产品品质的自然延伸，是产品品质不可分割的一个组成部分。我们消费一件产品的时候，并不是只使用它的自然属性和功能属性，很多时候消费它的品牌价值、品牌文化。品牌给人们的心理、精神层面的感受，是这个产品品质的一个不可分割的组成部分，比如一把椅子，坐上去感觉很普通，当告诉你它是乾隆曾经坐过的御椅，你再坐时的感受能一样吗？当然不一样！同样一款包，名牌中最普通的和地摊上的包，消费者感受是不同的。我们所做的品牌的工作和生产部门、质量部门、技术部门其实没有本质的区别，只不过后者提供的是物质层面的需求，我们提供的是精神层面的感受。

不要简单地以为品牌和产品可以割裂，就只给既有的产品做广告。在生产线上这个产品并没有完成时，我们就给它赋予无形的精神内涵和价值，给它赋予文化。消费者消费的时候不仅品尝了味道，而且感受到了精神内涵，获得身心的体验，这是产品品质的全部。所有从事广告的人应该有的这样一种自信、应该有这样一种认知。

精彩问答录

问：洋河目前60%的市场份额来自江苏，但洋河做广告并不是给江苏人做的，做的基本上是全国广告，比如在央视和其他多地方都做了大量的广告，但是为什么还是没有像五粮液或者茅台这么全国化？

朱伟： 这个是很好的一个问题。一般来说，广告投放如果是选择了全国性的媒体，地面也要全国性的布局，在过去很多年中，我们在这方面是有所保留的，侧重于江苏省内市场。聚焦反而能够做大做强，区域多元化反而是陷阱。另外，品牌在一定程度上需要土壤，而土壤的培育并没有这么快，对于白酒品类来说更是如此。我们虽然在全国媒体上面做广告宣传，但并不浪费，从时间的角度也能证明，从我们开始重视省外市场之后，省外市场就连续多年获得了高速的成长，比如今年比较困难的行业环境下，我们省外最大的河南、山东、安徽几个市场，增长的速度都在 30% 甚至 30% 以上，这种结果和前几年我们品牌投入方面的前置性、全国性，形成了全国性的品牌有重要关系。我想这就是企业做事的格局，我们做过的很多努力不只是着眼于今天作为一粒种子应该做的事情，而要着眼未来有成为参天大树的资源和储备。我们对于过去多年，全国性的媒体投放，在省外带来的品牌影响力，因而给我们带来省外市场的发展空间很乐观。

问： 目前"互联网＋"时代，洋河广告或者品牌运用过程中，哪些是"互联网＋"的布局？

朱伟： 这个不仅是广告方面，其实整个营销都存在这个问题。目前我们加大了线上销售渠道的拓展。白酒行业在十几年前是酒店渠道为主，七八年前酒店渠道逐渐的弱化，烟酒店渠道兴起，我们就把主要的资源和精力转移到烟酒店渠道，现在线下渠道在弱化，线上渠道电商消费习惯逐步养成，所以我们开始研究线上销售的渠道，研究线上销售的规律，把握线上销售的规律，开辟线上销售新的战场，获得最大的蛋糕和最大的竞争优势。

仅有这点还不够，因为这是所有企业的本能行为，我觉得最根本的还是要充分地利用互联网时代所给我们带来的另外一个契机，就是大数据营销，以及大数据营销可能给我们销售模式所带来的一个革命性变化。互联网时代给我们提供了和消费者之间更为直接的、高效的、互动沟通的可能性。借助大数据实现这样一种更高效、更扁平的方式与消费者沟通、消费者维护，可能是我们借助互联网、借助"互联网＋"模式转型非常重要的方面。

问： 这几年洋河是否减少了广告投放？是否把部分费用从电视转到了互联网上？

朱伟： 我们的广告预算还是逐年在增加的，并没有减少，也许看到在电视媒体上有所弱化、有所减少，但这种减少还没有到排斥或者回避电视媒体的阶段，如果有减少，可能是因为电视类媒体的广告资源中好项目并不是那么多、那么充分。如果有好的话，不排除今年会弹性地增加预算，反之今年可以多投一点。

关于新媒体投放，我感觉新媒体有价值，但是价值和当初很多人的预期有距离。互联网出现之后，很多人认为互联网广告会在很大程度上替代传统媒体的广告，而事实上 10 年过去了，互联网平台打造出来的品牌是寥寥无几。这是一个悖论，新媒体值得我们重视，但是新媒体的价值肯定没有大到那样一种程度。我们每天固定去上熟悉的网站，对网站的结构、内容、区域分布非常熟悉，关注什么信息，每天形成习惯，眼睛自然地注意到那个方向，除此之外屏幕上其他信息你肯定都不关注，所以看上去那个广告跳出来了，但是进不到消费者的心里。我们对新媒体的定位，把它作为一种媒体资源，把它当作一个大大小小的喇叭存在，所以我们很多时候是组合应用，根据每一次的传播需要确定合适的媒体。

问：我也是做白酒行业的，对于一个依靠掌握渠道为主的企业，是靠卖方人员掌控终端的，现在他想做品牌，请教您一下，他是继续做渠道还是做品牌，如果做品牌的话您能给一些建议吗？

朱伟：以我的经验来说，做渠道也是打造品牌非常重要的组成部分，甚至在目前的媒体环境之下不排除是更为高效的一个品牌打造方式。如果将来有一天广告传播的难度、性价比、成本已经高到企业难以承受，那企业可能会把所有的广告预算全用到线下。比如用于消费者的赠送，以及其他促销活动。所谓品牌，就是产品给消费者所形成的综合印象，不代表一定在电视上、媒体上的表达，消费者每天互动的过程、品鉴的过程、购买的过程、消费的过程，就是对品牌认知的过程，而且是更为高效、更为深刻的品牌认知过程。品牌与渠道并不是对立，而且是统一的。在企业发展的初级阶段，如果品牌预算有限，可以把大量的费用就用在线下，一家一家地铺货、一家一家地陈列、一家一家做氛围、做意见领袖的赠饮和品鉴、做消费者的互动。

问：能不能以洋河为例，介绍一下白酒企业在战略、市场营销包括品牌投放、广告投放这一层面的供应商体系？您如何看待媒介代理？

朱伟：我们除了一些比较大的央视以及几家卫视会有代理公司之外，大部分媒体都是厂商直接洽谈合作方向。代理还是直接合作，取决于这个媒体特性，取决于这个媒介策略执行的复杂程度。如果媒介策略执行比较简单，企业自己做和代理公司做差别不大，我觉得还是企业直接做效率最高、成本最低。如果媒介复杂到一定的程度，企业自己做性价比很低，效果大打折扣，对于这类媒体和媒介策略最好还是代理。所以取舍的标准就是取决于媒介自身以及媒介策略执行的复杂程度。

问：洋河如何应对年轻消费者习惯的变化？

朱伟：每一代都有年轻人的问题，但并没有出现极端的变化。年轻人随着年龄的增长，对于酒精类产品的需求有自然的变化，十几岁刚开始品尝的酒，其实是轻度的酒精需求者，需要口感淡一点、酒精度低一点，到了一定年纪，味觉不是那么灵感，可能需要更为刺激一点的，比如川菜更符合我们的需求，我想白酒也有这样的规律。从另外一个角度看，白酒一方面是个人的消费需求，另外一方面是社会交往的需求。在年轻的时候，更多是自己需要，消费不多；到了一定年龄之后，出于社会交往和应酬的需要，白酒的消费量就上来了。

专家简介

朱伟，1977年5月出生，南京大学硕士研究生。苏酒集团的副总裁、战略研究总监和副总经理，历任公司人力资源部部长，苏酒集团贸易股份有限公司市场部部长、市场总监、副总经理，公司战略研究总监，苏酒集团贸易股份有限公司副总经理。参与了整个洋河酒开创全国市场所有的过程，成就了洋河酒的品牌形象。

（文稿整理：孔　娟）

读万卷书，做朴实事

——专访苏酒集团副总裁朱伟

白酒行业五大发展趋势

《新趋势》：请您概括一下2016年白酒行业的特点？

朱伟：2016年的行业特点，第一，行业整体有复苏的迹象。以上市公司为代表的白酒企业，2016年整体业绩上有明显的回升，比较多的企业恢复到两位数的增长。第二，白酒行业的竞争在进一步加剧。2012年之后"三公"消费限制以及整体经济下行给白酒行业发展带来很大的变化，穷则思变，各家都做出了比较多的变革措施，表现在企业之间就是竞争进一步加剧。第三，白酒的消费升级有一定的表现。所谓消费升级，就是在整个白酒行业有所复苏的整体背景之下，

79

以飞天茅台、五粮液水晶瓶以及梦之蓝为代表的高端酒增长很快，一定程度上代表了白酒行业消费升级的趋势。

《新趋势》：您认为2017年白酒行业有哪些发展趋势？

朱伟：2017年白酒行业的发展趋势，除了2016年的行业特点在2017年延续之外还会有一个大的变化，就是白酒行业的营销模式会逐步下沉到传统渠道上去。从厂方依赖经销商发展到厂商下沉到终端，直接参与终端的开发、维护、经营、管理，实现企业销售模式的进一步扁平化。

2017年广告投放策略会出现一些变化，各家的广告投放方式、策略甚至力度可能都会和以往有比较大的变化。比如某知名酒企原先只是重视高端产品，现在随着自身经营压力的增大，会拓展中低价位市场，开发新产品，广告对于它来说就是非常重要的一个课题。

《新趋势》：您如何看待白酒的国际化？

朱伟：白酒行业目前有一些国际化实践，但主要销售给海外华人，一定程度上说还是国内市场；第二个比较大的组成部分其实是出口转内销，看上去是出口，之后又以各种形式，通过各种途径回到国内市场。一些进口商和国内经销商以出口为名义，利用这些产品获得特殊的政策和优惠的价格，事实上还是在国内消费。目前的国际化只能说是一种伪国际化或者国际化的初级阶段。

检验白酒国际化的标准是外国人对白酒的接受程度，要从国外消费者出发，了解国外消费者对烈性酒的认知、需求、好恶，从消费者角度出发开发产品。产品层面基本得到国外消费者认同后，营销就变得很重要，销售模式也要入乡随俗。

白酒是中国国粹，目前来看国际化为时过早。因为存在一个白酒行业决定不了的更重要的文化因素，就是中国能否在未来通过经济高速发展、世界地位的大幅提升增加自身的文化输出、主导能力，就像美国文化的强势输出是可口可乐在全球流行的动因之一。

融入集体需尊重多元价值观

《新趋势》：请您介绍一下个人工作经历？

朱伟：我2000年毕业之后进入洋河，从办公室、人力资源部、市场部到现在集团副总裁，一共17年。负责市场部比人力资源部有意思，目前负责销售工作比单纯负责广告工作价值更大、创造空间也更大，这三个阶段正好代表三个台阶。

人力资源部的工作相对来说挑战不大，在企业的整体架构之下，做好执行工作，既没有太大的风险和挑战，也不会有多大的成绩。在市场部期间主要负责公司的产品开发、市场推广方案以及广告投放，创造空间更大，压力相应也大。绩效评估是软性的，比如一年投放广告的性价比，企业的品牌建设、做的项目是否达到预设目标等。目前负责整体销售，考核指标是刚性的，精确到小数点后几位。每天、每个月的销售数字都是真金白银，按照目前的含税统计口径，一天平均收入低于1亿元和高于1亿元是两种心情。

《新趋势》：您是怎样融入企业并坚持这么久的？

朱伟：一个人能融入什么样的集体，很大程度上是由自己的情商决定的。文化与价值观有差异但没有高低的问题，以平和的心态去看待所有人，既有自己的价值观，同时又能够尊重、理解、容纳别人的价值观，任何组织都能融入进去。

注重打造学习型组织

《新趋势》：您在自己负责一个部门之后，怎么建立部门的文化？

朱伟：好的团队里所有人凝心聚力，上进心和部门荣誉感非常强。带领团队的时候，我最重视学习的能力和文化。学习型组织最高效，所有人爱好学习，有内部交流、讨论、分享，大家互相比较、帮助、赶超，有在大学期间那样一种朝气蓬勃、奋发向上、憧憬未来的状态，同事和团队就不会太差。通过学习，整个团队的职业能力、专业能力、竞争能力越来越突出，工作成绩提高是自然而然的。

很多人对"学习"的理解有偏差，一说学习就是在课堂学习知识、经验，读课程、读学位。学习更主要的是多读书，随时随地，触类旁通，海纳百川。读书是性价比最高的学习方式，全世界最知名的学者都可以随时跟你交谈。大学里真正认识到学习重要性的人不多，大学生在校期间读几百本好书，进入社会后发展也不会差。无论之前有没有读书的爱好，现在培养完全来得及，否则将来只在技术层面动脑筋，即使有成就，也非常有限。

为学要如金字塔，要能广大要能高

《新趋势》：结合您的职场经历，您有什么经验想对即将步入职场的大学生分享？

朱伟：个人职业发展从"术"的层面来讲，追求怎么得到更多的发展机会、有哪些技巧等，格局不高，而且人会很累，患得患失，往往不一定符合自己的初衷。想有比较好的职业发展，应该有更高层面的定位和需求、更大的格局。柳传志说过，一群年轻人中，如果你完全差异于别人，明显高于别人，所有人都没办法忽略你，机会自然而然就是你的。以必胜之心，胜在战初，有这种状态和能力，职业发展才比较顺利。我和人交流不太做总结，也不觉得总结有多大的价值，做事就是回到事情最本质的层面，持之以恒去做。同时个人的积累非常重要，正如

胡适所说，"为学要如金字塔，要能广大要能高"。

《新趋势》：您对学广告的同学们有什么建议？

朱伟：广告是营销体系非常重要的有机组成部分。所谓有机组成部分，就是和整个营销体系不可割裂、不可孤立、水乳交融。广告服务于整个营销，营销又服务于整个企业的经营发展战略，这是一脉相承的。所以必须把广告放到整个营销系统当中，甚至放到整个企业经营管理系统当中去看，才能真正把握，否则就事论事会有很大的偏颇。

现在的社会环境、媒体环境、企业经营环境变化太快，未来变化会越来越快。人的注意力高度分散，品牌能到达消费者的眼睛，但到达不了消费者的心。企业投放大量的广告，但浪费也越来越多。在这种背景之下学习广告，从事广告相关专业，是非常大的挑战。

我之前在市场部，每年的员工招聘都是亲自招。广告在科学和艺术间更偏向艺术，招聘时广告专业优势不突出，也不做限制。相比之下，个人的知识、思维、思考能力，阅历和视野，智商和情商等对于广告从业者来说更重要。

结语

朱总在分析了白酒行业的趋势后，分享了许多个人在工作和学习生活中的感悟。朴实无华的语言有着深入人心的力量。腹有诗书气自华，作为集团副总裁，百忙中余能保持读书的习惯，以平和的心态待人，持之以恒做基础的事，才能在乱象中保持慧眼，为洋河股份的发展，奉献自己的知识与才华。

（文稿整理：刘桂林　郜佳唯　安　瑀　陈　怡）

白酒行业是太阳产业

造好酒满足人民美好生活需要

◎马 勇

中国酒业协会简介

中国酒业协会，原名中国酿酒工业协会，于 1992 年 6 月 22 日经原中华人民共和国轻工业部审查同意，由中华人民共和国民政部登记注册成立。英文名称：CHINA ALCOHOLIC DRINKS ASSOCIATION（英文缩写 CADA）。它是由应用生物工程技术和有关技术的酿酒企业及为其服务的相关单位自愿结成的行业性的全国性的非营利性的社会组织。

图 1 中国酒业协会商标

白酒工业为国民经济和社会发展做出巨大贡献

我们行业里有一句话说，白酒既不是朝阳产业，更不是夕阳产业，而是一个太阳产业。30 多年来，白酒工业随着自身的快速健康发展，取得了显著的经济和社会效益，为国家经济社会发展作出了巨大贡献。我国绝大多数白酒生产企业地处中西部经济欠发达地区，由于基础设施、自然资源、投资能力、科研教育水平和劳动力素质等多方面条件限制，这些地区的经济社会发展水平与发达地区尚存较大差距，而白酒企业在安排劳动就业、增加财政税收、带动农业结构调整和农民增收等方面，发挥了重要作用。

首先，传统酿酒工艺技术对劳动力需求较大，能够吸纳大批劳动力就业。20 世纪中期以后，随着白酒企业规模扩张，产能增加，白酒企业安置社会就业不断增长，90年代中期，我国全部乡及乡以上白酒企业共7600家左右，高峰期安排劳动就业达110万人以上；到2012年仅统计口径规模以上（年销售额2000万元以上）1400余家白酒企业安置从业人员已达48万人，另有6000余家白酒企业尚未统计计算。同时，在竞争中发展壮大的骨干企业安排劳动就业能力不断增加，仅五粮液、洋河、茅台、汾酒等骨干企业年从业人员均超过万人以上。

其次，白酒是高利税行业。在食品工业中白酒产品税收总额仅次于烟草行业。国家规定的白酒企业税种包括增值税、消费税、城建税、教育费附加、地方教育附加、企业所得税、城市维护建设税、个人所得税、车船税、房产税、印花税、土地使用税等，据测算，以上全部税目总计名义税率可达40%以上。改革开放以来，白酒行业税收保持高速增长，仅2003~2012年的10年间白酒税收年均增长率达29.5%，2014年全国规模以上白酒企业税金总额达525亿元。贵州茅台利税总额位居白酒行业第一位，也是经济欠发达的贵州省重点利税大户，2014年，茅台集团实现税收165亿元，占贵州省纳税百强企业纳税总额的22%，占贵州省税收总额约20%；1998~2013年，茅台集团累计上交税金达629亿元。位于四川省宜宾市的五粮液集团也是当地及四川省重点纳税企业，2014年五粮液集团实现利税140多亿元，居四川省工业企业领先地位。近10年来，五粮液集团创造税收收入占宜宾市国税收入近70%。地处苏北宿迁市的洋河酒厂股份有限公司于2012年上市以后，借助资本市场力量，实现规模扩张，2013年，洋河集团入库税收达54.12亿元，占宿迁市财政总收入的近1/7。此外，苏酒集团贸易公司缴纳地方税收17.48亿元，居江苏省地方税收纳税第一名。

再次，以传统工艺生产的固态法白酒主要以高粱、玉米、小麦及其他杂粮为原料，以新工艺生产的固液结合法白酒，也需要以玉米为原料生产的优质食用酒精为原料。改革开放以来，随着白酒产销量不断增加，带动了白酒产区，以及我国西北、东北地区的高粱、玉米、小麦等农产品的种植、加工和销售。按传统固态法工艺，平均每500毫升原酒约使用1200克高粱及其他杂粮及300克左右小麦（如生产酱香型白酒可能还会增加60%左右原料消耗），因此，每生产1000升白酒，需要投入酿酒高粱2400公斤和600公斤以上小麦。2014年，我国白酒产量达1223万千升，因此，酿酒原料消耗对农产品增值和农民增收所作出的贡献是非常显著的。同时，白酒企业对特殊酿酒原料的需求，还带动了农产品结构调整和价格提升。茅台、五粮液、泸州老窖、汾酒等骨干企业为保证食品安全和产品质量，采取建设原料基地或订单农业、定点采购等方式对酿酒高粱进行规范化管理，间接起到了优化农业生产效率和提高农产品价格的积极作用。例如，贵州茅台集团于2000年开始鼓励种植有机高粱，累计投资8660万元支持仁怀市建设有机高粱种植基地，到2012年仁怀市及毗邻地区有机高粱基地认证面积达到62万亩，产量10万余吨。茅台地产的糯性"红缨子"高粱具有颗粒坚实、饱满、均匀，粒小皮厚、支链淀粉含量高等特点，非常适应白酒生产工艺要求，目前，这种高粱售价高达 7000 元 / 吨，高于普通高粱 2/3 以上，极大地改善了当地农民种粮积极性。

最后，白酒工业对其他关联产业带动能力强，在促进相关产业发展、拉动消费和促进社会就业等方面发挥了重要作用。白酒生产对机械制造、印刷、造纸、玻璃、塑料、不锈钢、化工等产品需求不断增加，对物流、零售和餐饮等服务业发展具有重要影响。2014 年白酒规模以上企业主营业务收入达 5258 亿元，如计算批发、零售、餐饮等环节以及物流仓储等成本，终端零售价可达近万亿元，是增加社会商品零售额，拉动我国居民消费的重要力量，同时，极大增加了第三产业劳动就业人员。

发挥区域优势，打造产业集群，增加白酒产量，不断满足人民群众日益增长的消费需求

（1）在长江中上游白酒主产区，贵州省和四川省白酒产业发展强劲，产量激增，效益显著。

近 10 年来，贵州省先后出台了《关于促进贵州白酒产业又好又快发展的指导意见》《贵州省白酒产业振兴计划》《贵州省"十二五"白酒产业发展规划》等重要文件，召开了全省白酒产业发展推进大会，提出了"一看三打造"战略目标，极大地促进了贵州白酒业的快速发展。仁怀市建立了名酒工业园区，入住企业 35 家，协议投资总额 65 亿元，累计完成固定资产投资 61 亿元，将实现白酒产能 5.7 万千升。在茅台集团引领下，贵州白酒工业步入快速发展轨道，到 2014 年，贵州省拥有白酒生产许可证企业 382 家，规模以上白酒企业 109 家，白酒产量 38.05 万千升，完成主营业务收入 578.8 亿元；实现利润总额 235 亿元；整体呈增长态势。

2008 年四川省提出打造中国的"波尔多"，建设"中国白酒金三角"战略构想。为此，宜宾市政府印发了《关于进一步做强做大酒类产业的意见》和《关于加快推进千亿白酒产业集群发展的意见》等文件，成立了"宜宾市酒类促进局"。在政府的大力推动下，宜宾白酒业发展十分迅速，形成了位居中国白酒行业首位的五粮液集团和全国最大原酒生产企业高州酒业公司。2014 年，宜宾市产酒 53.68 万千升，占全省的 15.33%，但销售收入却达 784.89 亿元，占全省总量的 42.7%；利税 168.22 亿元，占全省的 50%，利润 107.23 亿元，占全省的 59.72%。从销售收入、利税、利润角度可以说宜宾市占据了四川白酒业半壁江山。

泸州市成立泸州酒业集中发展区有限公司，充分发挥泸州老窖在品牌、质量、管理、技术等方面的突出优势，打造以白酒生产加工为枢纽、连接上下游产业的

"中国白酒专业加工配套产业集群"。泸州酒业集中发展区，总规划用地 7500 亩，投资额逾 70 亿元，按照供应链管理模式构建基础酒储存区、灌装生产区、包装材料供应区、仓储物流区、白酒酿造区五大主题园区，年产值和服务性收入 150 亿元以上。到 2014 年，泸州市共有白酒生产企业 349 家，规模以上企业 146 家，年销售收入上亿元的有 70 家，基本形成"龙头企业引领，小巨人企业支撑，其他企业共同发展"的梯形层次结构。

湖北省是位于长江中游的白酒主要产区，省委、省政府高度重视白酒产业的振兴与发展，成立了由副省长挂帅，省直 14 个部门负责人参加的振兴酒业领导小组，出台多项支持酿酒企业的政策及发展规划。突出一个重点（品牌），抓好两个创新（机制创新和技术创新），维护好三方利益（消费者、企业、国家），调整好四个结构（企业组织结构、产品结构、市场结构和管理构架），促进酒业上档升级，做大做强。经过 30 年持续发展，湖北省已经形成宜昌稻花香白酒工业园区、枝江白酒工业园区、黄石劲牌保健酒和小曲白酒现代化生产基地、咸宁黄鹤楼生态白酒酿造基地等白酒集中发展区。

（2）黄淮流域白酒产业集群发展各具特色。江苏是历史悠久的白酒生产大省，1998 年，江苏省政府颁布《关于"振兴苏酒"的意见》，并出台措施，一是省里每年从省重点技改贴息基金新增部分中专项安排 500 万元用于企业在实施符合产业政策项目时向银行贷款的贴息，企业所在市县财政也应根据自身财力情况，相应配套；二是允许企业不受比例限制提取技术开发费，按实际列支；三是对企业进行技术改造、提高产品质量、加强营销网络建设、市场开拓所需资金，各有关银行要给予重点支持，并帮助所在地方银行调度好资金。2006 年以后苏酒进入新的发展期，整体实力不断增强，白酒产业集群初步形成。在洋河、今世缘、汤沟等企业引领下，宿迁、淮安、连云港、徐州等市白酒业已经形成包括酿酒、制曲、包装、物流等较为完整的产业链，以酿酒业为主导产业的洋河、双沟（泗阳、泗洪县）、高沟（涟水县）、汤沟（灌南县）等乡镇周边地区集聚白酒企业 400 余户，规模以上企业（产值 2000 万元）68 户，产值 250 亿元。洋河、双沟两镇区的酿酒产业集群被江苏省经信委批准为产业集群，2010 年 4 月洋河、双沟酿酒产业园被省认定为首批 20 个新型工业化示范基地之一。

山东是我国东部地区白酒产销大省，20 世纪 90 年代中后期，白酒总产量曾位居全国第一。经过 30 年奋斗，山东白酒行业打造出一品景芝、国井扳倒井、五岳独尊、古贝春、兰陵陈香、趵突泉、花冠等一批优势品牌，低度浓香型白酒和芝麻香型白酒已发展成为鲁酒的两大优势酒种。近 10 年来，景芝酒业完成先后两期技术改造，建成芝麻香型白酒自动化生产线，扳倒井建成复粮型芝麻香生产基地，花冠、泰山等骨干企业原酒酿造能力不断提升。

河南是我国人口最多、白酒消费集中的地区，经过近 30 年发展，河南培育发展了宋河、宝丰、杜康、仰韶、赊店、张弓、皇沟等一批白酒骨干企业，尤其近 10 年来，宋河、宝丰两家名酒改制或重组后，获得较大的资金投入，地方政府给予大力支持帮助，酿酒基础能力建设成效显著；在政府推动下伊川和汝阳杜康合并，酿酒基地得到大力恢复和发展；仰韶酒厂民营化以后，针对市场变化需求，结合自身科研优势，推出陶香型主打产品彩陶坊酒并加快新型酿酒基地的建设发展；目前，河南白酒生产企业已达 300 多家，职工 3 万多人，年产白酒 107 万千升，主营收入 288 亿元。

安徽是淮河流域酿酒板块的重要产区，全省规模以上白酒企业 41 家，拥有 4 家白酒上市公司，仅次于四川省。2010 年，古井贡酒启动古井贡酒生态产业园项目，总占地面积约 80 万平方米，总建筑面积约 60 万平方米，概算总投资 20.86 亿元。截至 2014 年，古井贡已经形成了集团总部（位于古井贡酒生态产业园）、古井贡酒酿造遗址公园、古井贡酒张集酿造分部三地一体的生产区域，原酒产能 10 万吨，原酒储存 30 万吨，成品酒灌装生产能力 20 万吨。安徽淮北市原有淮北市口子酒厂和濉溪县口子酒厂两家骨干企业，20 世纪 90 年代"两口子"合并组建成立安徽口子集团公司。21 世纪初，口子集团进行股份制改造成立安徽口子酒业股份有限公司，并于 2008 年 5 月引进美国高盛公司为战略合作伙伴。2015 年口子酒业股份有限公司在上交所上市，并先后在濉溪经济开发区征地 700 亩，投资 4.5 亿元，建设口子酒工业园区。截至目前，安徽口子酒业股份有限公司共有 7 个酿酒车间，128 个酿酒班组；发酵池 8000 余条，实现年产 3.3 万吨的优质原酒生产能力。安徽迎驾集团股份有限公司坐落于大别山腹地的佛子岭风景区，由国营霍山县佛子岭酒厂发展演变为股份制上市公司。迎驾贡酒长期坚持生态发展理念，依托优异自然环境建设生态酿酒地，迎驾贡酒白酒生产能力从 1985 年的 1000 吨到 2014 年达到近 3 万吨。位于阜阳的安徽金种子集团有限公司控股的金种子酒业股份有限公司，立足于"绿色、科技、智能、低碳、环保"发展理念，高起点建设金种子生态产业园，总占地 1500 亩，总投资 15 亿元，是创新项目最集中、自动化程度最高的"数字化、智能化"工业园区，对于公司产品结构调整、产业升级和产品研发，发挥了重要作用。

白酒品牌和企业无形资产培育发展取得丰硕成果

《商标法》实施以来，自 1996 年起至 2014 年，白酒行业有包括五粮液、茅台、汾酒、国窖等 150 余枚白酒及相关蒸馏酒产品注册商标，经行政认定为驰名商标，为提高优质民族传统食品良好声誉，保护企业自主知识产权，奠定了基础。

图 2　杜康造酒图

　　由于白酒是最具悠久历史和文化传承的民族传统食品产业，保存了大量古代酿酒遗迹遗址。从 20 世纪 80 年代至今，我国政府公布了第四、五、六、七批国家重点文物保护单位，其中列入国家重点文物保护单位名单的白酒酿造遗址包括：四川泸州老窖窖池群及酿酒作坊、四川水井街酒坊遗址、河北刘伶醉烧锅遗址、江西李渡烧酒作坊遗址、四川剑南春酒坊遗址、安徽古井贡酒酿造遗址、四川五粮液老窖池遗址。

　　为加强非物质文化遗产保护，2005 年，国务院发布了国家级非物质文化遗产代表作申报评定暂行办法，开展非物质文化遗产评定。迄今为止，共有 18 家白酒企业的传统酿造技艺入选国家级非物质文化遗产名录。

产业集中度和产品集中度显著提高，企业组织结构和体制机制不断改革优化

　　产业集中度提高的根本源于产品集中的提高，在 30 年竞争发展中，特别是 2003~2012 年的 10 年高速发展期，一批白酒骨干企业抓住发展机遇，研究消费变化，顺应市场需求，通过技术创新、产品创新和营销创新，培育打造了一批对市场和消费者具有重要影响的超级单品，包括：年度销售额逾 300 亿元的贵州茅台酒和 200 亿元的五粮液酒；年度销售额逾 100 亿元的洋河蓝色经典系列产品；年度销售额逾 30 亿元以上的有剑南春酒、红花郎酒、古井贡年份原浆系列产品等；年度销售额逾 20 亿元以上的有白云边陈酿系列产品、口子窖系列产品、金六福系列产品等；年度销售额逾 10 亿元以上的有五粮春、五粮醇系列产品；老白汾酒、水井坊酒、迎驾之星系列产品、柔和金种子系列产品、今世缘酒、国缘酒、十八酒坊系列产品、河套王酒等；这其中任意一个产品的年销售额均超过 20 世纪 90

年代中期以前一家大型白酒企业的全年销售业绩。白酒行业体制机制变化也经历了一个从"政府推动型"向"市场引导型"转变，白酒企业体制变革与制度创新为行业未来发展奠定了坚实基础。1994年，山西汾酒股份有限公司在上海证交所上市，开启了白酒企业融入资本市场大门，此后，包括泸州老窖、茅台、五粮液等17家白酒企业进入资本市场，不仅使白酒骨干企业获得了促进发展的宝贵资金，也成为推动白酒企业建立现代企业制度的重要因素。1998年，经贵州省委省政府研究决定，由贵州茅台集团对贵州习酒进行战略性重组，使长期徘徊于低谷的习酒再获重生。

2001年，四川宝光药业接手陷入困境的郎酒集团，为民营企业重组国营名优酒厂首例，经过10年耕耘，2011年郎酒集团销售额超过100亿元。2003年，以运营金六福酒奠定市场地位的华泽集团，首次在湖南本土对地方国营企业湖南邵阳酒厂进行并购，其战略导向显示出市场配置资源功能；此后，华泽集团将安徽临水、黑龙江玉泉、吉林榆树钱等13家白酒企业兼并，掀起了白酒企业民营化资本并购第一次浪潮。2011年，联想控股并购武陵酒业；海南航空并购贵州怀酒，成为业外资本战略性投资白酒行业标志；此外，包括高盛投资、平安资本、盈信资本、弘毅资本、君联资本等PE/VC纷纷以财务投资方式进入到白酒行业，推动白酒行业管理模式与市场营销走向现代化。

展望未来

展望未来，党中央"十三五"规划建议提出"2016年至2020年经济年均增长底线是6.5%以上"；为推动我国经济发展的国际化进程，国家全力推进"丝绸之路经济带和21世纪海上丝绸之路"（一带一路）倡议；为提高我国制造业竞争能力，国务院印发《中国制造2025》，提出了制造强国建设三个十年的"三步走"战略；党和政府为国家经济社会发展规划的宏伟蓝图，以及广大人民群众日益增长的食物消费需求，为白酒工业未来发展创造了新的发展条件和发展空间，继往开来，白酒工业要坚持创新驱动发展，坚持可持续发展，坚持质量安全第一，着力全球化发展，加快传统白酒产业国际化步伐。

专家简介

马勇，中国工业协会副会长、白酒业务委员会副会长，秘书长，标准委员会、技术委员会副主任。

（文稿整理：符绍强　孔　娟）

天人合一成好酒

——专访中国食品工业协会副秘书长马勇

● 白酒行业的基因是天人合一

《新趋势》：知名白酒能不能大批量生产？

马勇：白酒生产对生产环境具有特殊的要求：干净水源、酸性土、气候稳定、气温偏高温差小和生态环境好五大要素缺一不可。"曲是酒之骨，水是酒之魂"，产地在长江上游的酒一般口味浓郁，而黄淮流域出产的酒口味清淡。黄河流域近百年来少有好酒企，也许与生态环境恶化有关。茅台镇是做酒的好地方，三百多家酒厂，但生产出的酒能叫茅台的只有一家。即便茅台这样的知名酒企生产也不稳定，微观环境有一点变化，酒做出来以后酸酯比例不协调，生产就不能正常进行。

《新趋势》：除了自然环境外，还有什么因素影响白酒的质量？

马勇：白酒不同于任何一个工业化产业，这个行业是劳动密集、资金密集、技术密集。劳动密集型行业有一些环节是不能省掉人力的，手工劳动是经验传承，一定有历史积淀。白酒行业搞轻资产运营不行，从原料到成品酒，资金要沉淀很多年，白酒要搞零库存可能是做假酒。白酒也不是有钱就能制造，没有产业工人和高级技师，没有稳定的技术支撑，做不出好酒。

《新趋势》：是否有缺乏历史传承的好白酒？

马勇：浓香型白酒有一句老话："要想酒质好，全凭窖池老"，没有用10年、20年做起来的白酒企业。据我了解，目前一年销售额将近100个亿的劲酒是没有历史传承的，酒里加了中药材，严格上来说是保健酒而不是白酒。

● 白酒行业是太阳产业，发展相对稳定

《新趋势》：请您概括一下2016年白酒行业的特点，您认为2017年白酒市场有哪些发展趋势？

马勇：从2012年到2016年4年的徘徊，总体来看是稳中向好的态势，特别是从去年下半年以来，信号非常明确。2016年产销量增长3%，销售额增长10%。2017年白酒的发展，总产量增长水平维持在3%~5%，销售收入增长10%~15%，基本的大格局不会有太大改变。今年一季度宏观经济形势的积极信号，对白酒的刺激和拉动作用还是有一定的显现，2017年应该是白酒平稳发展的一年。

其实从古至今，特别是改革开放到今天，白酒行业几起几落，但是没有被淘汰，也不会被淘汰。我们经常说，白酒行业不是朝阳产业也不是夕阳产业，是太阳产业，它有长久的生命力。

《新趋势》：白酒行业的市场集中度如何？

马勇：有白酒生产许可证的企业有7000多家，其中大概有两成到三成企业不是全年生产，而是季节性生产，正常生产的有5000多家。统一口径的规模以上企业是全部国有企业和年经营收入3000万元以上的非国有企业，一共1500多家，贡献了6150亿元的销售额。前100强企业占规模以上企业销售额的七成，前30家企业占到行业的四成半到五成。

《新趋势》：白酒行业的消费者发生了怎样的变化？

马勇：主流消费群体基本上没有太大的改变。不仅是一年两年没有改变，我看10年20年后，白酒的消费人群，包括年龄结构、文化层次、社会阶层结构，不会有太大的变化。如果要有一些变化，我认为也是一个积极的信号。国家经济实力的不断增强，特别是对全球经济的影响力越来越强，会影响以前不太认识白酒的消费群体产生了解白酒的兴趣，现在对中国传统白酒有认知欲望的人越来越多。总的来讲，白酒的消费群体越来越广阔。

有人说受到洋酒冲击，年轻人以后都喝葡萄酒了，我不同意。我们都是从年轻阶段过来的，年轻时大家愿意喝啤酒，谁喝又苦又辣的白酒？我儿子小时候喝葡萄酒、喝啤酒，现在从外国回来跟我说要喝白酒。中国人吃五谷杂粮，到了一定年纪一定会喝白酒的。

● **领军企业打造品牌神话，自媒体相关内容良莠不齐**

《新趋势》：酒类知名品牌有什么独特的营销之道？

马勇：茅台是"独角兽"，因为有领军人物和领军品牌。同时它的技术营销非常扎实，把复杂的酿酒工艺形成一套固定的文字，如"高温制曲、高温堆积发酵、高温馏酒"等，给消费者喝茅台的充分理由。这些理由背后还有一系列宣传茅台的文章背书。不到10年的时间，消费者就对茅台形成了一种信仰。五粮液则是下面每一个子品牌都很强，但只有五粮液主品牌拉力做到足够大，下面的品牌才能有足够收益。

《新趋势》：白酒行业的品牌传播环境发生了怎样的变化？

马勇：传播环境相对变化多，从电视作为主流媒体，到现在多元化的趋势。特别是自媒体的流行，对白酒的品牌传播和消费心理的影响越来越大。自媒体对白酒的工艺、技术、质量等的评判或解读各种各样，积极的一面是很多过去不太留意酒的人也注意到这方面的知识；消极的一面就是以偏概全，不像公众媒体那么客观、公平，科学性、政策性把握得不好。有人有表达欲望，好评判东西，但是似是而非，一知半解。还有一些文章背后有利益驱动，作者受雇于某一类企业或者是某一个企业，目的是打压竞争对手。一些伪专家或者"业内人士"，配合一些不良媒体做误导性的宣传，最终被绳之以法。

《新趋势》：如何应对对白酒的误读？

马勇：出现这种情况，我们的应对还都比较及时。我们会对这些言论进行分析研判，需要回应的时候会组织一些专家，用老百姓看得懂的语言，跟大家讲正确的道理。一般这种情况产生的负面影响有限，正面的声音出来，大家还是会讲道理的。误读本身讲了一些皮毛的东西，经不住推敲。有的言论严重侵害某个具体品牌，受害者可以采取法律手段维护自身利益。

● **白酒的国际化之路应顺其自然**

《新趋势》：是否应追求中国白酒的国际化？

马勇：白酒的国际化是水到渠成的过程，中国白酒的国际化有助于整个国家综合实力的提高和经济全面走出去。中国有一些世界性的产品，都是跟中国的特定历史阶段和历史事件相结合的产物，两次丝绸之路都发生在中国综合国力比较强盛的时期。新中国成立以后因为粮食短缺以及有关部门对酒不全面不正确的认识，限制了白酒的发展。

白酒"走出去"一定是跟中国餐馆同步的，什么时候中餐真正让外国人接受了，外国人就会喝白酒了。我国鼓励喝葡萄酒这么长时间，葡萄酒销量也就是白酒的零头。我这几年出国可以感觉到，适应中餐的西方人在逐渐增多。只要是国外地道的中餐馆，有大概二三成消费者是外国人。茅台、五粮液、泸州老窖出国宣传不是坏事，但这种宣传不见得马上见效。

（文稿整理：邰佳唯　安　瑀　刘桂林　陈　怡）

东风日产 "YOUNG NISSAN" 的营销传播逻辑

东风日产 "YOUNG NISSAN" 营销传播实例

◎陈　昊

东风日产品牌简介

东风日产乘用车公司成立于 2003 年 6 月 16 日，是东风汽车有限公司旗下重要的乘用车板块，从事 NISSAN 品牌乘用车的研发、采购、制造、销售、服务业务，是国内为数不多的具备全价值链的汽车企业。东风日产目前已形成"动感、SUV、舒适"三大品类车型布局，旗下拥有多款畅销车型及进口车型。截至 2016 年底，东风日产整车产销量累计突破 800 万辆。作为一家领先的年轻车企，东风日产秉承"人·车·生活"的企业愿景、"领先半步"的理念和不甘平庸、勇于开拓的企业精神。

图 1　东风日产的标志

东风日产遭遇行业和市场双重压力

外部：行业增长放缓、竞争加剧

2016 年中国汽车市场产销规模双超 2800 万辆，销量同比增长 14%，刷新全球单一市场的历史纪录，连续 8 年稳居全球第一大汽车市场。中国汽车行业经过导入、孕育、起飞等阶段的变迁，现已进入"稳定增长"期。截至 2016 年，中国市场上有 137 个汽车品牌，是全世界拥有最多汽车品牌的市场，是美国市场的 3 倍。2016 年前 15 家汽车厂商，合计仅占市场总量的 70% 左右，是全球集中度最低的市场。

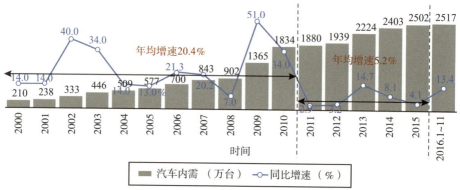

图 2　2000~2016 年 11 月汽车内需及同化增速

资料来源：国家信息中心，2016 年。

内部：市场占有率下滑、品牌选择意愿下滑

第一，NISSAN 在中国的市场占有率出现下滑态势。

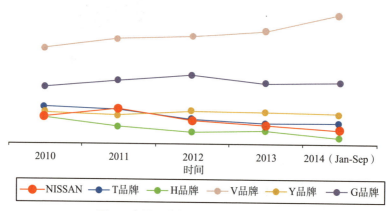

图 3　东风日产相对市场占有率的变化

第二，考虑东风日产这个品牌，愿意到店里面买车的人是不足的。如果长期这样的话，品牌或者企业成长率存在问题。

2014年：品牌考虑率不足
影响来店率提升，销售增长乏力

图4 东风日产的消费者考虑率与来店率

资料来源：内部委托第三方调研报告。

第三，2014 年调研数据显示，"85 后"人群已经逐步成为汽车消费的主力人群，而根据数据显示，购买东风日产车的"85 后"人群占比比其他品牌要低，也就是说年轻人群对日产品牌的考虑明显低于其他品牌。年轻人少考虑买这个品牌，证明这个品牌的未来可能存在风险。

未来5年HALE人群将占汽车客户的70％

（HALE=幸运快乐的小皇帝，泛指"85后"年轻人群）

发现：日产的购买人群中
HALE人群占比显著低于竞品

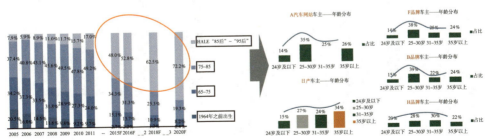

图5 HALE 人群的汽车客户占有率及日产的 HALE 人群的占比

东风日产面临的核心问题是说如何抓住未来买车的主力，让他们能够认可这个品牌，能够考虑这个品牌，并且购买这个品牌。

95

中国市场企业营销战略及行业分析

消费者变革，挑战品牌发展根基

汽车消费群体的变化

中国消费者的变化，1985 年作为一个分界点，1985 年之后出生的人和 1985 年之前出生的人，可以分为两种不同类型的人。为什么是 1985 年？最主要的原因是中国从 1982 年开始全面实施计划生育政策，包括中国的改革开放、农村的联产承包责任制，乃至 20 世纪 90 年代末的互联网的发展，对于 1985 年前后出生的人都有巨大的影响。

1985 年之后出生的群体，可以概括为"快乐幸运的小皇帝"，英文的第一个字母加起来，就是 HALE（哈雷）。这些孩子们是含着金钥匙出生的，从小就无忧无虑，在一个家庭里，父母和四位老人一直呵护自己长大。

调查数据显示，到 2020 年市场上的主力购车客户会是"80 后"、"90 后"年轻人，1985 年之后出生的车主与全体车主的比例占到 75%。东风日产造的车，必须是这个群体需要的车，东风日产的沟通、传播方式，也必须是他们能够接受的方式。因此，东风日产投入强大力量，针对全球年轻消费群体，采取系列措施和手段对他们的特征、消费心理、需求特点等进行了深刻的洞察、研究和分析，对这一群体的画像进行了精准描绘。

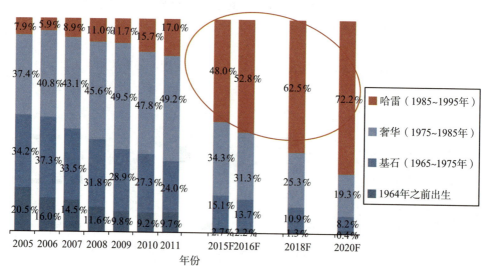

图 6 不同年代人群的汽车购买趋势分析

第一，价值观的变化。从原来注意对自我的完美包装，到现在的放下伪装。HALE 人群需要的是展示自己，平时是什么样就是什么样，呈现真实、接地气、说人话更加容易被大家接受。

第二，事业观的变化。从原来追求"他人的认可"到先在"自我实现"。"60后"、"70后"的工作的目标是取得上司和同事的认可，让别人觉得我这个人有价值有能力很不错。HALE人群并不一样，他们更看重自我的需要和感受，喜欢这个工作就做这个工作，不喜欢这项工作就不愿意多投入。HALE人群更多的是去做自己感兴趣、愿意实现自己梦想的事情，希望体会多元而丰富的生活，想要的生活会主动追求。

第三，信息观的变化。从原来的"接受信息"到现在的"创造信息"。随着信息传播和接收方式的变化，HALE人群，不愿意接受被动传输式的教育，而是主动地去网上搜索信息，去朋友圈分享，发出自己的声音。

第四，消费观的变化。原来更多是拥有物质生活，拥有名车、名表是成功的标志。现在最重要的是体验的价值，很多年轻人戴一块运动能够健身的手表，表是什么牌子不重要了，更多的是一种体验，我要这个表的功能，这块表给我带来的体验。

汽车消费的变化

第一，汽车的角色，从"奢侈品"到"生活伙伴"。原来买车的人觉得自己很有面子，买辆车扎个大红花开到村子里，让村子里人感觉这家人买了一辆车，车看起来要大气有面子。汽车原来是一个奢侈品，一家人，买一辆车证明自己比别人有钱。现在越来越多的年轻人，包括在一二线城市的，认为车辆更多是代步工具，是生活伙伴的角色。人们买这辆车是自己生活需要就买，不在于改变别人的看法。

第二，汽车的选择标准，从"大家满意"到"小家满足"。原来买一辆车是大家满意，自己满意不重要，关键是家里的亲朋好友、老人孩子都要满意。现在的年轻人，越来越因为满足满足三口之家、情侣的小家需求，而去选择购买哪些车。因为别人满意就买这辆车，因为满足小家就买这辆车，这是时代产生的不同价值观和审美观。

第三，汽车的情感需求，从追求中庸和可靠到追求个性和品位。原来买一辆车，因为村长买了这个车，县委书记买了这个车，所以我也去买这个车。大家的从众心理，买这个车不出问题。现在更多是我自己花钱，喜欢这个品牌就喜欢这个品位，喜欢这个灯，喜欢这个轮胎，喜欢这个造型，因为自己喜欢所以就决定买，越来越主动了。

第四，购车的信息渠道发生变化，愿意主动搜索和分享。不再愿意被动去接受，更多愿意主动去分享去搜索，更多愿意参考在朋友圈里大家对它的评价，更在乎网上论坛那些帖子和网友对它的评价，更在意它的评分，这是时代发生的变化。

总之，我们已进入消费者掌握主动权、选择权的时代，企业的营销姿态也需要从站在"品牌"的立场，转向围绕"目标层"的全方位沟通。

兼顾全球战略和中国特征，重新定位东风日产消费者

2014 年，东风日产基于日产全球的品牌主张"创新和激情"，同时兼顾对中国市场和消费者特征的洞察和把握。2014 年企业重新定位了在中国市场买东风日产车的消费者，即"拥有年青心态的生活冒险家"。这些人喜欢自己的座驾，生性比较好奇，热爱生活，比较 OPEN，喜欢社交喜欢交朋友，为了自己想要的事物愿意拼命努力工作，想过自己想要的生活，始终对生活抱有热情，对生活充满向往，愿意去挑战，愿意尝试新的事物。这些拥有年青心态的消费者是东风日产的目标客户。

图7　东风日产定义的中国目标客户形象

策略核心：坚持功能和感情的双驱动

在品牌建设上，东风日产坚持在功能和情感两个方面进行商业驱动，明确东风日产品牌的核心价值。

功能性，也就是理性的诉求，强调功能价值。技术日产，是先进的技术代表。特别是预碰撞智能刹车 IEB，这个系统可以让消费者更安全地驾驶，尤其是在堵

车比较严重的中国大城市。这些配置在竞品车都是最顶级的车上才有，但是日产品牌和东风日产的车系都是中级车以上就有，2016 年已经实现东风日产旗下主力产品 80% 都配置智能安全系统。东风日产的技术不仅是先进的，还体现在根植中国市场，满足中国需求。在中国，日产全球五大设计基地之一的日产中国设计中心设立在北京，日产全球第四大研发基地的东风日产技术中心设立在广州花都，同时东风日产自身拥有的先进工程技术中心和启辰造型中心也将于今年内在广州花都投入使用。这就意味着跟其他公司相比，东风日产的造型研发方面有较大的差异，并不是所有的造型开发都是由其自己的母公司所在地负责，而是由中国自己的年轻造型师和研发人员开发新车，然后由日本总部提供技术上的配合，最终实现产品在中国的落地。比如 2015 年上海车展上发布的蓝鸟，就是由企业自己在北京的造型团队研发的，中国本地的一位造型师提议的车型被全盘接受后，进而被升级为日产的全球首发车型。

图 8　东风日产品牌的两个核心价值

情感价值上，东风日产希望这个品牌传递的是激情、挑战、自信。2014 年是激情、挑战，为年青怒放，年青是这个青不是年轻的轻，更多是年青的心态。东风日产认为年轻人怒放，很率性，很随性，很轻易去表达自己的意愿。2016 年增加自信的内涵，"从未做，大胆做"，鼓励大家自信。针对年轻族群创造更为个性化、更富前瞻性的营销传播体验，结合 NBA/ 欧冠等大型赛事进行体育营销等，让品牌实现了"年青 升级"。2017 年，东风日产主张的不仅仅是年青心态，更是以"年青 + 智能"，以行动为年轻族群打造一系列的科技体验平台，实现品牌从"年青化"到"智能化"的进化。

年轻化营销传播三部曲

在整体车市增长放缓、车市竞争加剧的情况下，如何实现高质量的百万辆目标，甚至保证以后的高质量增长？东风日产给出的答案是"年轻化战略"。

图 9　东风日产年轻化三部曲

虽然当今中国车市所有汽车品牌都必提年轻化，但和大多数只是把年轻化作为产品营销的一个工具不同，东风日产则是从企业战略、产品定位与研发、品牌营销等全方位，多层次向年轻化转型。

产品方面，东风日产推出三款重量级的新车——紧凑型 SUV 全新逍客、B级轿车蓝鸟和中型 SUV 新楼兰。在产品设计上，无论是源于欧洲设计中心"都市幻影"设计理念的新逍客，还是专门为中国年轻消费者开发、整合日产全球研发资源由东风日产设计团队主导设计的蓝鸟，以及打破 SUV 传统外观，打着全感官跑车型 SUV 新概念的新楼兰，无论是外观还是内饰与操控感，这三款产品的设计都前瞻前卫，醒目个性，更加贴合年轻人的口味。

在品牌营销上，东风日产围绕年轻化展开轰轰烈烈的营销攻势。主要做了三个方面的转变：第一个是形象年轻化；第二个是品牌一致化；第三个是促销的品牌化。

第一，形象年轻化。东风日产从品牌视觉的三方面车型表现、人物形象、视觉调性全面焕新，推出 3 个年轻化广告，塑造在"85 后"年轻目标群中的年青、活力形象。

图 10　东风日产宣传片的新旧对比

第二，品牌一致化。

（1）企业形象年轻化。围绕年轻人关注的音乐，年轻态度话题，与目标群深度对话，以内容为王，诠释"为年青怒放"的品牌价值。打造自有 IP，比如"理想音乐人计划"：携手网易云音乐，以理想音乐为支点，连接品牌与年轻人；和"寻找未知自己"：携手凤凰网，寻找年青 DNA，怒放年青心力量。

在车型形象年轻化方面，将动感、年轻渗透到产品设计语言中。

图 11　东风日产的车型广告片

2015 年广州车展，东风日产以红色作为参展主题和主色调打造内场展台，旨在传递 YOUNG NISSAN 战略下品牌的年轻与激情内涵，并展现"红运当头"的主场气势。参展车型上，除了新楼兰、全新逍客、蓝鸟三款年轻化战略车型，全新车型西玛 Maxima 也在本次车展上进行首发。

（2）沟通方面年轻化。一方面，不仅仅是活用大IP投放形象大片广告，更围绕年轻人的信息触点和喜好展开话题性互动活动，形成社会化驱动的品牌事件。通过活动走进年轻人里面去，和年轻人一起对话，选择年轻人感兴趣的话题，通过欧冠体育营销、携手美国NBA签署战略合作协议、全城大闯关线下体验，《真心英雄》、《何以笙箫默》赞助等娱乐营销，东风日产不断将运动、时尚、青春等元素融入品牌血液，呈现出一个极具活力、年青怒放的"新面孔"。

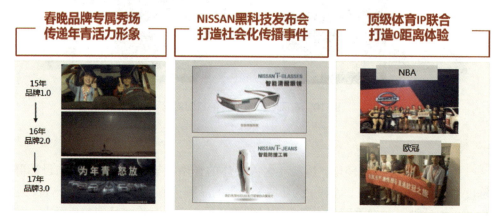

图12　东风日产从品牌1.0到品牌3.0

另一方面，活用世界杯全民话题和搭载央视大IP，不仅仅是提升品牌曝光和影响力，更通过灵活、多元的内容深度合作，强化客户参与感。

图13　东风日产的各类宣传促销活动

这是 2015 年 11 月份广州车展时做了翼装飞行的道具，很多消费者戴上 VR 眼镜以后就能体验到东风日产车型的一些性能，包括一些自动刹车、自动防降、自动偏离、自动弯道提醒功能，还有车道偏离预警系统功能，这些能让客户体验得到。

（3）体验年轻化。通过 VR 等创新体验方式，在沟通过程中注重人群参与互动。通过三大创新体验：SUV 全境挑战赛、万达轩逸科技街区、新逍客奇幻之旅，传递 NISSAN 先进技术。2017 年 3.0 时代又进一步做了进化，主要表现是增加智能的体现，更多智能是为产品技术在做背书，也是为未来今后引进的半自动驾驶、自动驾驶在做铺垫，为未来产品做铺垫。所以，2017 年的广告片更多的是体现智能方面，包括在下面 VR 技术的体验，也跟东风日产整个品牌价值一脉相承。2017 年全国 80 多个 4S 店全面推出银河战舰体验活动，核心是让客户参与进去，深刻体会产品的智能科技和未来感。

（4）渠道年轻化。针对年轻人的购物习惯和购物趋势，建成国内首个合资厂商旗下的电商平台，车巴巴电商品牌，这是东风日产自己的电商平台，满足年轻消费者网上购物的喜好，实现跨越时空的 365 "营销在线"。

第三，促销品牌化。东风日产的所有的促销广告要做到更标准、更简洁、更有品牌一致性。大家一看到这个广告，白色的笔，上面有 NISSON 的 Logo，下面有东风日产，就知道这是东风日产的广告。包括这个地方统一品牌的促销视觉符号"动心之选"，所有广告上都会出现这样。

图 14　东风日产的广告宣传海报

结语

2014 年在行业内率先启动系统化的、自内而外的"品牌年轻化"战略，提出领先同行业半步的"Young NISSAN"。这是东风日产"领先半步"营销哲学的

中国市场企业营销战略及行业分析

又一次成功实践。正如陈昊先生所言，东风日产这几年有坚持也有创新，在该坚持的地方坚持，在该创新地方创新。通过2014~2016年的努力，现在品牌好感度在急剧提升，已经提升到整个汽车合资企业里面前三位。这个品牌的活力、安全不断提升，东风日产销量也在不断上升，在中国汽车行业里面排在第五位。东风日产相信，未来企业将实现全价值链的智能化升级，抢占行业制高点。

专家简介

陈昊，2014年3月至今任东风日产乘用车公司市场销售总部副总部长，2010年7月~2014年3月任深圳市东风南方实业集团有限公司总经理，2009年2月~2010年7月任东风日产乘用车公司市场销售总部经销商支持部部长，2003年7月~2009年2月任东风汽车有限公司乘用车公司法规部部长、总经理办公室主任。

（文稿整理：陈　怡）

守心、望路，在充分竞争的市场做有挑战性的事情

——专访东风日产乘用车公司市场销售总部副总部长陈昊

《**新趋势**》：请您用几个词概括一下2016年汽车行业的特点，您对2017年汽车行业市场预期如何？

陈昊：2016年中国汽车产销量均超2800万辆，其中2300万是乘用车，大概1300万是合资的乘用车，将近1000万是自主品牌。2016年的车市可以用这几个词来概括："1个超预期，2个预料中。"1个超预期是指市场总量增速达13.4%，受购置税政策拉动，跑赢GDP，这样的增幅在中国目前传统制造行业里面不多。2个预料中是指SUV和本土品牌依然高歌猛进，SUV成为对车市增长贡献主力军，而伴随着自主品牌制造品质的提升，与合资从量的竞争转向质的竞争，自主品牌份额不断地扩大，可能到2022年就会占到半壁江山，超过合资品牌，合资品牌将面临更大挑战。

对 2017 年市场预期是三个化："智能化""共享化""融合化"。市场趋势是智能化：近两年，随着汽车行业的高速发展，汽车智能化的趋势越发明显，谁能为消费者提供更加智能的出行方式，谁就能占领未来的制高点。市场机遇是共享化：伴随着共享经济的发展，共享汽车新模式也随之而来，如 TOGO（途歌共享车，一款基于共享形态提供自由共享车的智能平台），EVCARD（上海国际汽车城新能源汽车运营服务有限公司开展的电动汽车分时租赁项目，借助物联网技术实现的一种新型汽车分时租赁服务模式，实现了用户任意时间自行预订，任意网点自助取还的用车需求），宝驾等共享汽车平台率先在北上广等大城市布局。市场结构是融合化：互联网与汽车产业融合加快。例如有众筹与汽车产业融合，构成互联网汽车金融平台；第三方支付与汽车金融结合，通过在线支付工具拓展汽车金融服务等；部分互联网巨头直接进入汽车行业。

《新趋势》：您认为近两年汽车行业消费者最鲜明的变化是什么？东风日产是如何应对这些变化的？

陈昊：谈到汽车行业的变化，消费者需求的变化是非常重要的一个方面。"85后"年轻消费群体已经成为中国主力购车群体。他们是伴随着互联网长大的一代，他们更注重体验、放下伪装、追求自我实现和体验价值。而在这样的变化之下，他们在汽车消费的需求上也发生了变化。

角色定位从"奢侈品"→"常规品"，汽车成为生活中的日常工具。功能需求从"大家满意"→"让自己爽"，满足个性化需求是购车的主要目的。情感需求从"追求中庸可靠"→"追求个性和品位"，更能根据自己的个性和品位来选择汽车。信息渠道从"被动接受广告信息"→"主动搜索和分享"，垂直网站，论坛等信息渠道让专业信息也变得可以轻松获取。

对此，东风日产在汽车营销上也总结出五个关键词。内容为王，不仅靠厂家的媒介投放，更需要创造目标层感兴趣的内容来吸引客户对品牌的关注；营销在线，不仅通过 360 整合传播，更结合网络"永远在线"的特征展开不受时空限制、随时随地的沟通和提供服务；社会化驱动，年轻消费者不是看广告就会埋单，品牌需要形成一定的话题性和口碑，让更多客户做你的品牌大使，甚至是"业代"才能实现销售目标；客户参与，不仅要触达客户，更要让客户互动和参与进来，厂商和客户一起，共同创造品牌；客户相关性，不仅让客户知道品牌，更要建立与客户的情感、利益纽带，与东风日产产生长久的关系。

《新趋势》：互联网企业进军汽车行业，您对此有何看法？

陈昊：随着智能化的发展，汽车和互联网两个行业正在展开共同合作与竞争，呈多元化混战局面，不仅改变行业竞争格局，车与人的关系也在重新被定义。这对于东风日产来说，既是挑战，更是机遇。基于这样的趋势，日产全球率先启动

"日产智行科技"的计划，希望在这个智能化、互联化的时代，能为消费者带来升级的汽车生活。

去年广州车展，我们东风日产也发布了"i³计划"，宣告品牌3.0智能化战略全面开启，从智行科技、制造品质、智享体验三大维度全面布局，并为广大消费者描绘了一个以全价值链智能化升级引领未来汽车生活的美好愿景。我们在日本的Serena上也率先搭载半自动驾驶系统，与微软联合开发汽车互联系统，结合NASA航空科技开发SAM无缝自动出行系统，这些都是面向这一未来的技术智能化举措。而在不久的将来，东风日产将全面导入这些先进技术和产品，为中国消费者带来全新的驾驶体验与升级的汽车生活，继续领跑中国汽车市场。

《新趋势》：从您的角度来看，一个品牌要出好的产品赢得市场受众，总体是怎样布局的？换而言之，您的战略是怎么做的？

陈昊：我负责的营销这方面，部门叫市场销售总部，组织架构是一个总经理和一个副总，下面是八个总部的总部长。按照汽车价值链板块来看，先是商品企划部，研究消费者习惯和消费者行为，做前瞻性的研究，着眼于企划四年之后的车是什么样子的。接下来是开发部，开发完成后放到技术中心部，技术中心负责零部件等采购。第四个部是造车的制造总部，造完之后第五个部门是研究怎么卖出去的营销总部。另外是知识性竞销管理、财务、信息系统部三个辅助性的部门，总共八个总部。

我在公司负责营销这一块，在战略方面从营销角度回答这个问题。在营销上，我们原来叫一俊遮百丑，现在叫一丑遮百俊。原来只要产品好，品牌就好。但现在竞争越来越激烈，在中国汽车品牌有137个，是美国品牌的3倍，跨国集团对中国市场高度重视，所有的厂家都把中国作为最重要的增量市场，所以竞争下一步更会激烈。所以现在产品力、品牌力、营销力、管理力、服务力、渠道力这六个方面缺一不可，六个方面最短的那个板，可能就决定着你最后的销量，最终衡量品牌的标准还是销量。如果谈战略的话，现在更多是强调体系，在这个体系里广告如何去做是对我们品牌至关重要的一个方面。

《新趋势》：有句话叫市场从来无小事，2014年到现在，咱们公司对管理架构做了调整，简政放权，这是出于什么考虑呢？

陈昊：因为中国市场太大了，从一线二线三线四线五线，从城市到农村，市场之间千差万别，而且不同区域中国消费者的消费习惯和文化也不一样。我们把全国省份划分为11个区域，针对区域不同的特点做营销的活动和策略，目的是更接地气，真正站在消费者角度，消费者喜欢什么给他什么，消费者喜欢什么样的营销活动就给他什么，核心还是学会怎么讨好你想讨好的那些人。这跟做营销是一样的，本质是讨好，前提是把讨好的人群找到，如果讨好的人群不对也不行。

《新趋势》：贵企业slogan"技术日产，人·车·生活"，在营销传播方面是如何呼应这个主题的?

陈昊：首先东风日产是个技术型公司，在行业中拥有先进的技术，例如，现阶段东风日产已经在全车系普及 NISSAN i-SAFETY 智能主动安全系统，未来我们还将在重点车型导进第三代自动驾驶系统，旗舰车型将导进第一代 ProPILOT 日产自动驾驶系统，同时导入智能互联系统实现移动互联化的全面升级，致力为消费者提供更好的汽车出行生活，再塑技术日产优势。"人·车·生活"，我觉得很好，简单有意义，我们做的一切就是这三件事，有人有车就有生活，这个口号提出来有 15 年了。

基于这样的智行技术优势和对未来汽车发展趋势的把握，所以在传播策略上，我们提出"智行科技，为年青怒放"的品牌主张，"以创新智能技术，激发年青人不断挑战释放激情，创造无限可能的精彩生活。"具体举措上，我们通过"智行科技 TVC 大片"，塑造出"NISSAN 现在及未来的先进智能技术，为客户带来超乎想象的激情和精彩"的形象。我们通过年轻人喜欢的 AR、VR 等潮流科技与 NISSAN 先进技术点结合，打造国内首创沉浸式体验平台，例如"万达轩逸科技街区""店头银河战舰""翼装飞行"等，让消费者感受令人兴奋的汽车生活。我们还展开一系列的体育营销和娱乐营销活动，把品牌渗透到年轻人每天的生活里，比如与 NBA 的深度合作，我们的 SUV 家族对《越野千里》栏目的赞助等。这一系列的营销举措，都在深刻地诠释我们的品牌 slogan "技术日产，人·车·生活"。

《新趋势》：贵公司有一个庞大的营销团队，我们的团队文化是什么?

陈昊：东风日产最大的文化是做事的文化，容错的文化，创新的文化。我们做营销需要不断创新，公司鼓励创新。像日产 VR 体验设备——银河战舰就是我们自己造出来的，做完之后琢磨这个东西不好玩了，下个月新车上市时我们又要创造新的东西，做一个 20 多米的大转盘，车在转盘上跑。创新的人得到表扬，是团队自己的荣耀。大家在一起很简单，就是做事情，我们这一行人在自己决策范围可以大胆决策，根据自己的决策承担责任就可以了，鼓励大家大胆决策。我们全国分了 11 个区，鼓励区域老总主动授权。当地市场发生什么样的变化，你觉得这个事情该做就去做，做错了也不要紧，只要你为公司是好的，就总结经验下次不要再错了，就是容错，这是公司最大的特点。

《新趋势》：结合您的职场经历，您有什么经验想对即将步入职场的大学生分享?

陈昊：首先我步入职场也有 25 年了，今天有两点经验想和大家分享。这些年，我见证了二汽的高潮与低落，经历了东风日产从无到有，从小到大到强。这一过程中，也难免有过失落和迷茫，但是我心里知道这条路值得我走下去，所以我坚守了下来，也成就了今天的自己。从中我也得到一点关于人生"守和望"的感悟。

守是一份坚持，无论是守住一个人还是一个企业，哪些是不能放弃和妥协的，我们要坚决地守住。望是一份信念，我们要不断地进步，就必须要有着眼未来的视野。那我们要守什么望什么呢？守是守住自己的心，望是望着远方的路。守心，望路，是人生应有的态度。

2002年，我坚守着自己做好汽车的心，也在时代变革中看到了乘务车发展的机遇，来到广州开始东风日产的创业，我们这帮人凭着自己的冲劲，在根本不知道这个事情能不能做成功，而且没有退路的情况下做事。怎么招员工，怎么做销售……都是一步一步地摸索过来。现在很多大学生选择了创业，而我也算是创业路上的过来人了。创业时如果选定了方向，那就要充满激情地去做，即使会遇到一些磨难，也要拼命去实现它。创业的路是自己选的，再苦也要坚持走完。简言之就是"喜欢做，甘愿受"。以上两点就是我想和各位即将步入职场的同学们分享的。

（文稿整理：安　瑀　郜佳唯　刘桂林　陈　怡）

长城汽车的品牌成长之路

长城汽车：品类聚焦成就 SUV 世界品牌

◎徐骋志

长城汽车品牌简介

长城汽车是中国最大的 SUV 和皮卡制造商，是在香港证交所（股票代码：02333）和内地 A 股（股票代码：601633）分别上市的上市公司。2016 年，长城汽车实现营业总收入 986.16 亿元，同比增长 29.70%；归属于上市公司股东的净利润 105.51 亿元，同比增长 30.92%；截至 2016 年底，长城汽车总资产达 923.09 亿元，员工超过 7 万人。长城汽车成立于 1984 年，坚持"每天进步一点点"的企业文化，坚持以"专注、专业、专家"的品牌理念，以品类聚焦战略，打造品类领导者品牌，目前旗下拥有哈弗 SUV、WEY、长城轿车、风骏皮卡四个品牌。其中，哈弗连续 14 年蝉联中国 SUV 市场销量冠军，且遥遥领先，是国内第一个率先达到年产销百万辆级别的专业 SUV 品牌。被誉为"国民神车"的哈弗 H6，上市以来已经保持了 50 个月的国内 SUV 单产品销量冠军，2016 年 12 月更是创下了单月销量突破 8 万辆的销售奇迹。目前，哈弗已有从 H1、H2 到 H8、H9 等一系列不同型号、不同排量，包括汽油版、柴油版，手动挡、自动挡在内的上百款不同车型。2016 年面世的 WEY 品牌是"中国豪华 SUV 开创者"，也是中国第一个以创始人（魏建军先生）的姓氏命名的汽车品牌。

产品步步领先

长城汽车 1996 年 3 月份实现皮卡下线，在 1998 年就实现了全国销量第一。

在皮卡发展起步之后不久，魏建军大胆提出了"质量铢金"的口号，大力提升皮卡质量，短时间内就超越了所有皮卡品牌。新世纪初皮卡市场的前景不明朗，基于自身皮卡产品的优势，长城开始开拓技术相近的 SUV 市场。长城汽车自 1996 年开始生产皮卡，风骏皮卡至今已经在中国皮卡市场保持了 19 年的销量冠军。目前，长城汽车拥有国内最先进的技术研发中心和生产制造基地。未来，长城汽车致力于全球化发展，将哈弗 SUV 打造成全球最大的专业 SUV 品牌。

2007~2008 年，中国汽车市场的 SUV 发展速度是整体乘用车市场的 2 倍，尤其是进入 2010 年后，SUV 的增加明显领先于轿车。占乘用车比重已超过 20%，成为近年中国汽车市场最受关注的市场。在消费者心目中，已经产生了"有面子""购买 SUV 是一种时尚""SUV 代表了个性"这类的观点。无论合资品牌还是自主品牌，只要是 SUV 产品，几乎都获得了比较好的成绩。长城旗下的哈弗 SUV 在其间表现突出，主要体现在产品和战略的步步领先。

2002：长城推出赛弗　让经济型 SUV 飞入寻常百姓家

20 世纪 90 年代末，市场上的 SUV 均价在 30 万 ~40 万元，似乎已经成为高档车的象征，高收入的人才买得起，当时大部分的中国消费者不能全面地了解 SUV 这个车型。2002 年赛弗作为第一款中国品牌经济型 SUV 上市，正式将 SUV 这一车型引入了公众的视野。最早的赛弗外观虽没什么突出亮点，但有较大的改装潜力；内饰前半部分和底盘还基本与皮卡通用，通过性较好；价格在 7.78 万 ~10.98 万元之间，性价比高。凭借这些特点，赛弗吸引了很多越野爱好者和小私营业主。

图 1　赛弗上市

赛弗上市首先进入北京市场。当时北京火车站、汽车站的广告牌上都打着赛弗的广告，"8 万余元，十足动感"成了当时北京街头随处可见的广告语。北京的第一批消费者体验后通过口碑传遍全国，迅速打开销路。赛弗推出当年销量即进入前三，2003 年赛弗跃居国内 SUV 市场销量冠军。其上市还引起了一阵合资企业 SUV 降价热潮，史称"赛弗现象"。赛弗对中国 SUV 最重要的影响是使大家对 SUV 车型有了正确的认识，不再认为其是一个奢侈品，后来甚至发展出"吃炸酱面、喝二锅头、开长城赛弗"的北京赛弗文化。

2003 年长城又推出另一款 SUV 赛影，口号是"赛影是进城的皮卡，生意人理想用车""8 万余元 7 人座，乘客载货两相宜"，可见当时 SUV 还是作为皮卡的一种替代品。当时，随着经济发展和消费水平的提高，汽车对于国内消费者而言不仅是一种身份、地位的象征，消费者对车提出了多功能性的要求：动力强劲，既可乘客又可装载货物，在大城市不受限行影响。这些消费者更多的是城市家庭和个体商户，他们共同的特点是非常务实，对价格的敏感度较高。以长城赛弗为代表的，考虑到大多数用户的经济状况和最优性价比的低价位多功能商务车，被称为"国情车"。

图 2　赛影上市

2005：哈弗 CUV 面世　引领中国 SUV 向城市 SUV 升级

2004 年的汽车市场遭遇了寒流，大多轿车库存激增，SUV 的销量也普遍低于厂家年初的预期。汽车产业产销增速明显下滑是产能过剩的信号，为推动产业结构调整，国家分别于 2005 年和 2007 年颁布《产业结构调整目录》，鼓励类目录包括先进的小排量经济型乘用车、先进的轿车用柴油发动机开发制造等。同时2004年起，随着油价上涨，消费者更加追求省油、高效的SUV。为此，长城汽车自主研发了性能更好、动力更强、相对较为节油的哈弗以满足市场需求。

2005年6月，长城自主开发的"混合全能车型"哈弗CUV全面上市，售价为10.98万~13.58万元。哈弗CUV的质量，包括后视镜镀铬漆面工艺、内饰材质、越野能力等均超乎人们对中国本土车企生产经济型SUV品质的预期。

图3　哈弗CUV上市

2006年长城汽车首家自主开发电控高压共轨技术，年底搭载该技术的哈弗CUV正式上市，颠覆了SUV的"油老虎"形象，使得柴油SUV得以普及。

哈弗并不满足于国内市场，在国际市场的探索也取得一系列突破。2006年3月，哈弗按照世界顶级安全标准EuroNCAP（EuroNCAP比现行的国内NCAP标准更高），在中国汽车技术研究中心进行了全程碰撞，一举达到四星级水平，这是中国汽车按此标准进行的第一撞。2006年9月，500辆哈弗CUV首次出口意大利，达到欧洲排放标准的发动机以及满足意大利安全标准的全面防护性赢得意大利客户的认可，这是中国自主品牌汽车第一次大批量出口欧盟市场。2009年9月4日，哈弗H5车型获得欧盟WVTA认证，这也是中国汽车首次获得在欧盟国家的无限制自由销售权。2010年6月，哈弗H5正式上市；年底，哈弗H5自动挡正式登陆全国，是国内首款柴油自动挡SUV。

哈弗出色的节能特性也得到了国家的支持。2008年，哈弗（4G69S4N）成功通过了中国环境标志产品认证，并获得由国家环保总局颁发的《中国环境标志产品认证证书》，成为首个通过认证的自主品牌车型。2010年9月25日，国家发展改革委、工业和信息化部公布第三批"节能产品惠民工程"车型目录名单，长城汽车哈弗M2入选其中，成为首款享受国家惠民政策的SUV车型，全系车型可享受每辆3000元政策"红包"。

凭借卓越的品质，哈弗获奖不断。2005年底，入围"2005 CCTV中国年度CUV车型"和"2005 CCTV中国年度自主品牌车型"，同时被各大媒体评为"最受欢迎的城市全能车型""最受欢迎的国产SUV""自主品牌年度车型"等。2007年1月，哈弗CUV摘取"2006 CCTV中国年度最佳自主品牌SUV"桂冠，此奖是中国汽车"大奖中的极品"。2006年12月，在由世界百名权威专家参评的"中国汽车50年自主创新成果大典"中，长城汽车荣获6项大奖，其中哈弗CUV获"集成创新大奖"，其搭载的"智能节油王"INTEC柴油机荣获"原始创新大奖"。2010年11月29日，哈弗H5搭载的绿静2.0T柴油机荣获"'中国心'2010年度十佳发动机"荣誉称号。

2011：国民神车哈弗H6上市　迎来国产SUV的黄金年代

2011年初，以旧换新、小排量汽车购置税减免、"汽车下乡"优惠政策退出；人大常委会通过《车船税法》，2.0升以下乘用车税负降低；10月起又实施新的补贴标准，导致2011年的汽车市场表现欠佳。政策以外，油价上涨、交通拥堵、环境污染等因素为汽车产业带来压力，也为新理念、新技术提供了施展的空间。

2011年的城市SUV市场，处于刚起步的阶段。该阶段进入销量前五的SUV的车型大多都是榜单常客，经得起市场的考验，而这些车型的共性就是中庸但又不失特色。《2012中国汽车消费趋势报告》显示11.3%的准车主倾向于购买SUV，[①]　这些准车主人群拥有年轻化、高端化，高学历、高收入的特征，是最具购买力的人群，可谓之中产阶级。而中产阶级的一个特征就是中庸，《鲁宾孙漂流记》中写道，"中庸、宁静、健康、友谊，所有这一切美好的消遣和乐趣都对中产阶级情有独钟"，因此中庸的车型获得相当数量准车主的青睐。

2011年8月25日，基于H3、H5的技术基础，同时一改H3、H5硬派越野风格的首款承载式车身城市SUV哈弗H6上市，成为长城汽车哈弗品类中一个里程碑式的产品。哈弗H6定位于城市SUV，承载式车身能更好地适应城市路况；拥有中高级轿车的智能配置和低廉的价格，集SUV的动力表现与通过性、MPV的宽敞空间于一身，实现商用、家用、休闲等多种用途的兼顾；整体表现中庸，能够满足大多数消费者全方位的用车需求。H6被官方定义为"都市智能SUV车

---

① 《2012中国汽车消费趋势报告》，汽车社会蓝皮书。

113

型"，然而售价区间为 8.88 万~16.28 万元，更加偏重于中低端市场。12 月 12 日，在"中国年度车型荣耀十年盛典暨中国 2012 年度车型颁奖典礼"上，哈弗 H6 荣膺"中国 2012 年度 SUV"大奖。

2014~2016：哈弗冲击高端　H9、H8、H7 遭遇"品牌瓶颈"

2015 年底二孩政策放开，消费者对 7 座 SUV 的需求会逐渐加大。换车潮流下，大城市的限行限购会提高购车者的预算和需求。这一阶段国内主要乘用车生产企业均投产一款或多款 SUV，SUV 市场已从蓝海转为红海，并逐渐步入深红阶段，如入门级小型 SUV 领域产品数量多，同质化严重。原有的自主品牌主攻小型 SUV、合资车企集中于中高端 SUV 的现象被打破，自主车企与合资车企互相渗透到对方擅长的领域。

2013 年，长城推出首款中高端 SUV 哈弗 H8，售价也首次突破 20 万元。H8 在开始设计、研发的时候，就将豪华品牌中大型 SUV 作为"参照目标"，运用大量豪华 SUV 的高新技术装备，强化高标准制造工艺。然而由于产品存在质量问题，魏建军两次叫停项目并推迟上市，失去了最好的上市机会。2014 年 11 月，七座全地形 SUV 哈弗 H9 上市，定价 22.98 万~27.28 万元，突破自主品牌 SUV 价格天花板。2015 年 4 月上海车展，哈弗 H8 终于上市，售价为 20.18 万~25.68 万元。2016 年 4 月 25 日，哈弗 H7 正式上市，售价为 14.98 万~16.98 万元，填补了哈弗产品线中级 SUV 的空白。

三款车型中，哈弗 H7 表现相对突出，凭借优异的产品性能得到了行业的认可。中国汽车技术研究中心发布的 2017 年度 C-NCAP 第一批车型评测显示，哈弗 H7 以 57.4 分的优异成绩荣获五星评价，安全性能超越外资品牌奥迪 A4L、Jeep 自由侠、现代领动等众多车型。此外，哈弗 H7 还曾获"2016 中国品牌年度最佳中型及中大型 SUV""2016 年度 SUV 车型大奖"、2016 中国汽车品牌消费报告"年度最佳中型 SUV 奖"等多项殊荣。

哈弗 H9、H8、H7 等高端产品的推出，再度刷新了人们对哈弗和国产 SUV 品质的认知，在很多方面，哈弗的这些产品已经完全超越了同级别的合资品牌主流车型。然而，与哈弗 H6 连续 50 多个月保持中国 SUV 销量冠军的旺销局面不和谐的是，哈弗 H7、H8、H9 这些产品叫好不叫座，销量始终在低位徘徊，难现辉煌。也许这正是品牌的魔咒，H6 卖得实在是太好了，消费者已经深深对哈弗品牌打上了经济型 SUV 的烙印，难以突破 15 万元的心理认知价位屏障。

2017：高端品牌 WEY 上市　开创中国豪华 SUV 新世代

目前购车者消费升级趋势明显，15 万~20 万元区间的 SUV 需求不断扩大。外资的二三线品牌集中在这一价格区间，其品牌力强，但产品力弱，价格虚高。

基于对市场的洞察以及高端产品的探索经验，长城汽车决定开创中国豪华 SUV 这个新品类。

2016年11月，长城汽车发布了高端品牌 WEY；2017年4月，W7c/W7s 正式上市。作为中国第一个豪华 SUV 品牌的首款车型，W7c/W7s 是长城汽车深耕 SUV 市场的承诺，其研发团队集合了全球顶级业界资深人士和1600多位工程师，经过他们四年的雕琢细节才面市。无论在材质、技术、安全保障还是造车理念方面，WEY 都将成为中国豪华 SUV 代名词，是长城汽车新一轮攻占高端 SUV 市场的希望。

图4　WEY 发布会

战略步步领先

2002：凭借皮卡的积淀进军 SUV 市场

新千年伊始，虽然长城的皮卡霸主地位日渐稳固，但问题也逐渐明晰：市场容量有限、总量增长乏力；后来推出的一排半、单排等皮卡产品市场表现不理想；皮卡不能进城的问题难以解决。拓展产品线，进入容量更大的市场成为长城迫在眉睫的课题。此外早期的长城皮卡发动机曾大量采购自绵阳新晨，这家发动机制造商后来与长城的竞争对手存在利益关系，为了不"受制于人"，长城投资建成发动机生产基地。为了充分利用已有的皮卡平台，拓展新产品，在多次考察国外的汽车公司后，魏建军发现皮卡和 SUV 都是应用同一平台技术，于是决定进军 SUV 市场，并成功通过赛弗成为自主经济型 SUV 的领导者。

图 5　风骏皮卡

2003：H 股上市，成为国内首家上市民营汽车企业

赛弗的成功，为长城的发展掘得了第一桶金，也为后来的上市奠定了基础。2003 年 12 月 16 日，长城汽车在香港 H 股上市，融资超过 15 亿元。成为国内民营汽车整车企业首家上市公司。

长城汽车当时资金非常充足，全集团 10 余年连续盈利，产权清晰，账面干净、资产良好，以稳健经营而著称。同时业绩突出，在同行业中，产销量、产品品种、市场占有率已连续多年名列榜首。之所以选择在香港上市，一是可以吸收国际资本和经验，学习国外先进的管理技术，吸引更多海外投资者参与，拓宽股东层面，充分利用国际市场融资平台，尽快把企业做强做大；二是从今后的发展角度来看，上市可以使国际投资者了解公司，公司可以与国际资本市场接轨，促使公司管理更加规范化；三是当时上市的时机较好，适合公司发展要求，是长城向外扩展，放眼全球市场的开始。

长城在香港 H 股的上市，为新车型研发提供了资金保障，随后赛影、赛骏等 SUV 车型陆续上市，哈弗 CUV 也加快了研发进度。同时，新的汽车园区和研发大楼建设也加速启动，为长城未来的发展奠定了坚实基础。

图6　长城汽车在香港H股上市

2008：发展遭遇瓶颈，开始品类聚焦战略，专攻SUV市场

2008年金融危机，长城汽车的发展遭遇瓶颈，业绩整体下滑40%以上，魏建军开始思考更长远的未来。里斯公司给出的方案是：放弃轿车，聚焦SUV，去做全球经济型SUV领导者。聚焦SUV战略在长城内部争议很大，尤其是2008年金融危机之后，长城汽车销量呈现井喷式增长，2009年实现了超100%的增长，年销高达22万辆，其中轿车的贡献最大。魏建军曾指出："实际上，上一个产品并不是那么难，但去掉一个产品是非常复杂，非常难抉择的。"最终魏建军决定在SUV领域，陆续停产赛弗、赛影、赛骏等，仅保留二部产的哈弗。长城汽车开始走上品类聚焦战略，专攻SUV市场的道路。

2013：宣布旗下哈弗品牌独立

2013年3月29日，长城汽车宣布旗下哈弗品牌独立，并公布了哈弗品牌LOGO。哈弗成为中国自主品牌中首个独立运作的SUV品牌，也是继Jeep、路虎后第三个生产SUV的独立品牌。哈弗品牌独立，不仅仅是LOGO的简单变更。独立之后的哈弗在研发、生产、销售、服务、后市场等方面全面从长城汽车剥离，

117

独立研发、独立制造，独立运营，形成属于哈弗的独立品牌体系架构。哈弗品牌的独立是解决自主车企品牌形象不足、部分车企子品牌定义模糊不清、产品线重叠且同质化严重等问题的尝试。长城将哈弗品牌独立的做法，有助于塑造品牌高端形象。

图 7　哈弗品牌独立发布会

2015：哈弗发布红蓝标战略

2015 年上海车展上，哈弗发布红蓝标战略：红标产品风格大气张扬，侧重豪华、便捷、多用，定位主流家用人群；蓝标产品风格侧重炫酷、新颖，造型运动范十足，充满科技感，定位新年轻态人群。

哈弗红蓝标的双产品线战略，能够更好地满足 SUV 多元化的细分市场和用户的个性化需求，使哈弗系列产品更具竞争力，也体现了哈弗品牌对市场机遇敏锐的把握能力。有业内人士评价："哈弗的红蓝标战略从某种意义上讲是长城当年双品牌战略的成功延续，经过几年的独立运行，哈弗的品牌力已经远远超过预期，在这个品牌下还能延伸出更多的产品资源以满足市场。推出带双色标 LOGO 的哈弗，既是让哈弗满足最大化市场的追求，也是为未来哈弗的发展再次夯实了基础。"

图 8　哈弗发布红蓝标战略发布会

2016：豪华 SUV 品牌 WEY 诞生

哈弗高端产品 H9、H8 未达到理想的市场目标，魏建军反思道，"终极的战场还是消费者的心智，一旦形成心智，很难改变。哈弗已经占领了消费者对经济型 SUV 的心智资源。"WEY 品牌的推出，旨在抢占中国豪华 SUV 的心智资源空白点。第一，WEY 是第一款以创始人姓氏命名的中国汽车品牌；第二，WEY 的出现符合消费升级的趋势，同时填补豪华 SUV 市场的空白；此外，WEY 定位兼顾安全与豪华，与哈弗原本在消费者心中的品牌定位不一样。

WEY 诞生后，哈弗将主攻 15 万元以下 SUV 市场，而 WEY 则主攻 15 万 ~20 万 SUV 市场，二者相互配合，从而使品牌更加聚焦细分市场，共同向着全球 SUV 冠军的目标发起冲击。"WEY 就是要向上突破，抢占合资品牌的饭碗，结束外资品牌在中国汽车市场的暴利时代。"

长城未来的目标：要做全球第一 SUV 品牌

哈弗独一无二的品类品牌战略是全球第一 SUV 品牌目标的保证

哈弗崛起是品类聚焦战略的典型成功案例，聚焦核心资源打造品类领导者品牌，一旦成为品类领导者会给品牌注入巨大势能，占领消费者心智资源，节约营

销成本。

最强大的 SUV 产品矩阵

表 1　　　　　　　　　　　　哈弗的 SUV 产品矩阵

全尺寸 SUV	哈弗 H9
中大型 SUV	哈弗 H8
中型 SUV	哈弗 H7、H7L
紧凑型 SUV	哈弗 H6
	哈弗 H6 Coupe
	哈弗 H5
小型 SUV	哈弗 H2
	哈弗 H2s
微型 SUV	哈弗 H1

从 CUV 的发布起，哈弗品牌正式走进中国汽车殿堂；国民神车 H6 的持续热销，让哈弗始终在紧凑级 SUV 市场不断磨炼与精进。在聚焦战略的指引下，哈弗 SUV 以更加专业的产品布局成为这一领域的领导者。哈弗已推出 9 大车系 14 款车型，形成从微型 SUV 到全尺寸 SUV 覆盖全部细分市场的布局：用车型不断细分市场，用产品不断开拓品牌向上路，用设计不断满足个性化需求。

最先进的 SUV 技术研发力量

2013 年，投资 10 亿元打造的汽车试验场建成，2015 年 5 月 20 日通过工业和信息化部认可。试验场占地面积约 114 万平方米，包含高速环道、动态广场等 10 个模块 76 种典型特征的试验路面，总试验里程 45 公里，其中高速环道全长 7019 米，最大倾角达 47 度，弯道最高设计平衡车速 240 千米 / 小时，为国内第一。2015 年，哈弗投资 50 亿元建立国内最先进最完备的技术研发中心建成，包含研发中心、试制中心、试验中心、造型中心、数据中心五大研发中心。现如今哈弗已经拥有 7000 人的中外技术研发团队，建立起从整车设计、工程设计等完整、成熟、先进的研发体系。

最先进的世界级工厂

2013 年，被媒体誉为"世界级工厂"的哈弗 SUV 徐水生产基地竣工。徐水整车生产基地总规划面积 13 平方公里，拥有整车四大工艺及一应俱全的附属配套设施。目前厂内拥有 500 多台智能机器人，主焊线更是全线使用瑞典 ABB 机器人，完成所有总成焊接、搬运作业；同时采用空中 EMS 自动配送，车间自动化率高达 100%，满足线体高节拍运行，年规划生产规模 100 万台。

精细化的终端服务体系

标准化终端：哈弗 SUV 经销商网络 800 余家，覆盖全国各大中型城市及地区。哈弗经销店拥有统一的硬件设施规范，整洁、现代、舒适，比肩高端合资品牌，给予每一位消费者超越期待的享受感。

精致化服务：从顾客进店开始，接待人员的微笑、问候，到伴随客户看车保持的距离远近，再到洽谈区的饮料选择、贴心服务，都必须给客户最温馨的服务。

惊喜化感知：购车无捆绑、无加价等更加透明的服务，400 热线快速处理和诚信的服务体系建立起用户惊喜化的消费感知。

目前，SUV 预计在中国汽车市场总量突破 1000 万辆，在乘用车占比超过 40% 已成定局。基于此，哈弗提出了全球第一 SUV 品牌的目标。

全球第一的 SUV 品牌目标

长城汽车坚持全球化的产品定位，打造全球化研发体系，力争在 2020 年实现：

（1）哈弗品牌销量突破 200 万辆，成为全球最大的专业 SUV 品牌；

（2）哈弗 H6 力夺全球 SUV 单一车型销量冠军。

（3）目标如何达成：全球化视野、产品布局、品牌格局

全球化视野：研发体系遍世界

哈弗将继续加大研发投入，哈弗品牌将投入 300 亿元资金打造全球研发体系，将研发更加安全、更加智慧、更加绿色的 SUV 产品。在主动安全领域，打造北美、印度、中国研发体系，着力打造"i-pilot"智慧领航系统，有望在 2020 年前投入量产，届时完全达成常规路况下的自动驾驶，最终目标是推出完全无人驾驶的、最安全的 SUV。

产品布局：覆盖全部的 SUV 细分市场

2020 年，哈弗 H6 将超越本田 CRV、丰田 RAV-4，做到全球 SUV 单品销量冠军；同时规划 40 余款新产品，覆盖全部的 SUV 细分市场。

市场格局：全球销量突破 200 万辆

在 2020 年销量突破 200 万辆，超越路虎、Jeep 成为全球最大的专业 SUV 品牌。

专家简介

徐骋志，1996 年毕业于中国新闻学院研究生院。1996~2005 年，一直从事传媒工作，历任新华社《经济参考报》汽车周刊副主任、《中

国汽车界》杂志主编等职务。2005 年 12 月至今，在长城汽车历任总裁助理、品牌总监，现任长城汽车销售公司副总经理，具有丰富的汽车（尤其是 SUV）品牌营销经验。10 多年来，经历了长城汽车从年销 8 万辆到 107 万辆，逐步成长为中国汽车自主品牌的标杆企业，哈弗从年销三四万辆的 SUV 单产品到年销百万辆级的 SUV 领导者品牌的快速成长历程。

（文稿整理：陈　怡　安　璃）

专注、专业、专家

——专访长城汽车销售公司副总经理徐骋志

品类聚焦打造专业品牌　营销前置引领产品潮流

《新趋势》：哈弗作为一个本土品牌，是如何开拓市场、取得消费者认同的？

徐骋志：发现新品类也是一种品类创新，我们主要的策略是发现市场空白点，引领潮流。2002 年的时候消费者本身也不是特别了解 SUV，SUV 对于当时大部分的中国人是一个从无到有的过程。其实营销在研发阶段就开始了，这就是"营销前置"，要对用户、市场进行调研，不光要研究国内市场，也要研究全球范围内的市场，看发达区域的哪些产品是国内没有的，这就是研发定位的领先一步。能够预判到这些产品一经面世就可以成为风向标，取决于对市场机遇和自身能力间平衡的把握。当时因为公司推出的 SUV 是一个全新的产品，它本身就具有一种话题性，所以就成了一种现象和风潮，成功的产品定位是非常重要的。

《新趋势》：品类聚焦战略的营销传播具有什么特点？

徐骋志：我们采用品类聚焦的品牌战略，这个和董事长魏建军的理念一脉相承，原来叫争取细分市场第一。品类聚焦的概念来源于公司本身的意识，我们公司很早就提出品牌管理的概念，并建立了品牌管理部。2007 年、2008 年左右，随着与品牌战略公司之间的合作不断深入，品类聚焦战略的思路更加清晰了。过去只有一个品牌名称"长城"，现在是不同品类都有自己的品牌和自己的 logo，更加注重品牌概念。比如轿车有"长城"品牌，SUV 有"哈弗"品牌，皮卡有"风骏"品牌。

对于自主、成长型的企业而言，品牌是从无到有的一个过程，需要分析怎么去做这个品牌，这是一个创建、探索、逐步理清思路的过程。不同的车企在不同的发展阶段，秉持的品牌理念是不同的，品类领导者的概念是我们这个阶段最需要的。要想进入消费者的心智，当我们能够做到某个品类的领导者时，消费者是绕不开的。

坚守品牌定位　持续创新传播

《新趋势》：哈弗现在的品牌传播主张是什么？

徐骋志：哈弗品牌的定位和理念没有变化，坚持聚焦 SUV，哈弗的定位就是 SUV 领导者。不同阶段产品的打造方向会不断演进，品牌主张会根据品牌的成长而变化，也会根据某一个阶段主要用户人群的变化来调整。对于 SUV 来说，一二线市场占比越来越大，潜在用户越来越多，需要面向年轻化的人群建立品牌情感价值纽带。

此外，传播上也发生了一些变化，传播载体会根据用户的眼球发生变化。现在大家都用手机，当手机成为一个重要的传播载体的时候，移动端的传播就会加强。在组织设置上，与用户进行直接交流的自媒体会加大力度，特别是官方自媒体。现在的传播策划会更符合社交媒体的传播习惯，更加年轻化，根据目标人群受众、自身品牌定位、产品特色进行一些相应的创意活动。

顺应社交媒体潮流　变革营销传播组织

《新趋势》：整个营销团队是怎样的结构？

徐骋志：这个时代是一个大传播时代，媒体技术的发展让传播变成一个更大的课题。过去的公司会把营销部当成专业部门，现在传播的范围越来越广，好多小的企业都会把传播当作一个日常的工作来做。企业内部对于传播的重视程度在提高，传播的概念也在扩大，涵盖的内容会更多，也会尝试更多有新意、有话题性的方式。

我们现在会把传播分成几个层次。第一个层次是官方自媒体，我们非常重视在自媒体平台上的传播。第二个层面是广告意义上的，即企业通过媒体资源购买进行的媒体传播，能够更好地传播企业的品牌诉求。第三个是公关部门的传播，公关部门要以更好的创意和策划，通过事件性的公关活动来塑造品牌。公关要建立持续性的活动传播和话题传播，做好和公众的沟通，还有媒体关系管理。

另一方面就是品牌管理，品牌管理包括品牌战略规划、纲领的贯彻、形象识别系统、品牌要素的维护以及品牌资产管理之类的工作等，这些也是营销的一个方面。

《新趋势》：请问贵公司"每天进步一点点"的企业文化如何解读？

徐骋志："每天进步一点点"代表了企业追求向上的持续性过程，一开始是长城企业的一个口号，后来就一直贯彻下来了。"专注、专业、专家"则是面向消费者的一个品牌概念，意味着我们以更加聚焦、更加专业化的态度去做品牌。

传媒是一个非常具有挑战性的行业

《新趋势》：结合您的职场经历，您有什么经验和建议分享给即将步入职场的大学生？

徐骋志：传媒业是非常具有挑战性的一个行业，工作的意义在于用不同的发声方式来创造价值。做媒体和做企业不同的立场在于：做企业可能要在商言商，首先要做好自己的产品和服务，企业的传播会服务于企业战略和品牌营销诉求，在此基础上去履行自己应该承担的社会责任；做媒体是面对公众的，必须对社会、对公众利益，包括价值体系有自己的担当，更加强调建设性，必须客观公正。服务的对象不同使得二者的立场、创意策划的方式会有不同。传播是一个令人兴奋的行业，传媒工作都是非常有价值的。社交媒体和移动应用正在改变人们对媒体和传播的理解，也为传媒工作者带来巨大的创新机会，使得这个工作变得更加具有挑战性，也更有社会价值。

阿尔·里斯先生在其与特劳特先生合著的品牌营销经典之作《定位》中强调了品类定位和消费者心智认知的重要性，长城汽车正是聚焦于SUV品类打造品牌，并以哈弗和WEY进一步精分市场，分别聚焦于经济型SUV和豪华SUV领域抢占消费者心智，从而成就了二者的"中国SUV领导者品牌"和"中国豪华SUV开创者"，被誉为定位理论在中国汽车领域的成功案例。与此同时，长城坚持用户立场，以产品和服务赢得用户的口碑，成就了哈弗H6的"国民神车"，推动了中国汽车产业的进步，并为中国汽车扬名世界写下了浓墨重彩的一笔。

（文稿整理：刘桂林　郜佳唯　安　瑀　陈　怡）

中国汽车市场的现状与趋势

中国汽车市场与汽车产业发展特征和趋势

◎徐长明

汽车产业是国民经济重要的支柱产业，具有产业链长、关联度高、就业面广、消费拉动大的特点，在国民经济和社会发展中发挥着重要作用。

我国汽车市场进入乘用车为主的阶段，乘用车进入私家车为主的阶段

2003年我国的乘用车销售规模超过了商用车。根据全球汽车市场发展规律，只有乘用车快速发展，该国家的汽车产业才能有所发展。我国是在2000年前后开始发展私家车，汽车开始进入家庭，可以说2000年是汽车产业快速发展的起点。我们国家的汽车千人保有量从2000年一直在增长，2016年我国千人保有量是141辆，参考国际市场规律，离饱和点还有很大距离，还有很大的发展空间。

中国市场的国际地位达到历史最高水平

2000年左右全世界每卖出100辆车有4辆在中国卖出去，2016年发展到全世界每卖100辆在中国卖将近30辆。今天中国在国际上的地位就是由这些指标来确定的，中国的市场太大，全世界谁都不敢轻视中国市场。2009年世界汽车销量中国已经全球第一。

我国汽车市场具备总体规模大、需求层次多、区域梯度与差异明显的主要特点

我国汽车市场的第一个特点就是超大规模，我国汽车市场 2016 年销售 2817 万辆，比第二、第三、第四名国家合起来还要多 150 万辆。

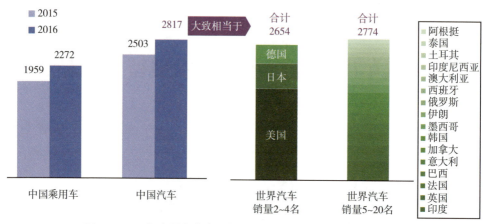

图 1　2016 年中国汽车内需量预测及其在世界的位置（万辆）

第二个特点就是层次比较显著，因此成功的机会和路径就多。中国的基尼系数是 0.47，居民收入差距大，阶层差距大，这会导致消费者对车的需求不同，中国市场多层次性显著，因此成功的机会和路径就多。因为我们总量大，一个细分市场占 5%，就是 150 万辆，在全世界排名就是第十名国家总销量，所以我们成功机会就多。比如说长城汽车公司专门发展 SUV，2016 年的利润在 100 亿元以上，总产量 103 万辆，销售收益毛利润在 25%，纯利 12%。豪华车我国 2016 年销售 218 万辆，奥迪在全球发展好主要得益于在中国发展得好。

图 2　奥迪品牌全球销量结构（万辆）

第三个特点就是我们国家区域的梯度和差异比较明显。地区汽车千人保有量北京一直最高，2010 年限购之后平缓了一些。2016 年豪华车占当地乘用车比也是北京、上海、浙江这些省市排名靠前。自主品牌在本地占比在发达地区比较少，最低的就是北京。中国地域大，收入差别大，目前阶段还是收入决定购买不同的车型。在做销售的时候，要考虑地域布局，从而考虑营销方式。

汽车市场长期发展空间大

未来我国的汽车市场还有很大的增量空间，现在判断至少还有 1200 万辆的增量空间，预估峰值 4000 万辆。影响饱和水平的核心因素是人口密度。我国现在的发展阶段是哪个地方收入水平高哪个地方就千人保有量高，当一个国家收入到了一定水平以后，就不再是收入决定千人保有量，而是由人口密度决定，人口密度越高，越会造成交通拥堵，其次是公司、家里停车地方受限。我国沿海地区人口密度很高，西部地区较低。我国的汽车保有量最迟在 2019 年会超过美国，成为世界汽车保有量最大的国家，预示着巨大的后市场发展潜力。广告在汽车市场起到很大的作用，要摸透消费者心态。

影响饱和水平的因素有9个

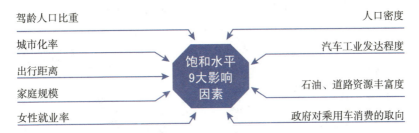

图 3　影响汽车市场饱和水平的 9 大因素

我国汽车产业现状是大而不强

汽车产业强国一般具有三个标志性特征：（1）具有国际知名能力的企业和品牌；（2）需要利用两种资源，开拓两个市场，并在国际市场占有一定的份额；（3）需要掌握核心技术和新技术的发展趋势，支撑和引流世界汽车产品的技术进步，培养自主创新能力。然而中国的车出口量占本国产量的比重只有 4%，占世界总出口量的比率只有 5%，因此国内市场和国际市场还差很远。汽车零部件高端产品的生产基本被外资垄断，汽车零部件研发能力严重不足，创新层次低，这主要是因为我国汽车零部件产业整体研发投入不足。如果不做研发，就只能在低端拼成本。

表1　　　　　　　2016年世界主要国家的汽车产量及出口情况

指标	汽车产量（万辆）	汽车出口（万辆）	出口占本国产量的比重（％）	各国出口量占世界总出口量的比重（％）
世界总量	8898	2000*	22	100
日本	977	447	46	22
美国	1166	224	19	11
德国	591	453	77	23
韩国	452	306	68	15
中国	2373	91	4	5

注：＊根据主要汽车出口国出口量估算。

自主品牌未来竞争力逐渐加强

近两年本土品牌竞争力出现了明显的回升。我国自主品牌大概有15款左右标杆产品，2016年A级车单品销量前十名有6款都是自主品牌。

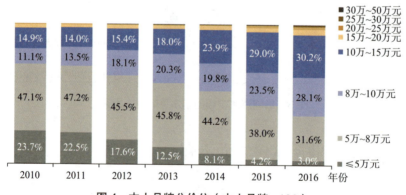

图4　本土品牌分价位（本土品牌=100）

表象原因是本土品牌产品升级路径与消费升级路径相吻合。品质包括可靠性、感官品质和性能三个维度，消费者在这三个维度的需求循序渐进，对应消费类型是生存型消费、发展型消费和享受型消费。本土品牌品质升级路径正好延续上述路径在梯次发展。

品质包括可靠性、感官品质和性能三个维度

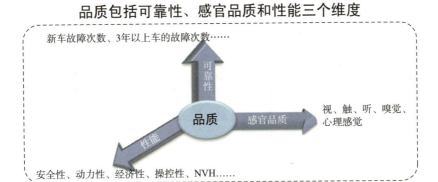

随着收入的提高，消费者从基础的可靠性需求向感官品质、性能升级

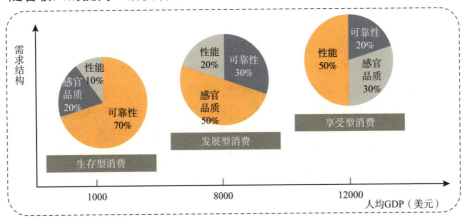

图5 品质的维度

注：需求结构为示意数据。

首先，可靠性上与外资迅速拉近，几个优势本土品牌进步更快。其次，感官品质和性能也都有跨越式进步，商品力大幅度提升。

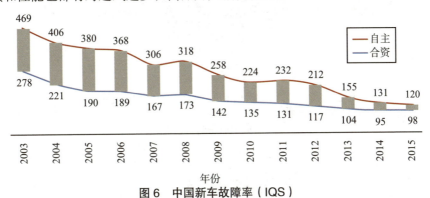

图6 中国新车故障率（IQS）

资料来源：JD.power 中国新车质量调查，以大量车主调查为基础，衡量新车车主购车后 2~6 个月内经历的问题，车型包含各品牌旗下所有主流产品，综合得分越低表明问题发生率越低，质量也越高。

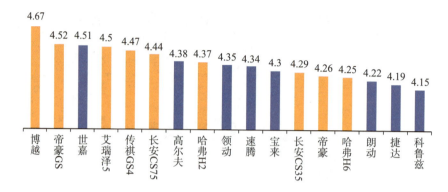

图7 用户对所购买产品的满意度打分（平均分）

资料来源：汽车之家认证车主满意度打分，满分5分。

　　内在原因是本土品牌内在能力提升，加之广阔的市场需求，使得自主品牌有良好的发展前景。提升能力主要是以研发为代表的体系化能力提升，从反向研发到正向研发，和从单产品研发到平台研发。这两大变化对性能品质提升产生了飞跃式的促进作用。长安、奇瑞、吉利、广汽等领先的本土厂商已经形成较为完整的正向研发能力，其他本土品牌的研发能力也都有了很大的提升。长安汽车、吉利汽车、长城汽车、上汽通用五菱两年内均有望进入百万辆的销量规模，规模扩大能够导致成本优势迅速提高，盈利能力快速提升，研发投入强化，品牌力提升，进而研发能力进一步提升，产品力进一步提成，消费者口碑提升，相互影响形成良性循环。

长安、奇瑞、吉利、广汽等领先的本土厂商已经形成较为完整的正向研发能力，其他本土品牌的研发能力也都有了很大的提升

图8 V字形正向开发流程

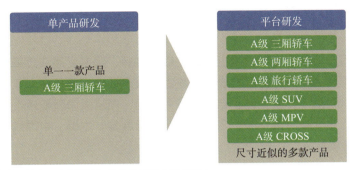

奇瑞、长安、吉利等都初步具备了平台开发能力

图9　本土车企平台研发的进展

课堂精彩问答

Q：什么是"汽车文化"？我们中国有没有形成自己的汽车文化？

A：汽车文化的概念，据我了解应该是一个国家的国民所共同遵循的一些价值准则和行为规则，可能得经过一些年才能形成。我国共同的价值观和行为规范在汽车领域好像没有那么多，目前处于初级阶段。大家的共同点少的时候，就还不完善，所以汽车文化的形成还需要时间。

Q：请问您如何看待汽车品牌？汽车产品三个重要因素是可靠、感官和性能，汽车品牌的理解是否也可以分成类似的几个部分构成？作为一个品牌营销的公司具体能够帮助车企做什么？

A：企业的竞争实际上就三个维度——成本、品质和服务。品牌是一个综合的东西，实际上我们说汽车品牌应该就在这三个维度上。在我们认为，我国目前最欠缺的还是品质。做广告是有用的，但是根儿还是在品质。可靠、感官、性能这三个往上走，品牌就会做得好。产品是第一位的，营销是锦上添花的，品质不好，营销再好没有用。

Q：到国内的车企都是走的平民路线，但是有的车企比如说也推出了东风A9还有传奇等稍微高端一点的汽车，口碑都挺好，但是销量上不去，您觉得他们的问题出在哪儿？未来有什么样的对策？

A：车企要有一个渐进的过程，得先把5万元的车做好了，然后再做7万元、9万元的车，得让买5万元的车相信这个车是不错的。如吉利的帝豪，车每年都在改进，还卖那个价，这个口碑就很好，很多人卖了帝豪，买了博越，得一步步往上走。有了基础口碑之后，会对后来产生影响。制造业与IT业不同，做制造业就是要扎扎实实一步步往上走。

专家简介

徐长明，国家信息中心副主任，高级经济师，国家发展和改革委员会高级经济师评审委员会委员、国家发改委战略性新兴产业专家委员会专家、商务部市场战略专家、北京市交通委员会专家委员会顾问、同济大学新能源汽车中心专家、中国汽车行业流通协会专家、《中国汽车市场展望》主编、中国汽车市场跨国公司交流平台发起人。

（文稿整理：陈　怡）

中国汽车产业成长三十年的守望者

——专访国家信息中心副主任徐长明

《新趋势》：您认为 2016 年汽车市场有什么特点？

徐长明：我认为有三个特点，第一个特点是汽车行业 2016 年的增长实现了比目前规律值更快的增长速度。正常状态下乘用车现阶段的增长速度应该是 8% 左右，但是去年是 16%，速度是常态速度的两倍之多，这是大家都意想不到的。产能准备较好的汽车企业去年都受益了。为什么 2016 年会实现如此之快的增速呢？主要原因是因为去年的车购税减半政策，这对汽车市场是一个很大的刺激，中国的汽车消费者就是"给点阳光就灿烂"（笑）。第二个特点是自主品牌的竞争力获得了销量上的大幅度提升，增速是真实的表现，不是偶然的，这个是可持续的，至少在未来三四年之内自主品牌都会有一个很好的发展，自主品牌竞争力有了一个很大的提升。第三个特点，汽车业内的人对汽车行业规律的认识也发生了一些深刻的变化，大家更容易按汽车行业固有的发展规律来做事情，开始注重品质，重视营销，重视研发能力的提升，汽车行业正在回归到其本质。

《新趋势》：您对 2017 年的汽车市场的预期如何？

徐长明：今年我预期乘用车市场会恢复到一个常态增长的阶段，就是目前的常态应该是 8% 的增长速度，今年我们估计大概是按常态运行，整个汽车市场的增长率大概与 GDP 等速，GDP 的增速大概是 6.5%，整个汽车市场应该也大概在 6.5% 的增速，乘用车市场的增速比这个略高一点。原因就是车购税政策调回去了，而且去年基数高，今年的增速就会慢一点。当然 8% 也是很不错的速度。

《新趋势》：您认为汽车市场有哪些较大的变化？

徐长明：这个变化真是比较大，其实变化最大的来自消费者，汽车企业能适应了消费者的变化，就能赢得市场，根本上是消费者的变化。在营销里其实最关键的是如何探知消费者需求，把握消费者的变化。营销战略应该叫STP，把市场做个细分，细分完了以后第二个T就是找一两个细分市场，这个细分市场有增长的空间，你这个企业有竞争力。比如说长城就挑了SUV这么一个市场，就有竞争力，给他一个定位，定位完了以后才是怎么做产品，这个如果错了，后面做得再好也没有用，细分市场的消费者对那个的偏好你就不知道，上来就做4P，可能就会出问题，所以根是在细分市场和消费者。中国的消费者现在随着购买能力的提高，总体上看消费升级了，消费者看重可靠性也同时看重感官品质，同时再看重性能上也提高了。

在环境变化的情况下我们做营销怎么适应？第一真的是把产品做好，第二得告诉消费者我真的在性能上做了什么样的提升，有什么不一样的地方，得让消费者知道，比如消费者买了这个车，为什么没有买那个车？消费者经常就一到两个点决定了品牌的选择，消费者因为某一个点选择了某一款车，我觉得这个点就是企业应该广泛宣传的东西。

《新趋势》：您说的汽车正向研发越来越多，就是您接触这么多的汽车企业总经理，他们现在有团队研究消费者吗？

徐长明：现在各个企业都有了，自主品牌重视正向研发以后的口头禅就是细分市场和消费者。我们也在做大量的消费者调研，一年我们大概能做10万个消费者样本。因为现在各个企业一做正向研发，开发什么样的产品，价格、配置都要做消费者调研。我们现在下的大的功夫就是研究消费者怎么变。我们还是一对一的服务，就跟市场调研公司是一样的，我们只是做一部分，我们做高端的一块，主要研究消费者，这个是最难做的，汽车上市之前之后做测试都是比较固化的。正向研发从研究消费者开始，因此这块非常重要。

《新趋势》：您认为汽车行业的产业链和价值链有什么变化趋势？

徐长明：国际上的公司在整个产业链应该说做得都比较不错的，但还是有差别。像德国和日本公司主要还是在中间的环节，就是产业链制造和上面的研发采购，下游赚钱不多。美国就不一样，因为美国金融发达，福特、通用都是美国最好的几家企业之一，福特金融跟福特制造利润是一样的，在最好的时候，汽车租赁、贷款这些金融环节上盈利水平是相当高的，这跟国家的特点有关系，因为美国金融人才非常发达，当时奔驰兼并克莱斯特很大的因素就是想学克莱斯特的金融，当然还有IT，所以大的国家之间也会有划分。现在很多企业也开始关注上下游，特别是下游，现在很多的企业都开始怎么在这个产业链也能有一点盈利。第二个怎么通过把产业链做得更好，对企业竞争力也是提升，像福特金融跟通用金融都对汽车产业的平稳运行有很大的作用，觉得形势不好的时候，福特金融和通用金融就可以零利息贷款，2万元钱一辆车，线下贷款2万元，三年还清也是

2万元钱，消费者等于就赚了，用三年没有利息，实际那个时候就是福特的金融和通用金融提供的支持，当然产业处在稳定的状态。现在特别是自主企业开始往下游做得比较多，我出差跟一个企业家交流产业链，大家其实在比，看国际的各个产业链什么水平，企业自身在什么水平，国际怎么做的，企业自身是怎么做的，比如福特通用怎么做汽车金融，指标在什么水平，企业自身通过什么样的政策可以达到那个水平，大家都在关注。

《新趋势》：您是如何看待新能源汽车的发展的？

徐长明：我的定义叫前途是光明的，道路是曲折的。未来一定是往上走，我估计可预见的未来达到10%左右的占比，就是新能源汽车，4000万的市场销量的1/10就是400万的销量。可预见的未来可以达到这个水平，但是不是直线上去的，应该是波动的，下一步就会有一个往下走。原因就是我们过去几年大家太想依靠新能源汽车增加我们的企业的销量，有机会企业赶紧去，有钱赶紧赚，所以大家对产品的质量和东西可能就不太够。这样就会使得这个市场有一个波动，即使现在新车比以前好，但是还会有一部分人做这样的事情，我一直说一个企业产品最好一直往上走，企业的口碑就好，不能一好了就下来，这个就会波动。新能源汽车前途光明又波折，总的来讲我觉得还是比较弱，2016年汽车可能稳定了，我们国家产能已经非常厉害了，产量非常的快，对我们来讲最关键的还是电池、电力、电控，电池的技术的水平，有的专家讲说一个厂家评价的，跟日本电池差5年，跟韩国电池差2~3年。所以对外资企业来讲，车企很矛盾，因为国家没有补贴，本来我们跟韩国差不多要有补贴，但是正好萨德出来，但是国内的上电池又怕装在他的车上影响合资车的品质，所以合资车企现在就有矛盾，所以外资企业在中韩没有大规模的上，这就是一个问题。新能源汽车要想发展也是整个产业链，从生产角度大三件小三件，叫电池、电力、电控，小三件就是电转向、电空调、电助力，大三件小三件都很不容易。比如电空调新能源一用，能耗电耗马上就上去，新能源是最率先发展起来的国家，就是我们，有可能获得竞争优势，也有可能被别人把市场占去，毕竟还是个车新能源是定语，主语还是汽车，新能源汽车值得你关注，做法跟很多传统汽车不一样。包括保险公司各个角度都不一样，新能源汽车保险就跟传统汽车不一样的保法，他也不知道怎么保，但是他觉得肯定是不一样，是有前景的。

《新趋势》：您认为学生应当如何培养研究能力？

徐长明：其实我们还是比较看重基础的能力，比如特别应用型的短期就能上手，但是后劲可能不足，研究能力比较重要，所以我们对本科的第一学历看得比较重要，就是他的基础能力。我们做概率的，什么地方都有好的，清华北大也有不行的，三类也有表现特别棒的，招生我都自己亲自去，基础能力是我们这样的机构比较看重的，但是不同的机构我觉得不一样，比如你到企业可能就看重你的实操和学的东西到位了到那儿马上就可以应用，那样就比较好。各机构不一样。

《**新趋势**》：您对研究生和博士有什么样的建议？

徐长明：我觉得是干一行爱一行可能有点儿过头了，但是我觉得特别是博士硕士毕业以后可能还要在一个专业方向寻求他的发展，其实到博士我们觉得最好的就是，我接触过博士，他们后来研究的过程都是在 2013 年、2014 年研究博士硕士的东西，在那个基础尽量往深了做，所以我觉得未来还是要在这个里面做，这个里面现在就是打基础了，把基础做好，未来之后再去做。当然一个行业要想比较认同，我们大概总结的规律就是要成为一个行业专家大概要 8 年左右差不多，持续的跟踪研究，在这个领域你就有发言权了，你就有深度了，你能给别人提建议了，就能够到位了。

（文稿整理：郜佳唯 安 瑀 刘桂林 陈 怡）

卡萨帝的十年高端品牌路

十年之路，成就高端首选

◎宋照伟

卡萨帝品牌介绍

卡萨帝（Casarte），海尔旗下的高端家电品牌，2006年成立。卡萨帝的名字的灵感源于意大利语，"La casa"意为"家"，"arte"意为"艺术"，两者合二为一就是 Casarte，意为"家的艺术"。

作为海尔集团的高端子品牌，卡萨帝与海尔的品牌运营模式为强背书模式。卡萨帝享有海尔全球设计、研发、制造及采购等众多国际资源，并借力海尔于全球建立的29个制造基地、8个综合研发中心、19个海外贸易公司及总数超过6万人的全球员工。

卡萨帝在全球拥有14个设计中心、28个合作研发机构（如麻省理工等），有着由许多在业界享有盛名的设计师所带领的跨越多个国家的300多位设计师团队（意大利、英国、德国、法国、美国、日本、中国等12个国家）。融聚了全球设计和创新精华，材质选择以不锈钢和玻璃为主的"永恒材质"，先后获得"IF设计大奖"、"红点奖"、"Plus X 大奖"等全球工业设计顶级奖项。卡萨帝旗下已拥有冰箱、酒柜、空调、洗衣机、热水器、厨房电器（抽油烟机、灶具、消毒柜、烤箱、蒸炉、微波炉、洗碗机等）、生活小家电（咖啡机、面包机、榨汁机、搅拌机、柳橙机、暖杯碟机、电水煲等）、电视机以及整体橱柜等9大品类、39大系列、380余个型号的产品。

国内消费意识觉醒，海尔超前洞察全球高端需求

卡萨帝是海尔10年前创造的一个高端品牌，经过10年发展已经基本站稳了

脚跟。宋照伟先生是海尔的元老，从海尔白电营销总经理到海尔家电营销总经理，到最后单独负责卡萨帝品牌，见证了卡萨帝品牌的成长。家电协会会长姜风女士在中国传媒大学的演讲中提到，家电行业中国做成功的两个高端品牌其中一个就是卡萨帝，从行业的角度给予了卡萨帝高度肯定。做产品不难，做品牌难，做高端品牌更难，海尔为什么做卡萨帝品牌？怎么做卡萨帝品牌？

近年来国内消费意识觉醒，高端消费需求逆势来袭，国家 GDP 增速放缓的市场形势下，高端消费需求反而持续上升。随着中国消费实力的增强，消费需求在增长，中国的高端人群每年以 16% 的速度递增，对高端品牌的需求迫在眉睫，特别是 2008 年以后高端需求快速爆发。消费升级带动产业转型升级，家电行业就可以顺势升级。以前两门冰箱和三门冰箱卖得好，现在多门成为主流，洗衣机分为波轮式和滚筒式，滚筒式价格比较贵，对衣服的呵护比较好，消费升级带动产业的转型升级。卡萨帝品牌是海尔集团在 10 年前基于对用户需求的洞察，结合企业自身能力、前瞻未来的行业发展所决定推出的品牌，提前为消费者升级布局解决方案。

卡萨帝品牌历经 10 年发展，成为全球高端家电引领者

卡萨帝品牌初衷：家电的背后是生活

卡萨帝的初衷是，家电的背后是生活。消费者买任何一台家电，买的不是简单的家电，而是家电带给消费者的感受，买洗衣机是为了洁净的生活，买冰箱是为了新鲜的生活，卡萨帝的初衷就在于拿出最好的家电，为消费者创造最佳的生活体验，感受像艺术一样美好的生活，消费是为了满足消费者追求美好的需求而存在。

卡萨帝在全球拥有 14 个设计中心、28 个合作研发机构（如麻省理工等），有着由许多在业界享有盛名的设计师所带领的跨越多个国家的 300 多位设计师团队（意大利、英国、德国、法国、美国、日本、中国等 12 个国家）。融聚了全球设计和创新精华，材质选择以不锈钢和玻璃为主的"永恒材质"，先后获得"IF 设计大奖"、"红点奖"、"Plus X 大奖"等全球工业设计顶级奖项。秉持"创艺家电，格调生活"的品牌理念，卡萨帝在"汲取精致生活的灵感，缔造永恒的艺术品质"的核心品牌设计语言下，每一件产品都诠释着家电生活艺术化的趋势，致力于为都市精英人群打造优雅精致的格调生活。

中国市场企业营销战略及行业分析

图 1　卡萨帝的品牌 LOGO

卡萨帝品牌市场定位：高端人群需要专门的高端品牌为其提供针对性的解决方案

卡萨帝定位高端，是在"高端人群需要高端品牌"的思路下创建的品牌，为该需求提供针对性的解决方案。从家电市场实际状况来看，高端群体所需求的兼具高价值与情感归属的家电市场存在空白，海尔有实力、有意愿为高端人群提供解决方案，但是海尔品牌无法只聚焦高端，因此推出了卡萨帝品牌。在高低端品牌金字塔中，卡萨帝属于第二层级最上端，卡位大众家电与奢华家电之间的高端空白市场。

图 2　卡萨帝品牌定位

全球实力，铸就传奇：全球独一无二的品牌资源，顶尖设计团队缔造永恒

海尔在打造卡萨帝品牌时，也因母公司的全球实力而更有底气。海尔 2011 年收购了日本三洋，2012 年收购了新西兰国宝级品牌斐雪派克，2016 年收购了美国著名家电品牌 GE，在全球有五大研发中心，背靠母公司海尔，卡萨帝拥有独一无二的品牌资源。

卡萨帝在全球拥有 14 个设计中心、28 个合作研发机构，每一款产品都是凝注全球资源的精品之作。卡萨帝在全球有着在业界享有盛名的设计师所构建的 300 多位设计师团队，跟保时捷工作室、宝马工作室、YANG 设计、菲尼克斯设计室均有合作，合作团队遍布意大利、英国、德国、法国、美国、日本、中国等 12 个国家。这些国家的设计师为卡萨帝设计的产品基本都能获得顶级的全球大奖，这也是消费者对卡萨帝产品创意和设计的认可。卡萨帝品牌是全球唯一荣膺 IF 设计大奖的整套家电。

卡萨帝品牌发展历程：10 年发展，成为全球高端家电最高标准及高端生活方式引领者

历经 10 年发展，卡萨帝不断丰富完善，已建立起行业首个有温度、有价值的高端家电品牌，并成为全球高端家电最高标准，及高端生活方式引领者。2007~2009 年是卡萨帝品牌的初创期，2010~2011 年是艺术形象建立期，卡萨帝一开始依靠海尔品牌背书，到了 2010 年、2011 年时，卡萨帝的定位是科技演绎格调生活，品牌名称后面加上了"海尔荣誉出品"称号，从 2014 年基本独立，开始研究家电对人的关爱，建立了"爱"的情感价值主张，提出"科技、精致、艺术"三大品牌关键词，2017 年的传播路线提出"卡萨帝人生"，重新定义高端生活，实现生活方式引领。

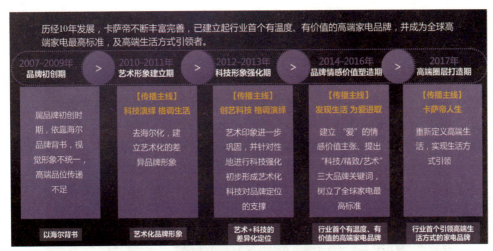

图 3　卡萨帝洗衣机产品

卡萨帝品牌知名度飞速提升，已在高端人群中享有美誉

10 年的发展也让卡萨帝品牌的知名度飞速提升，在高端人群中享有美誉。

尼尔森《卡萨帝 2016 年品牌健康度报告》中显示，在高端人群中卡萨帝的品牌知名度已达 58%，品牌美誉度高达 95%。

在家电行业整体低迷的情况下，卡萨帝逆市增长

价格虽然只是一个外在表现，但也是一个重要的衡量指标，卡萨帝冰箱的平均单价是行业的 2.6 倍，洗衣机达到行业平均单价的 2 倍，但是很多消费者买了都觉得值，这就是品牌的价值所在。在家电行业整体低迷的情况下，卡萨帝市场表现逆市增长，冰箱洗衣机产品在高端市场占比快速增加，分别为 59% 和 23%。

卡萨帝品牌发展模型解析

卡萨帝品牌取得成功，它的品牌是如何做的呢？宋照伟先生和他的团队做了一个卡萨帝品牌发展模型，房子的上面是要达到的目标，树立品牌标准、全员品牌意识提升和培训体系的构建。要进行全员的品牌提升，企业内部的员工更是用户，如果这些人品牌意识不强，做出的产品一定不是一等产品，所以内部员工的品牌意识建设非常重要。资源涵盖六大方面：用户资源是从原点洞察用户需求；公关是用精准的情感交互来塑造高端品牌形象；品牌做差异化操作，与用户共鸣，不能曲高和寡；体验方面做了一个高端的生态圈，把相同兴趣、爱好、需求的人员聚拢在一起，来创造尊贵的体验；产品做原创，坚持高端的一定要原创的理念；营销打造精准的营销样板，做营销首先要有样本，继而所有营销都围绕样本做。

图 4　卡萨帝品牌发展模型

用户：紧跟时代，从原点洞察用户需求

卡萨帝用户群明确，以具有社会影响力的大众富裕阶层为核心目标用户群，形成对整体高端用户群的辐射。

卡萨帝品牌的核心消费群是能产生 80% 品牌利润率的 20% 高端消费群体，这些行业领袖是标准制定者，他们的生活方式成为中、下层人群学习模仿的对象。核心消费主体是中上产消费者，延伸消费群体是中产消费者。卡萨帝的核心消费人群设定是生活方式的制定者，拥有卓越的品位，对消费品有着极致的要求。

进一步细分，卡萨帝聚焦明星/企业家、金领高管、企业中高层/中小创业者、精英白领这四类典型用户，为这类高端用户量身定制的高端生活方式解决方案，形成基于生活的真实打动。卡萨帝洞悉高端用户需求，由简单的卖产品到为高端用户提供高端生活方式。

此外，卡萨帝还打造了针对高端人群的"接触点聚焦"法，通过自然属性和社会属性两方面分析进行接触路径的规划布局，从不同维度对人群进行区分，继而做目标用户管理。

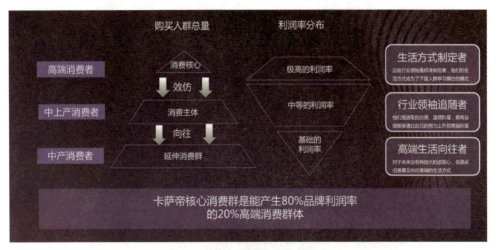

图5　卡萨帝品牌的消费者细分

品牌：差异化操作，引起用户共鸣

卡萨帝为用户定义精英阶层向往的生活方式——卡萨帝人生。精英身份可以创造品牌认同，精致的生活需要精致的生活态度。要做差异化的操作，需要与用户产生共鸣，让消费者在看到品牌营销时感同身受，产生"这就是我想要的"的感觉。卡萨帝家电是为爱而生的家电，从产品出发，产品的"科技、精致、艺术"做到用户那里就是价值信赖。宋照伟先生用"初心、匠心、慧心"概括了卡萨帝

如何为精英人群创造高品质的艺术生活。

初心：志在百年引领，为信仰而造

卡萨帝的初心是为完美永不妥协。卡萨帝志在百年引领，为信仰而制造，在品牌端定义全球高端家电最高标准，在行业端引领家电行业发展趋势，在用户端引领高端生活方式的变革。

匠心：以做艺术品的态度做产品

卡萨帝的匠心指以做艺术品的态度做产品，将爱融入对"科技、精致、艺术"的不懈追求中，以匠心铸就无可挑剔的精致细节，使家电成为可品味的艺术。

卡萨帝改变了生活方式，甚至改变了行业的发展趋势。卡萨帝洗衣机采用全世界最领先的激光焊接，基本摸不到焊缝，激光焊接的地方强度比其他地方钢板强度还要高，即使脱水到1400转，都不会出现问题，这样不仅脱水干净，而且对衣服磨损小，洗完的衣服脱水就可以穿。此外，卡萨帝洗衣机内为了防抖动在电机上加了设置，为用户体验最佳坚持做到极致。什么叫匠心？卡萨帝一台高速脱水的洗衣机，上面放6支铅笔不会倒，立硬币也不倒，这就是匠心。

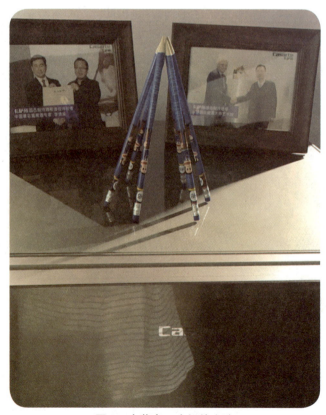

图6　卡萨帝6支铅笔实验

慧心：激发用户情感共鸣

慧心即是"爱"，对用户的爱是卡萨帝的品牌价值观，品牌做营销的时候一定要虚怀若谷。卡萨帝为爱而生，把握时代的脉搏，激发用户的情感共鸣，洞悉时代的情感需求，缓解快节奏潮流中被忽略的爱，以源自内心最真挚的情感驱动让家电成为与家人沟通的纽带。

图 7　卡萨帝的冰箱产品

产品：产品引领战略，原创产品领先时代

卡萨帝产品的核心特点是"科技、精致、艺术"，从 0 到 1，以原创制造经典，认为只有原创才能成为经典，抄袭很难做到高端，比如苹果手机触摸式操作，开辟了一个时代。卡萨帝的产品 10 年不过时，很大程度上是因为很多产品是全球原创。

第一个是卡萨帝冰箱产品，这个冰箱是气悬浮无油动力冰箱，运用气悬浮技

图8　卡萨帝的洗衣机产品

术使得运行声音很小，这就是原创。还有全球首创的双子云裳洗衣机，通过电脑芯片快速采集上下筒的状态互为牵制，转的时候上下两部分互相平衡，这个技术也是原创。集调节空气温度、湿度和净化空气多功能于一身的云鼎空调也是产品创新的代表性产品。卡萨帝在产品创新方面成为行业先锋，不断创造经典。

公关：高举高打形象占位，围绕精众以做品牌的方式做价值交互

卡萨帝做公关方面以"高举高打"为主要思路，围绕精众，以做品牌的方式做价值交互。卡萨帝在这个理念的指导下做了品牌共振、品牌交互、内容交互，从卖产品到为高端用户提供高端生活解决方式，不断做品牌探索。

品牌共振方面，卡萨帝搭建了"思享荟"平台，搭建全国首个高端家庭生活艺术交互体验平台，与爱家庭、懂生活的名人精英共同探讨家与爱的真谛。同时也搭建家庭运动生活方式兴趣交互平台，举办以"一起跑，慢慢爱"为主题的家庭跑步活动，为城市的高端家庭提供家人在一起的机会。奥运冠军吴敏霞夫妇就是卡萨帝家庭马拉松的推广大使。

图9　卡萨帝思享荟活动

品牌交互方面，卡萨帝与《十二道锋味》成为战略合作伙伴，以整套艺术家电独家定制锋味厨房，打造电视＋网络、线上＋线下以内容为核心的交互平台，线上线下深度整合，快速提升品牌知名度。此外，卡萨帝也非常重视机场形象展示，在高端人群汇聚的触点场景，打造卡萨帝整套艺术家电的形象展示，以展示、传播、体验和互动几大模块，加深目标人群的品牌感知。

卡萨帝相信没有成功的企业，只有时代的企业，摆脱竞争的唯一方法就是不断引领，所以卡萨帝希望在行业里以波浪式前进，螺旋式上升，品牌发展同时带动行业发展。

图 10　卡萨帝与《十二道锋味》

营销：打造品牌精准营销样板，精准触点聚焦打通高端圈层

卡萨帝始终坚持打造品牌精准营销样板，打造立足于区域市场的高端家电品牌形象。2012~2016 年，卡萨帝做了科技巡展强化科技体验，2015~2017 年，有创艺中国行移动之家巡展车，2015 年围绕《十二道锋味》举办了锋味云典户外体验活动，激发用户情感共振，2016 年举办了卡萨帝全球美食节活动，这些都是匹配高端用户举办的活动，强化品牌高端属性。

卡萨帝通过精准触点聚焦打通高端圈层，打造了针对高端人群接触点聚焦法，通过自然属性和社会属性两方面分析进行接触路径的规划布局，从不同的维度进行区分，对目标用户进行管理，找到与这些目标用户的接触途径。卡萨帝目标用户群有不同的个人兴趣爱好圈子，卡萨帝做的就是去寻找这些圈子，并想方设法和目标用户进行沟通。

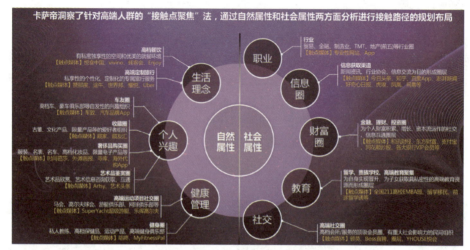

图 11　卡萨帝的"接触点聚焦"法

体验：终端打造高端生活生态圈，创造尊贵体验

一个品牌不能只做空中楼阁，线下体验非常重要。基于此，卡萨帝在终端打造区域高端生活生态圈，创造尊贵的体验。卡萨帝空调跟法拉利中国合作，只要使用卡萨帝空调，消费者就可以免费获得法拉利赛道体验。同时卡萨帝在线下也建了多家创艺生活馆，消费者可以在生活馆进行插花、烘焙、读书等体验活动。这些体验目的是为了打造一种生活方式。卡萨帝建立了独立的品牌体验中心，在杭州大厦、武汉光谷等都有建立卡萨帝创艺生活馆，全国很多城市都有卡萨帝的战略合作伙伴。

图 12　卡萨帝创艺生活馆一角

高端制造：中国第一个高端制造代表品牌，卡萨帝匠心制造内涵

一个品牌前面是产品，产品怎么出来？高端产品依托体系是高端制造，没有高端制造所谓的高端都是空中楼阁，一旦产品满足不了消费者的期望值和需求，就支撑不了多久，所以高端制造体系非常重要。

卡萨帝要做中国第一个高端制造代表品牌，在卡萨帝创立之前，中国制造基本没有高端品牌。之前所谓的高端品牌要么是资源稀缺的黄金玉石，要么是老祖宗传下来的东西，古玩、字画是高端，但是不具备可复制性，在中国基本没有制造业能够批量复制的高端产品，而卡萨帝的目标正是要打造中国第一个高端制造代表品牌。

卡萨帝承接中国制造 2025 战略，要做全球的高端品牌，目前来说是全球资源为中国，卡萨帝 90% 在中国市场，如今开始在欧洲、东南亚、中东、俄罗斯等全球市场布局。卡萨帝要做匠心 4.0 制造体系，其内涵是智能制造加匠人精神的结合。宋照伟先生认为，智能制造是定制的、互联的、智能的、可视的，匠人精神是原创的、艺术的、完美的，卡萨帝能成功与这两点密切相关。卡萨帝有一套智能制造的框架，对"定制、互联、智能化、全程可视、原创、艺术、完美"具体的指标进行了量化，提供了一套相应的参考和可操作指标。

卡萨帝在德国有用户研究中心，在美国收购了 GE 家电，同时与意大利、奥地利都有合作，有一流的工厂，获得了全球的品质认证。在德国，卡萨帝冰箱已经超过了德国当地的主流品牌，全球消费者有能力识别高价值的产品。

图 13　卡萨帝匠心制造体系构架

高端服务：七星服务让用户尊享专属创艺管家服务标准

同时卡萨帝还提供高端服务，提出了一个"七星服务"标准，让用户尊享专属创艺管家服务。卡萨帝的"七星级服务"包括：产品免费上门设计、免费测水电空气质量、产品送装一体、免安装材料费、免费移机和清洗一次、用户关爱活动、VIP用户产品终身保修等，这些都能够给消费者带来极大的便利，与行业竞争者相比有很大优势。卡萨帝有全国最强大的七星级服务团队，海尔集团还有物流体系，卡萨帝可以做到送装一体，同时还免安装材料费，提供免费清洗。卡萨帝产品终身保修也能倒逼企业提高产品工艺和质量标准。这就是卡萨帝的服务价值体系，要给用户带来尊贵的关爱，构造售前售中售后的一体化服务。卡萨帝的观念是，高端品牌售后不能只是维修，设计、检测、配送、安装、保养、清洗都属于售后服务。

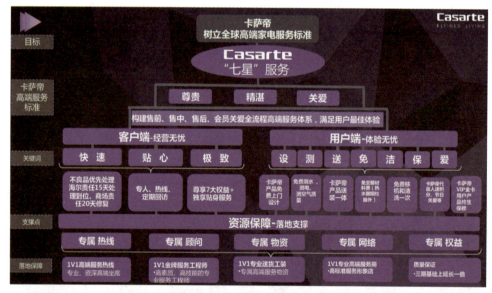

图14 卡萨帝的七星服务体系

会员交互：数据的核心是人，卡萨帝建立用户运营体系助力打造高端品牌

卡萨帝有专属的热线、专属顾问、物资、网络，消费者推荐给朋友就可以获得积分，消费者相互推荐发生链式反应，他们本身就可以成为品牌的代言人。并且卡萨帝本身是高端品牌，消费者使用体验好，本身从心理层面就很愿意推荐给朋友。

　　卡萨帝预期未来产品全部要变成网器，每一个家电电器都成为一个互联网的节点，连的是外部网络和消费者，让消费者在家中就可与外边的世界交互，使产品和互联网连接，对每一个产品进行管理，比如菜什么时候放进冰箱都会做以记录，方便提醒消费者食物的保质期，甚至在消费者到家前半小时热水空调就和消费者自动联系，提前打开空调和热水器等类似设想。

　　目前来说卡萨帝有 99 万高端会员，3000 万注册会员，1.4 亿用户。卡萨帝拥有一个数字管理平台，管理 1.4 亿动态数据。开发了一个营销宝、交互宝APP，营销宝对潜在的用户进行精准营销，与新浪微博等第三方媒体平台进行数据合作，根据消费者日常行为来预测其需求，从而提高营销转化率。交互宝是用作研发用，用户的任何抱怨都可以反馈回来，研发团队根据用户的抱怨需求开发迭代产品。上述就是用户数据的意义，打造一个高端品牌一定要关注用户，关注用户数据。

图 15　卡萨帝用户数据运营体系

结语

　　中国品牌高端化是一个趋势，一定要以用户为中心，要围绕目标用户做。做高端不是口号喊出来的，要用心做，这是一个企业全流程、全员的行为，卡萨帝品牌就受益于永远以用户为主。公众对卡萨帝品牌认知是一个先难后易的过程，一开始给消费者的就是一个高端印象。卡萨帝是自主品牌走向国际的成功案例，2015 年以来，中国自主品牌在每个行业都开始"攻城略地"，目前中国在全球注册商标数量是第一，专利也非常强，中国企业必须要有正能量，不断地进取，才能更强。

没有长久的积淀，做高端品牌难如登天，但卡萨帝"十年磨一剑"，成功塑造了一个家电行业的高端品牌，成为高端品牌的标杆，背后凭借的是匠心原创精神和雄厚的品牌实力。在《中国制造 2025》强化高端制造业的国家战略规划下，高端制造成为行业趋势，卡萨帝的经验为家电行业的高端化转型提供了重要参考，值得大家学习。

专家简介

宋照伟，卡萨帝中国区总经理，负责卡萨帝品牌市场运作。1998 年大学毕业，专业是工科自动化。1998~2004 年担任海尔冰箱销售总监；2005~2009 年担任海尔冰箱营销部长；2009~2011 年担任海尔白电集团营销总经理；2012~2015 年担任海尔家电产业集团营销总经理；2016 年至今担任海尔家电产业集团卡萨帝总经理。

（文稿整理：刘桂林　张　驰）

十年望百年

——专访海尔家电产业集团卡萨帝中国区总经理宋照伟

用户需求、企业发展、行业竞争共同推动了卡萨帝的诞生

《**新趋势**》：卡萨帝是海尔在 2007 年创建的高端品牌，创立这个品牌的背景和原因是什么？

宋照伟：主要是三方面的原因：第一个是为了满足用户需求；第二个是企业发展的需要；第三个是出于市场竞争的考虑。

第一个是为了满足用户需求，企业基因决定了用户是第一位的。卡萨帝是我们 2007 年推出的高端品牌，当时我们就发现中国消费者有消费升级的趋势，有很多人想买高端家电。

第二个是企业发展的需要。我们公司经历了五个发展阶段，分别是名牌阶段、多元化阶段、国际化阶段、全球化阶段和网络化阶段。2007 年左右企业正处于全球化品牌阶段，需要全球布局多品牌，也包括高端品牌，因此卡萨帝应运而生。

第三个是出于行业竞争的考虑。中国是竞争最激烈的市场，我们需要占领高端市场这个战略制高点。

集团孕育、单点突破成功塑造高端品牌

《新趋势》：卡萨帝这个高端品牌是如何成功建立起来的？

宋照伟：高端品牌有很多运作的方法，比如可以直接收购，这是比较简单的方法。但如果要用 10 年打造一个高端品牌，难度非常高。海尔既是一个公司品牌，又是一个产品品牌，所以为了聚焦做高端市场我们有必要推出一个高端品牌。高端品牌的产品力必须非常强，因此最开始我们就把全球最领先的科技倾注在卡萨帝上。

在当时的环境下，中国企业大多没有做过高端品牌，但海尔不一样，当年我们已经做到了冰箱全球产销量第一，有这个量的基础，再进行高端产品的开发就相对容易很多。所以，一开始先从冰箱选择突破，起初消费者对我们的卡萨帝冰箱很陌生，但是因为它全球顶尖的科技及艺术外观的设计完全顺应了高端用户的需求，所以卡萨帝在市场上得到了越来越多高端用户的认可。

全球资源供全球

《新趋势》：品牌在成长的过程中，一开始是在国内推还是国内国外同时推？

宋照伟：卡萨帝一开始就是全球资源共享的成果。比如冰箱产品原型来源于欧洲设计中心，外形是意大利工厂设计的；名称是全球用户交互出来的，不仅材料是全球最先进、安全的，所搭载的科技也是全球顶尖的。所以产品的系统非常好，一般热水器或者洗衣机能用 10 年就不错了，我们的产品能用 30 年。

未来是全球资源供全球，在比较成熟的国外市场，谁能掀起一个改革就会取得成功。现在中国的很多品牌都进入了欧洲市场，因为改变了用户的兴趣观念。所以我们的好产品在欧洲一经试销，就打开了新的市场。比如卡萨帝的双子云裳洗衣机，现在在欧洲已经开始风靡了。

以用户为中心，产品为王

《新趋势》：您认为 10 年来能做出这个品牌最核心的经验是什么？

宋照伟：以用户为中心，产品为王。我们经常说匠心，匠心不是随便说说的，是要落地的，要为用户服务，首先考虑用户的需求是什么。比如空调，大家以前认为空调就是调节温度的，但温度高低不是你的目的，空气质量才是你的目的，也要调节洁净度和湿度，空调可以加湿除湿，还可以净化，别的空调可以除 PM2.5，我们的空调都可以除 PM0.3，而且声音还特别的安静。所以买一个空调，温度、湿度、洁净度全都解决了。

最了解用户的是用户本身。我们有遍及全球的交互网络，能直接反馈全球消费者的需求，我们还设计了一套用户大数据系统，对每一个购买家电的用户都提供周到的服务，然后请用户提供给我们产品相关的反馈信息。通过后台大数据服务中心可以汇总大量用户的需求，从而指导我们的最新产品研发的方向。

时代造就高端品牌

《**新趋势**》：我们借助媒体通路进行传播的策略是怎样的？

宋照伟：媒体的环境和形式一直都在不断地变化，媒体策略也要与时俱进。以现在进入的互联网时代为例，我们的传播会更注重精准社群交互。我们媒体传播的形式和内容也不断变化，交互的方式和媒体平台也在与时俱进。五六年前，我们会在传统的 PC 端、机场等投放广告，以及搜索引擎的优化。而现在我们在机场做的是高端用户的场景化体验。过去与消费者的沟通是单向，现在是双向甚至多向。

人是企业当中的一个节点，保持开放学习的心态

《**新趋势**》：在组织当中是如何学习的？

宋照伟：企业就是一个互联网节点，人也是一样，人在企业里也是一个节点，不是孤立的，一个人要跟 N 多个部门打交道，所以必须保持一个开放学习的心态。要把自己视为一个开放的互联网节点，这样才能以学习的心态不断汲取营养，尽量多学一点东西，多看、多听、多学，适当地说。

我认为做营销十分有趣，不同的职业都有值得学习的地方。学习是可以不分时间、不分地点的。但是要根据自己的能力把握住主线，学习还是为主线服务的，不能太杂。

（文稿整理：陈　怡　郜佳唯　安　璐　刘桂林）

老板电器的道路与选择

老板电器的品牌营销之道

◎ 叶丹芃

老板电器品牌简介

始创于 1979 年的老板电器，是中国厨房电器行业的领导者，也是迄今为止历史悠久的专业厨房电器品牌。

从缔造中国第一代吸油烟机，到今天，已有超过 3500 万户家庭正享受着老板电器带来的轻松烹饪生活。在吸油烟机市场，全国销量前茅的成绩，老板已成为吸油烟机在中国的代名词。30 多年来，老板始终致力于用卓越领先的科技和完美可靠的品质，帮助中国家庭和他们的厨房建立起更紧密的纽带关系。老板提供包括吸油烟机、家用灶具、消毒柜、烤箱、蒸汽炉、微波炉、电压力煲等厨房电器的整体解决方案。凭借在吸油烟机核心技术——大吸力方面的突破，老板创造出更适合中国厨房的大吸力油烟机。同时，老板自主创新拥有超百项产品专利技术，包括双劲芯、免拆洗、主火中置、3D 速火、回型杀菌等。

自 2010 年，老板电器登陆资本市场，成为国内首家登陆资本市场的高端厨电企业，完成了"从制造向创造"的转型升级。着眼未来，老板继续致力于改善烹饪环境，把中国悠久的饮食文化与先进的科学技术相结合，让每个家庭都享受到由精湛科技带来的轻松烹饪，让科技更具人文气息，让烹饪变得更有乐趣，拉近家人间心与心的距离，为世界构建更多幸福的家。

图1　老板电器总部外景

品牌发展史：千里品牌路，始于退一步

坚守厨房这片天地

老板电器成立于1979年，是中国改革开放以后第一批成长起来的民营企业。从成立到今天，除了大众所熟知的油烟机以外，老板电器还尝试过很多其他行业，但在20世纪90年代，多元化经营的模式对整个主业产生了非常大的影响，所以那时候老板坚决砍掉了所有不相关的行业，只留下厨电。这么多年来公司专注于厨房，坚守这片天地。

老板电器对厨电的坚守取得了可喜的成绩。老板电器的油烟机连续19年获得全国市场的销量第一，2015年、2016年均被评为全球市场的第一位。2010年公司成功上市，在上市之后的8年里，公司的销售收入平均复合增长率超过30%，净利润平均复合增长率超过45%。在近几年的经济背景下，能取得这样增长速度的实体企业在中国也是凤毛麟角。老板电器稳定的业绩表现也获得了中国资本市场的认可，老板电器的年化收益率在中国所有上市公司中排名第25位。能取得这样的表现，老板不靠并购重组，不靠讲故事玩概念，靠的是踏踏实实的业绩，一步一个脚印。

图2 老板电器产品演进

现在老板旗下有三大品牌，老板定位于高端市场，中低端品牌名气定位于三四级农村市场，奢侈品牌帝泽定位高端奢侈品家电。在中国做品牌确实很难，做高端品牌更难，但至少到今天，可以说中国的厨房电器行业是中国所有家电行业中唯一一个不管是整体市场还是高端市场都被民族品牌牢牢占据的细分行业。得益于老板、方太等品牌的共同努力，彻底将外资品牌赶出中国市场，这是中国家电行业的骄傲。

四个选择成就老板电器

老板电器取得的成绩基于几方面原因：

第一，选对了高端的定位。近几年消费升级兴起，很多品牌享受到了消费升级的红利。但当消费升级已经来临的时候再做准备已经晚了，应当在它没有来临的时候做好充分的准备，等到红利到来的时候就可以自然享受这波红利。在20多年前，老板电器的产品就坚守高端的定位，坚决不打价格战。在消费不断升级，人民生活水平不断提高的今天，品牌自然而然享受到了红利。

第二，选对了技术创新的特点。中国厨房有中国厨房的特殊性，老板电器基于中国烹饪环境打造了属于中国厨房原生的技术创新，并将这个行业的技术壁垒、技术革新牢牢掌握在自己手中。

第三，选对了厨房电器这个品类。今天很多中国品牌在品牌传播上做得很好，但是他们所在的品类却在逐渐消退和衰亡，因为很多品类在中国消费市场属于过渡期的市场，但是中国饮食文化传承了几千年，厨房品类不可能消亡，因此厨房电器是有良好前景和宽广未来的大品类。

最后，选对了吸油烟机这个核心品类。在中国市场，油烟机是消费者选择厨房电器首要考虑的品类，选择这个核心品类对于其他品类具有非常明显的带动作用。油烟机是老板的核心品类，多年来老板一直坚守油烟机这个行业，努力让自己变成一个专业得不能再专业的公司。

图 3　老板电器的智能制造信息指挥中心

图 4　老板电器艺术展

品牌关键词：定位 & 聚焦

抢占消费者心智

消费者心智是竞争的终极战场

说到聚焦，就不得不研究每个人的心智和大脑。人的大脑每天都被繁忙的工作、烦琐的生活挤压在有限的空间，每天又有超过1500个品牌试图植入人的大脑，抢占仅剩的有限空间。在信息爆炸、碎片化的时代，要让一个品牌建立清晰的定位确实是一个很大的挑战。纵观全球范围内的优秀品牌，都是通过长时间的积累塑造出了独有、清晰的品牌定位，比如迪士尼的神奇欢乐、沃尔沃的安全。营销定位大师里斯曾有过经典的论述："消费者的心智是竞争的终极战场"，因此品牌的竞争最开始发生在工厂，后来是市场，在今天更多在于抢占消费者的心智，因为心智份额才能最终决定市场份额。

消费者心智认可的最大特点：以品类思考，以品牌表达

消费者心智认可很大的特点是什么？以品类思考，用品牌表达。以车举例，消费者买车的时候会考虑车的用途，是自己用还是旅行用，买高档车还是低档车，因此每个人在思考和进行消费决策的过程中，大脑都会存在分类存储，那些存储的类别和标准就是所谓的品类。这个品类不是由企业来决定的，而是由消费者来决定的。人的大脑中有很多心智已经被占据，但还有很多心智是空白的，因此品牌的目标就是去找寻那些心智中尚未被占据的品类。

针对竞争对手进行定位，推动品牌成为新品类的代表

接下来应该针对竞争对手进行定位，推动品牌成为新品类的代表。大众集团在美国市场取得成功的第一款汽车品牌是甲壳虫，它能够取得成功的原因是什么？在大众进入美国市场前，美国市场大部分的车是大排量、大体积的，正是因为在这个竞争已经白热化的市场上没有品牌生存的空间，因此大众选择针对竞争对手做差异化定位，以小切入。很多人会有所顾虑，认为如果细分市场太小，会让自己未来没有足够的发展空间。但是中国市场非常大，全球市场更大，在如此大的市场空间中，再小的细分行业都有很大的市场。在德国，有大量企业都在默默无闻地做一个机械的零部件，但是他们能够做到全球的销量冠军，在这个细分行业拥有绝对的话语权。因此，再小的品类都是大的品类。

围绕品类和定位调整运营配称，构建系统性的竞争优势

但是定位不仅仅是用一句话灌输给消费者，而是围绕这句话构建起系统性的竞争优势，环环紧扣，让竞争者无法复制。一句话是很容易被抄袭的，但一个环环紧扣的营销活动就没有办法被轻易复制。比如宝马40年来坚持讲驾驶乐趣，这不仅仅意味着用户化，而是从品牌的产品设计、定价、广告、营销活动等各个

维度作用于价值乐趣这个特性。沃尔沃讲安全不是一句口号，而是积极做技术创新，发明了三点式安全带、后向的儿童座位等，召开儿童安全研讨会，倡导世界安全日，推动沃尔沃安全标准成为美国交通安全标准等，采取了一系列行动，这一系列行动让它成为安全的代名词。

老板电器的聚焦战略

品类聚焦于油烟机

切换到厨房，定位于厨房电器看似已经实现了聚焦，但是老板电器发现，在中国消费者的心智中，厨房电器并不是一个品类，没有一个消费者会说自己要买厨房电器，而会说自己要买油烟机、灶具。研究消费者的心智会有不一样的发现。因此老板电器做的第一件事就是把品类聚焦到中国厨房电器的第一品类——油烟机上，以油烟机为核心，带动其他品类的关联销售和联动销售，在传播上绑定老板等于吸油烟机。同时进一步挖掘，消费者关注的油烟机的本质属性是什么？答案是吸烟效果，这是油烟机最本质的职责，因此老板电器持续进行技术积累以改进吸烟效果，推出了大吸力油烟机。这个定位得以成功的关键在于，还没有竞争对手去抢占这个非常有价值，但消费者心智层面仍是空白的市场。

建立配称

老板电器在很长一段时间内都将大吸力油烟机作为品牌核心的诉求，如何建立配称却并不是那么简单。最开始是进行强势、重复的传播，在央视、卫视、全国城市中心 LED 大屏、机场等大面积曝光。同时技术上要建造一个技术标准、行业壁垒，老板不断重新定义大吸力标准，每年发布全新的大吸力油烟机，持续进行技术创新，告别小吸力，全线产品实现大吸力。此外，终端是最直接的消费者接触点，通过一些眼见为实的大吸力实验去刺激消费者。上述活动带动了市场的发展，大吸力吸引了全行业很多品牌的跟进，最开始只有老板一家，现在有几十家品牌，大吸力的市场份额不断扩大，增长非常迅速。

聚焦，少就是多。看似聚焦到更细分的市场，但聚焦会产生更大的光环效应。老板电器获得的效益是非常明显的，2012 年导入聚焦理论以后，老板电器持续保持着油烟机销量上的领先，2013 年带动燃气灶的销售额成为市场第一，2014 年进一步带动消毒柜这个品类成为市场第一，这就是聚焦核心品类带动其他相关品类产生的直接效益。接下来品牌需要进一步聚焦、进一步夯实。每个品牌都想做大，但是做大并不一定是往前迈一步，有时候也许要退一步。在中国的文化中，退一步海阔天空，在品牌定位上同样适用，看似退一步实则进两步。

图5　老板油烟机

品牌面临的新变化：机中有危，危中有机

老板企业发展的基本面良好，看似一帆风顺，但在今天的时代背景下，老板也面临着众多危机，作为行业领导者必须要有危机意识，从危机中寻找品牌发展的机会。

"危"与"机"

人口红利消失，消费新红利凸显

过去十几年间，大部分行业和品牌基于宏观经济的红利得以快速发展，企业的利润大部分来源于机遇利润，而非双赢利润，生意很好做。这导致企业以扩大市场为中心、以应对渠道变化为中心，而非以用户为中心。今天，中国市场的红利消失，增量市场趋于平缓。中国人口出生率在1987年达到峰值，1987年出生的人群在今天正值第一次置业时期，也就意味着第一次置业的人群绝对值在萎缩，因此增量市场今后会越来越难做。宏观层面是企业必须接受的，微观层面是企业能够有所作为的。过去只想创造更多用户，但没想过留住更多用户，从现有用户中挖掘价值。今天的趋势红利不再是渠道红利、流量红利，而是创新红利、效益红利。

当下消费升级已经到了第二阶段，从选贵到选对、选好，从关注产品功能到关注用户体验，从性价比到产品背后的生活方式是很明显的趋势。今天消费者有三大心理特点，爱美爱玩爱健康，怕死怕老怕孤独，缺爱缺心情缺刺激。把握住当下消费者心理特点的变化才能够获得竞争优势。

从"让人买"到"让人爱"

企业以前追求"让人买"，只需要在消费决策端尽可能说服、转化消费者，让他们购买产品就达到了目的。但现在，如果一个品牌只有人买没有人爱，它绝对没有存活的价值。在当下不断升级的消费新时代，中国消费者尤其是年轻人变得挑剔，开始追捧更能满足自己细分需求的产品，开始追求高质量的高端产品。消费者不仅仅追求功能性效用更好、价位更高的产品，而是通过一些好的产品获得一种额外的满足感，这意味着品牌必须富有情感色彩，以及具备贩卖令人向往的美好生活方式的能力。在很多细分品类中，很多用户开始选择一些小众、有个性的品牌，因为这些品牌给用户提供了额外的满足感。虽然现在都市新贵小众化品牌的购买习惯倾向在油烟机上没有凸显，因为这个市场还没有那么多的选择，但是万一有更多的跨界竞争者进入市场，老板电器势必也会面临这样的挑战。

图6　老板油烟机

新型消费习惯使得传统营销玩法不再奏效

今天的油烟机产品基本实现了标准化，电商化趋势明显。电商的营收占老板

电器营收的 35% 左右，而这个比例还在继续增长。电商消费者的静默下单率在增加，顾客决策周期缩短，静默下单是指消费者看一个产品不经历线上比价、线下体验的过程，不闻不问直接进行购买的消费行为。当这些现象产生且比例不断增长的情况下，过去很多靠终端拦截、靠广告的传统玩法在消费者新的消费行为下变得不那么奏效了。

产品低关注度，缺乏社交基因

老板电器产品的属性决定了产品的低关注度，厨房电器是一个不受高关注的产品，且缺乏社交基因，很少有人会在朋友圈里晒出自家的油烟机有多好看，这是不现实的事情。因此像杜蕾斯此类产品的社交玩法不是每一个品类都可以复制的，这是需要基因的。不像很多品类拥有多个入口，老板电器的产品除了产品本身以外没有别的入口，所以在今天，老板电器要发挥更强的社群势能，除了产品本身要做好，和用户之间的关联度也要增强。

主动变革：与消费者的关系 + 与员工的关系

面对众多危机，老板电器如何去改变？如何找到解决措施？老板电器决定主动变革，变革组织内外的两个关系，对外变革与消费者的关系，对内变革与员工的关系。老板电器的主动变革可以分为四个维度：延伸创新、良好机制、极致效率和品牌升级。

延伸创新

中国人对于厨房的重视程度越来越高是不可否认的。随着消费者生活水平的不断提高，消费不断升级，厨房在家庭中的角色越来越重要，消费者对厨房品类的需求也在不断增加，厨房里还有无限的价值尚待挖掘。但中国人对厨房的想象力比较匮乏，需要企业的引导。延伸创新可以分为横向和纵向，老板电器原来做油烟机更多是提供厨房内空气的解决方案，但是随着创新基础的不断积累，使得油烟机现在可以装到楼顶上，成为整个房屋的中央油烟机，能够把整个大楼的油烟净化集成在一个产品上。老板电器还将空气净化器和油烟机进行整合，这是垂直领域上新的品类之间的重合和整合。

良好机制

机制决定分配，分配决定动力，机制是推动整个企业快速成长极其重要的背后动力。在股权激励方面，作为上市公司，老板电器的股权激励已经尽可能扩大到最大范围，员工大部分已经持有公司的股票。在营销机制上，十几年前老板就已经实行合伙人制度，2017 年孵化千人合伙计划，把大家的利益牢固地绑在一起，提升代理商的积极性和稳定性。在内部孵化上，老板内部有一个孵化机构叫做超级工场，公司鼓励员工在公司这个大平台上进行创业，成立独立的经营体，孵化出好的产品。因此凭借多重机制，包括内部不断的刺激和吸引，保证了内部员工的活力和积极性。

极致效率

老板电器的老板是"80后"，目前团队公司的整个管理团队成员都是"80后"，管理团队是非常年轻的。公司大胆投资年轻人，因为年轻人就是未来，这需要是非常大的魄力。老板的组织充分平扁化，原来公司有六七个层级，进行了大刀阔斧的改革之后，现在是三四个层级。老板电器很早就开始布局生产效率的提高，今天大部分实体企业都面临着劳动力成本的巨大压力，但是老板电器早已享受到了智能化带来的红利。组织效率不断裂变，公司将各种数据进行整合、激活，并且把数据放在战略层面，以首席数据官的方式去做数据工作，提高经营效率。

品牌升级

品牌升级首先要回到品牌沟通的对象——消费者上，今天老板电器核心的目标受众已经发生了变化。老板电器70%的购买者是35周岁以下的人群，也就是"80后"人群，2016年在百度主动搜索老板电器的用户有60%处于20~29岁，目标受众呈现年轻化的特点。这一部分族群在经济学上有明确的定义，比较都市化，非常前卫，已经拥有可观收入，但尚未达到富豪阶段，价值观、消费习惯、消费心理具有前瞻性。老板电器定义的目标受众具有很强的个体意识，与生俱来拥有自我实现的使命感，积极探寻生命的意义，愿意为自己的兴趣投入时间和精力，也享受创作带来的成就感。他们追求精神世界的共鸣，喜欢有态度、与自己价值观契合的品牌。

今天外卖已经非常普及，越来越少的人仅仅是为了填饱肚子而去下厨，工作繁忙、嫌麻烦、厨房清洁困难、油烟大等都是阻碍大家进入厨房的原因。但不管是每天下厨，一周一次，或是一个月一次，大家对厨房的期待和向往都是存在的，每个年轻人装修房子的时候对厨房生活都有良好的憧憬和向往，这就是老板电器的机会。首先，厨房的角色已经发生了升级和变化，厨房正在变成家的中心。厨房可以变成工作室，不断进行新的实验和创作；厨房还可以变成剧院，厨师们当着客人的面做饭，像是一场表演；厨房电器还可以放到客厅，厨房和客厅的边界已经被不断地打破，塑造一种没有边界的生活方式。其次，大量的美食类媒体、综艺、平台都在快速发展，说明现在下厨已经成为潮流。再次，年轻人对于厨房和烹饪的态度发生了很大的改变，不是因为无奈而为，而是因为乐趣产生动力。做饭已经不是源于对别人的爱，而仅仅出于对自己的热爱，纯粹因为喜欢和享受，做饭会带来一种成就感。从马斯洛需求来看，现在的产品更多满足的是用户基础的需求，老板电器希望通过品牌的沟通去触及更多自我实现的需求，同时把这些需求进行整合。

老板电器通过精湛高效便捷的科技，能够最小化用户的时间成本，帮用户在厨房里节省时间，同时最大化烹饪乐趣，把乐趣还给消费者。在今天，所有侵占、

浪费消费者时间的东西都将被淘汰和唾弃，只有那些帮助用户省时间的东西才是有价值的。品牌要帮用户节省时间，把时间浪费在美好的事物上。科技是老板电器坚持的基因，具有同理心、参与创造生活的乐趣。老板把厨房比喻成宇宙，在厨房里可以异想天开，可以开脑洞，可以想得很高很远，不断渴望激发大家对于厨房的想象力。老板电器的品牌原型是创造者，希望在厨房空间里激发大家的想象力，创造好奇心和惊喜，像探索宇宙的奥秘一样，激发大家的欲望。

品牌年轻化历程：低频低关注品类的数字营销挣扎史

老板电器的数字营销是一部低频低关注度品类的数字营销挣扎史，因为产品的基因决定了其弱社交属性、产品关注度不高。在这样的背景下，老板电器做数字营销遇到了很大的挑战，但关关难过也须关关过，老板电器在数字营销的不断尝试中总结出了自己的几个观点。

低频低关注品类的营销逆袭

珍惜每一个品牌接触点

一定要珍惜每一个品牌的接触点，因为在信息爆炸的大环境下，信息严重碎片化，要珍惜和消费者有效的接触，让信息得到有效的编排，成为人文和美学的融合。在与消费者的每一个接触点上，让每一个信息、每一个设计作品都充满人情味，而不是来自工业流水线的复制。最直接的消费者接触点就是门店终端，过去门店往往只是一个陈列厅，今天门店里有文化，有多种丰富的体验，都充满人情味。

营销前置

缺乏社交基因的品类必须将营销前置到产品开发端，把营销精神和社交基因注入到产品设计端，让产品一出生就能够充分享受社交红利。老板电器通过深入挖掘用户场景，发现了一些既满足消费者实际需求，又能创造一定话题的价值。例如老板电器将智能化的技术运用到产品上，与智能健康设备打通采集用户数据，根据用户的身体状况推荐素材、菜谱，实现智能推荐功能。老板的油烟机上配备ROKI智能烹饪系统的大屏，可以直接实现食材的智能配送，解决上班族没时间买菜的问题。为了解决不会做菜的问题，老板电器将中国每一个菜系中的经典家常菜找出来进行标准化、定量化的研究，将每道菜每个步骤需要多长时间、需要什么温度和火候全部记录下来，用户只要在油烟机大屏中点选想要做的菜谱就会自动进入导航模式，油烟机实现自动控制。这是一个革命性的创新，油烟机上大屏，里面提供各种内容，这是一个新的入口。这样的产品带点好玩的社交基因，自带社交流量。

粉丝关系不是强关系，交易关系才是

对于厨房电器来说，粉丝关系不是强关系，交易关系才是。快消品公司做粉丝维护非常有效，因为产品的重复购买率很高，但厨房电器的消费者下次购买产品可能是 10 年以后，构建粉丝关系不能解决根本性问题，需要在消费者使用和产品生命周期中产生和创造更多交易关系，这种关系是基于产品本身延伸出来的价值。只要观察用户实际生活的场景以及厨房的生活方式，跟踪用户的行为就会带来惊喜。以油烟机为例，使用时间长了油烟机的油会滴到油盏，很难清洗，可以将无纺布的垫子垫在油烟机里面，每周扔掉一片，老板电器就将无纺布的垫子卖给已有的用户。这个小产品本身是切入用户实际使用痛点的东西，并且成本低，能够打动消费者，这样的产品一年可以重复购买很多次，老板电器拥有几千万用户，累计起来能够产生不小的价值。老板还做了一系列厨房保养品，包括橱柜、地面、台面、油烟机等不同材质的不同专业清洗剂。老板电器还提供焕新厨房的服务，以解决厨房硬装不易更换的问题，老板电器通过与家装公司以及其他企业整合做焕新厨房，从一个设备到整个厨房的焕新全都可以实现。

启动效率更高的渠道类媒体

在老板电器眼中，媒体分为两种，一种是主动接受类媒体，一种是被动接受类媒体。虽然人们主动获取资讯的方式有变化，但是人们的生活空间很难变化，还是会坐飞机、高铁，去商圈购物，回家、回写字楼。渠道类媒体虽然是单向传播的载体，但是它的启动效率更高，因为它不可忽视、不可替代。渠道类媒体的饱和攻击虽然时间短，方式较为简单粗暴，但确实高效，可以让企业在短时间内获得增长。

品牌年轻化历程下的数字营销升级

跟年轻人沟通的三个原则

跟年轻人沟通需要坚守几个原则，第一是不跪舔，今天更多的内容有人气没风骨，有网感没质感，无原则讨好"90 后"，丧失应有的思想价值和精神滋养，这样的内容注定没有未来，不跪舔年轻人是老板的原则之一。第二，站在宇宙中心呼唤爱，不要用爱去绑架。第三，了解人性，真正洞察人性。历史上所有对抗人性的战争都是注定会失败的，对于老板所在的品类，消费者可能没有机会参与到品牌全部的行动中，所以每一次接触点都应该是完整的品牌认知和体验。

体验升级永远是商业及内容的蓝海

每个品牌都在找新的增长空间，找新的蓝海，老板电器认为体验升级永远是蓝海。能否抓住消费升级的机遇在于品牌能否产生出生活方式，商品本身的价值不仅仅是人们追寻的目的，所以面对今天成熟的消费者，硬流量的仗已经很难打，更重要的是留存用户。在今天这个时代，缺少的是企业的升级，而不仅仅是节

省时间，人们乐意把时间留给更好的体验上。因此老板电器把线下体验升级，把传统门店升级为一个大型的厨房生态开放平台，不仅仅让用户体验，而是期待把它变成一个基于厨房品类的生态，除了展示以外还有更多周边，能够像一个渠道一样整合全球范围内优质的厨房类产品，成为优质生活方式的代表。从这个层面来讲，老板电器基于原本产品本身的有形价值上升到基于整个体验的无形价值。

内容的未来走向

内容营销 IP 化是内容未来的一个走向。IP 是信息过剩时代的稀缺关注力，是营销的天然载体。现在每个品牌都抱着超级 IP 的方向去走，无论是网剧、网综还是直播都呈现出头部流量聚集的现象。广告主扎堆做头部流量确实是求稳的表现，去风险化的作用不可否认，但也反映出互联网的内容出现断层，而没有完整体系化的内容没有办法满足不同层级的广告主的不同需求。

老板电器对于 IP 的要求主要有六点：第一是具备与品类的关联度和延伸度；第二是具备普世元素的价值观；第三是具备长期生命力的可持续性；第四是找到品牌与 IP 所在场景的共有价值；第五是表现形式和故事框架的极致与引人入胜；第六是避免贴牌式营销。2016 年老板电器选择《魔兽》进行了一系列营销，就是基于上述几个标准。魔兽火爆时期的玩家现在大多已经结婚，需要就业、生子、装修，老板电器的目标人群和当年魔兽玩家的人群非常匹配。其次，魔兽这部电影比较强硬的属性与科技品牌的定位也较为契合。老板电器做了史上第一个直播综艺，用直播的形式去呈现一档综艺节目，在斗鱼上获得了较高的热度。另外做了事件营销，把体验店做成线下聚会的场所，让联盟和部落第一次在线下大集合，让他们在一起做饭、吃饭，在圈内产生了一定影响力。

精准圈层的深度挖掘

消费者圈层化的生成状态导致品牌需要精准圈层进行分发，这需要一定的逻辑。第一要从商业目标倒推，要做多少生意？做这么多生意需要深度影响多少用户？第二需要借助大数据，抓取最靠近用户人群画像的标签，同时对品牌提供的价值进行深度挖掘。通过大数据分析，与老板电器既有人群最靠近的是儿童教育标签，所以老板电器在这个领域做了许多内容，比如麦芽糖计划，提供食育的内容，即做一些基于食物营养的教育，会带儿童去看一些农作物，认识食物，学习一些简单的烹饪方法，对儿童个人的创造力是非常好的提升和刺激。老板电器已经把这个工作作为长期、常态化的公益行动来做。

社会文化变化带来了许多社会热点和机遇，当前社会处于追求个性的亚文化和中产阶级文化互相交织的时代，所以亚文化是不能忽略的圈层。要关注不可忽略的亚文化的存在，因为亚文化有可能会成为社会往后的主流文化。面对亚文化族群，品牌的角色应当有三个：真实、专业和个性。纪录片《我在故宫修文物》

的火爆说明专业、深入的东西是年轻族群所追求的，因此对于年轻的群体，品牌扮演一个专业的角色至关重要。对于亚文化族群，老板做了一个类似 IP 的形象与这个族群进行沟通，叫做食空微旅人，这是老板的一个个性化符号，是一个比较萌的形象。

品牌的社会责任：厨房里的社会创新

什么是社会创新

注重环保、注重社会形象的品牌会获得很好的盈利和竞争力。企业的社会责任可以分为三个阶段，1.0 是遵纪守法，2.0 是捐钱，3.0 是社会创新，它是一种实现社会价值、实现社会与企业双赢的机制，因此老板就社会创新这点去深入思考，寻找品牌的价值。社会创新不是一个点子，而是构建一个模式，能够生生不息地将企业、社会、消费者等各个环节、各个维度串联起来，形成一种可持续化的生态系统，也能够形成新的社会关系。这种社会资本不是金钱资本，而是人际间交往的深度、平度和密度，是能够产生深度的信任关系。

社会创新意味着构建新的社会关系

可以从几个方面构建新的社会关系，第一是产品端。今天厨房里存在社会问题，食品安全、食品保障、食品稳定性、饮用水健康、厨房空气问题等，要如何改善这些问题？2016 年老板电器发布了一个绿色厨房生态圈，从人们在厨房赖以生存的核心元素，空气、水源、食物、能源、材料、回收、改造、清洁这些维度中找到解决方案，还原厨房里最好的空气、最干净的水、最健康的食物。在智能产品中和配送净菜的公司合作，进入厨房领域不用清洗食材，可以减缓厨房垃圾。相较流水洗碗，洗碗机可以明显节省水资源。每年家电报废会产生大量电子垃圾，老板电器与百度合作成立了一个回收站，由联合国计划开发署专门指定公司上门回收电子垃圾。

第二是社会公益。在杭州有一个青山村，因为要进行水源地保护，当地的村民没有办法用旧有的生活方式维持他们的生计。老板让村民在当地就地取材，用艺术的方式编织一些艺术品，于 2017 年在很多展会上进行巡展，将艺术品全部进行售卖，收入一部分用于水源地保护，一部分用于增加村民的收入，形成一个良性循环。这些村民亲手做出来的艺术工艺品非常漂亮，也为老板电器的产品注入了新的灵魂和灵感。

图7　老板电器的艺术展

定义品牌的未来：颠覆自己，创造人类对厨房生活的一切美好向往

领导者，不能等风来

作为一个领导者，千万不能等风来。老板一直坚定自己的引领和创新，要做一个跨越的企业，要不断颠覆自己。对老板来说，一方面是需要根据品类和竞争发展情况界定老板品牌延伸的边界，布局整体品牌架构；一方面是在涉足品类中持续地创新、升级。老板电器认为，油烟机未来可能不存在，今天做的一切东西未来都可能被替代，所以已经研发出了可以替代油烟机的产品，在未来会进行发布。老板电器的未来放眼全球，虽然目前其油烟机是全球销量第一，但绝大部分是中国市场贡献的，未来要做名副其实的世界第一，因此老板于2017年初在美国硅谷建立了厨电创新中心，老板希望站在全球技术制高点，整合全球的顶尖人才资源和技术资源为自己所用，开创自己新的未来。

把企业做长，做强，做健康

老板的使命是创造人类对厨房生活的一切美好向往，愿景是成为引领烹饪生活变革的世界级百年企业。老板不希望把企业一夜之间做大，只希望把企业做强，并且把所在的品类做强，把企业做健康。健康的企业才是长寿的企业，才可能成就百年企业。1979 年，老板的创始人用三把老虎钳创业，开启了创业之路，今天在企业内部也一直延续着这种艰苦奋斗的精神，这是中国实业的精神。不管时代如何变迁，环境如何变化，这种精神永远不会褪色，这是中国家电的精神！

专家简介

叶丹芃，老板电器首席品牌官，主要负责老板电器的品牌运营工作。

（文稿整理：郗佳唯 张 驰）

把自己擅长的东西做扎实

——专访老板电器首席品牌官叶丹芃

鲜明的形象不在于你做了什么而在于你不做什么

《新趋势》：您能用几个关键词概括一下"老板电器"吗？

叶丹芃：专注、聚焦、不贪大，比较本分，把自己擅长的东西做得更扎实，比较"笨"，务实。

《新趋势》："老板"这种"土豪"形象是从什么时候开始有变化的？

叶丹芃：大概从 2014 年开始扭转，因为 2013 年、2014 年消费者开始反馈出

对老板电器"土豪"形象的看法。我们希望能够传承过去品牌自有的基因，这其中有不变的成分也有变的成分。老板电器重视年轻思维，能够与年轻人沟通，年轻化的过程中不变的东西是传承优质的科技基因，变的是沟通的语言、沟通的渠道等。我认为，鲜明的形象不在于你做了什么而在于你不做什么。

"以用户为中心"上升为公司战略

《新趋势》：您刚刚在课上说非常关注消费者洞察，还成立有专门的部门，请问能介绍一下吗？

叶丹芃：我们今年成立用户研究中心，该部门由外聘的资深人士组成，负责人是首席聆听官。该部门一方面是基于传统调研，研究用户消费行为等，另外一方面用大数据的方式对潜在的人群和已有的人群进行第三方数据的匹配，找到这些用户动态的轨迹。用户研究能够为产品规划、品牌推广、市场落地的营销等各方面提供前端性信息的输出。原来也做这些工作，但是今年才成立专门的部门做这个。产品创新是一方面，能做到识别消费者就很不容易。过去是销售驱动加技术驱动，现在是技术驱动加用户驱动，"以用户为中心"已经写进2017~2019年战略规划里了，这个要从上到下落实。

互联网媒体和传统媒体相结合的媒体策略

《新趋势》：请问贵公司的媒体策略是怎样的？

叶丹芃：一方面主要是基于互联网做内容，有自媒体做的大量微博微信内容，还有自己孵化的 IP 等。另一方面传统渠道类的媒体不可忽视，大量通过户外媒体去做。经过我们的调研反馈，户外广告对消费者的提醒很重要。但不是任何户外广告都行，我们也经过很多分析，找到了适合我们的。老板电器有一些低线市场，触达低线市场方面传统媒体效果比较好。买媒体花的钱大概占到销售额的5%，大的营销体系里渠道花费最多。

《新趋势》：可以简单介绍一下贵公司渠道方面的情况吗？

叶丹芃：渠道方面电商占营收的35%左右，京东上老板电器和方太电器的油烟机能占到70%。电商相比传统的零售渠道是新兴的东西，整装对于电商又是新兴的趋势，你会发现在前一渠道做的优势会转移到后面的渠道，而且会更加提升品牌力。在零售渠道做到百分之三四十很牛了，但是在电商很轻松就做到三四十，同理类推在整装做到这么多应该比前一代渠道也更容易。

"内脑 + 外脑"的协调作用

《新趋势》：贵公司营销方面现在是怎样一个架构？老板电器在战略决策、营销策划过程中有没有外脑的参与？

叶丹芃：我们自有方面是分三块，分别是品牌、市场和用户研究。外脑方面，从最前端的企业战略、咨询品牌咨询公司到4A体系下的广告公司，以及后端针对很多细分领域的专业代理公司，都有用到。比如一些专门做基于互联网内容的公司，IP后端延伸的系统化营销的东西需要专业的熟悉资源、熟悉平台的人做。

《新趋势》：公共关系的角色和您刚入职的时候相比发生了什么变化？

叶丹芃：公共关系最初只是媒体关系，现在除了政府关系、投资者关系不在这个范畴内，其他的公共关系在扩充。针对不同的圈层，公共关系对象圈层在扩充，不同人员针对不同的圈层去做公共关系维护。

根植中国市场，推进品类整合

《新趋势》：您如何看待竞争对手？

叶丹芃：中国厨电在这么多世界品牌围攻当中，有中国的鲜明特色，虽然起步慢，但是很有特点。这个行业非常健康，不打价格战，坚持价值战。大家走的路不一样，非常尊重对方。从国际大品牌发展轨迹来看，很多是全系列发展，但是每个细分品类都在不断创新。老板电器未来的发展，首先要巩固原本地位，同时我们将结合消费者需求，特别是中国厨房环境和习惯，注重品类间的整合创新。由于厨房空间有限，品类之间需要整合，为消费者节省空间和时间。

《新趋势》：在进入国际市场的时候，我们将采取哪些策略？

叶丹芃：我们目前国际化的尝试是打开那些跟中国烹饪习惯相对比较接近的市场，像东南亚、南亚这种，我们可以用现有的优势和基础转移到那些市场。但是打开欧美市场的话也许就需要用资本的力量来撬动市场了。

"学习 + 工作"的方式创造好的平台

《新趋势》：好奇您是怎么领导一帮"90后"干事业的？

叶丹芃：公司给提供很好的平台，他们有一些好的想法，不需要像很多公司经过层层审批最终不见踪影，有很多好的想法可以很快实现，当看到自己的想法变成现实的时候他们会很有成就感。对于"90后"来说进入职场的前几年应该更注重在工作中寻找自我价值。我入职以后就进入老板电器，到现在是7

年半的时间。公司很注重对毕业生的培养，给毕业生很好的通道，我们现在整个高管团队里基本上营销口都是应届毕业生一毕业就到公司，一步一步成长起来的。

《新趋势》： 现在流行学习型组织，请问能介绍一下你们的企业生活吗？

叶丹芃： 至少在我的团队是"工作＋学习"的模式。"90 后"大多没有成立家庭，所以相对来说有更多的时间用于学习。公司对学习和培训这块第一是设立了老板大学，专门做针对企业内部各层级、各板块的专业性课程，有时也会邀请一些老师讲课。对每个岗位都有专业性的培养，每个人差不多一个月一次培训。第二个是我们自发性地学习，公司有一些资金用于对大家培训费用的支持。中高层全去长江商学院学习，我相信很少有公司这样做，这方面还是有很大投入的。平时我们就是自己分享，团队内部每周有一个类似于 TED 方式的演讲，每个人讲半个小时，我认为演讲的能力需要更多去培养，这块大家也乐在其中。我也带头大家一起健身，再忙也得健身，这对于每个人精神状态的调整是非常有好处的。

《新趋势》： 您觉得做品牌的话一个好的人才需要什么素质？

叶丹芃： 现在基本我招人就两个门槛，第一要有很好的审美和艺术细胞，这不是短时间能培养的，需要长时间的积累；第二是有开脑洞的想象力，你可以不那么专业，但要有想象力。

（文稿整理：安　瑀　郜佳唯　刘桂林　陈　怡）

家电行业的发展现状及其品牌营销趋势

家电行业及其品牌营销

◎姜风

中国家用电器协会简介

中国家用电器协会成立于 1988 年，是由在中国登记注册的家用电器行业的制造商企业、零配件和原材料配套企业等自愿组成的全国性、非营利性的社会组织，是社会团体法人。目前有 300 多家会员企业，海尔、美的、博世等国内外知名家电企业都是协会的会员。

协会宗旨：代表本行业企业的利益，维护行业合法权益，反映会员企业诉求，协调会员之间关系，规范会员行为，维护公平竞争与市场秩序，联系政府，为行业、会员、政府提供服务，促进行业的健康发展。家电协会的登记管理机关是民政部，业务主管单位是国务院国有资产管理委员会。2014 年，民政部向中国家用电器协会颁发了"中国社会组织评估等级证书"，中国家用电器协会被评为 5A 级社会组织。2015 年，民政部授予中国家用电器协会"全国先进社会组织"称号。

中国家电行业的发展概况

中国家电行业的发展走的是引进—消化吸收—自主创新的道路

中国家用电器工业实际上是在国家改革开放以后发展起来的，我国家电工业的发展走的全套引进国外的技术、消化吸收、自主创新这样一条发展道路。从今天再回过头来看这样一种发展模式，还是非常成功的。这种发展方式的特点是起步快、起点高，如果说家电企业完全依靠自主的方式去发展，可能我国家电工业

173

发展不可能达到像今天这样的发展高度。

中国已经成为世界第一大家电制造大国，近两年家电行业效益攀升

三十多年来我国家电工业取得巨大成就，成为世界家电制造大国，特别是近十几年以来发展速度非常快。2001年我国家电工业总产值200亿元左右，到了2016年我们营业收入是14600亿元，这几年翻了几番（见图1）。家电行业的快速成长一方面得益于进入21世纪以后我国加入了世贸组织，国际市场向我们开放，中国的家电大批量走出国门走向世界。另一方面是由于这十几年来城乡人民生活水平得到了提升，所以家电产品现在不仅是在城市里面得到普及，在农村市场也得到了大规模普及。

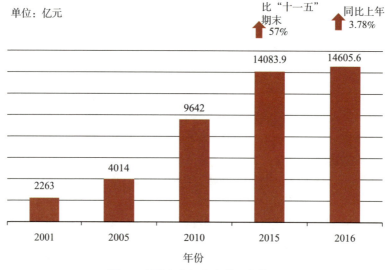

图1 中国家电行业主营业务收入

从产品产量上看，我国是一个家电制造大国。2016年冰箱产量9000多万台，空调产量1.6亿台，电锅产量3.4亿只，不管看哪一个产品中国家电生产产量都是全球第一（见图2）。除了冰箱、洗衣机、空调等当前市场上销售量比较大的品类之外，新的品类也在快速增长。比如洗碗机，2015年增长速度百分之一百以上，还有搅拌机、集成器、空气净化器、净水器等新的品类这几年都得到了快速增长。

单位：万台

图2　2016年主要家电产品产量

资料来源：国家统计局。

从全球来看，中国家电在全球的出口市场比重，大家电占了31%，小家电占了46%。一些主要产品的产量空调和空调压缩机占全球产量的80%，微波炉占78%，冰箱压缩机占60%~70%，冰箱和洗衣机是在50%~60%（见图3）。由此可知，中国是名副其实的世界家电制造大国。

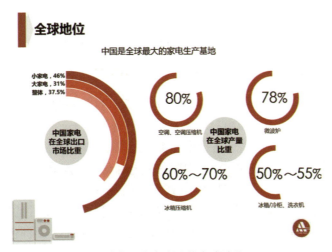

图3　中国家电产业的全球地位

中国家电行业的经济效益也得到了很大的提升。过去家电行业经济效益很差，张瑞敏曾经说过家电行业的利润像刀片一样薄，家电行业曾经平均行业利润才百分之二点几，非常之低。这几年通过产业升级、产品结构调整家电行业效益得到了大幅度提升，2015年家电行业利润总额是1200亿元左右，在整个营业收入增长3.7%的情况下，行业利润增长超过了20%（见图4）。2017年以来股市上很多股票都在跌，但是家电的股票都在上升，说明家电这两年效益还是非常好的。

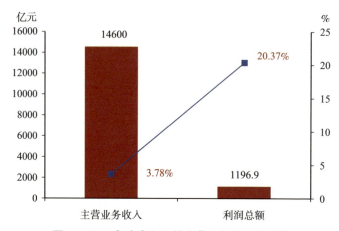

图4　2016年家电行业的主营业务收入及利润

中国家电工业的主要产区开始向中西部转移

中国家电产区主要包括环渤海地区、长三角地区、珠三角地区以及中西部新兴产区。广东省、浙江省、江苏省、山东省和上海市这几个省市是家电的传统主产区；安徽、河南、四川是新兴产区。因此，这几年家电在向中西部转移，主要转移到安徽、河南和四川，其中安徽现在是重要的制造基地。

中国家电主要面向亚洲、北美和欧洲市场

2016年中国家电出口总额达到568亿美元，这里只是包含着传统概念意义上的白电，不包括黑电。黑电就是电视机等消费类电子产品，我们俗称为黑电。白电就是冰箱、洗衣机、空调各类电器类产品。中国家电协会管的范围是白电，电视是由另外一个协会进行管理，中国光白电部分出口就有568亿元。其中小家电出口占44%，出口量一共是21.28亿台，大家电占39%，整个出口产品是1.9亿元，其他的还有17%是零部件。包括压缩机、热交换器等一些零部件的配件（见图5）。

中国家电出口的三个主要地区有亚洲、欧洲和北美洲。亚洲包括中国香港地区，北美洲主要有美国、加拿大，还有欧洲，这三个地区占我国家电出口量的80%。

虽然这几年新兴市场、非洲在增长，但是总体来看规模还相对较小（见图6）。

出口市场

2016年中国家电出口总额达568亿美元，同比增长0.5%

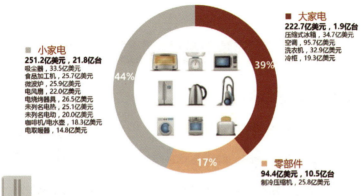

■ **大家电**
222.7亿美元，1.9亿台
压缩式冰箱，34.7亿美元
空调，95.7亿美元
洗衣机，32.9亿美元
冷柜，19.3亿美元

■ **小家电**
251.2亿美元，21.8亿台
吸尘器，33.5亿美元
食品加工机，25.7亿美元
微波炉，25.9亿美元
电风扇，22.0亿美元
电烧烤器具，26.5亿美元
未列名电热，25.1亿美元
未列名电动，20.0亿美元
咖啡机/电水壶，18.3亿美元
电取暖器，14.8亿美元

■ **零部件**
94.4亿美元，10.5亿台
制冷压缩机，25.8亿美元

图5　2016年中国家电的出口情况

出口市场

2016年中国家电出口额区域**TOP3**

北美洲 144.1亿美元 ↓1.4% **25.4%**
亚洲 203.5亿美元 ↑2.2% **35.8%**
欧洲 139.3亿美元 ↑5.7% **24.5%**

图6　2016年中国家电出口区域

成为全球家电强国：中国家电工业的发展目标

我国家电发展的总目标是争取到 2020 年进入全球家电强国的行列，这也是"十三五"规划制定的总目标（见图7）。这句话怎么理解？也就是说到 2020 年中国不一定是世界上家电最强的那个国家，但中国一定是强国之一。从这几年的发展速度来看，这个目标完全能够实现的。当然要实现这样的目标在很多方面还要不断地去改变、去提高。

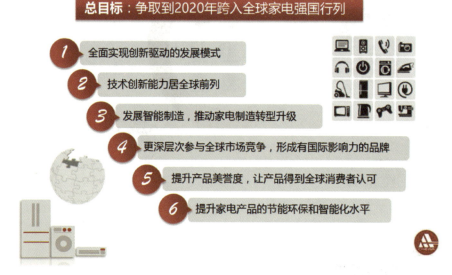

总目标：争取到2020年跨入全球家电强国行列

1 全面实现创新驱动的发展模式

2 技术创新能力居全球前列

3 发展智能制造，推动家电制造转型升级

4 更深层次参与全球市场竞争，形成有国际影响力的品牌

5 提升产品美誉度，让产品得到全球消费者认可

6 提升家电产品的节能环保和智能化水平

图7 中国家电行业"十三五"发展目标

第一，要全面实现创新驱动的发展模式。因为过去家电行业走的是低成本、拼价格的路线，多以仿制别人的产品为主。十几年以前去国外参加展会，国外的展会把中国的产品给封了，中国跟欧洲、日本的协会进行交流，国外总是投诉我们的企业侵犯知识产权的问题。但是这几年情况已经有了很大的改变，中国走上了自主创新的道路，中国要成为家电强国必须走创新驱动发展的模式。

第二，技术创新能力居全球前列。就是说中国家电企业必须有原创的技术而不再是跟随的，要去尝试引领。过去国外一办展会，中国的协会、企业大家都组团去参观，到了那边看看人家有什么新产品，拍个照片，有的小家电去购买一些大包小包带回来，目的是为了模仿。那么现在这几年已经从过去的模仿跟随走上了自主创新，所以现在的情况发生了很大变化。这两年在上海每年 3 月举办家电展，发生最大的变化是，过去是中国企业出去看人家，但是这几年国外的一些大公司高层组团来参观中国的上海家电展。2017 年听到最多的两个字是"震撼"，国外企业看了我们的展会以后，没有想到中国家电现在发展得这么快，特别是创新的速度，在某些方面他们认为已经超越了国外企业，特别是在智能家电方面，所以中国家电企业确实已经走在了世界的前列。

第三，要更深层次参与全球市场竞争，形成有国际影响力的品牌。因为过去家电出口主要是产品出口、创汇，主要是贴牌代工。现在要成为强国必须有自主的、在国际市场上有影响力的品牌，这几年包括海尔、海信，坚持一直在以自主的品牌出口，就是为了提升我们的品牌在国际的影响力。所以现在到国外去会发现越来越多的中国自主创新品牌在国外直接销售。

第四，提高产品美誉度，让产品得到全球消费者的认可。过去的家电产品叫价廉物薄，所以现在中国家电企业必须提高产品的质量和品质，提高产品的美誉度，让全球的消费者一说到中国的产品不要再想到就是不好的便宜货，应该想到的是中国产品质量还是很不错的，创新能力很强的，应该要有这样一个转变。最后一点，要提升家电产品的环保水平和智能化水平。

家电行业的发展趋势

产品结构的升级

最古老的洗衣机不是电动的，是手摇的（见图8）；古代的冰箱叫冰鉴，主要是储冰用的。早期的冰箱是美国开发制造的。20世纪80年代的冰箱、洗衣机是我们从国外引进的第一代产品，双门冰箱、双门洗衣机、电饭锅、风扇都是80年代的产品，可能"90后"没这个印象。

图9中是2017年上海家电博览会上的几款新品，图中海尔这款冰箱，化妆品、茶叶需要保存环境干燥一点，可以放在干部，水果、蔬菜需要保湿的可以放在湿部。图中黑匣子一样的是美的的煮饭机器人，实际上是一个自动煮饭的电饭锅，下面是装米的盒子，上班的时候用手机选一选可以自动煮饭。这个煮饭机可以自动把米洗到上面，下面煮饭，这

图8　早期的洗衣机

是美的自己开发的。还有双桶滚筒洗衣机，上面是 4 公斤，下面是 8 公斤，可以同时洗。主要解决的是有些家庭有小孩子，大人、小孩分区洗。还有的人生活比较讲究，希望内衣、外衣分开洗，所以这台洗衣机相当于两台洗衣机的功能，所有的控制就在这个屏幕上，这完全是海尔自主研发的，也是全球首创。还有一个产品右上角九阳开发的胶囊豆浆机。

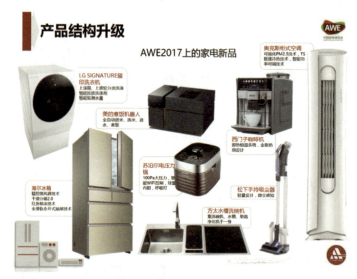

图 9　AWE2017 上的家电新品

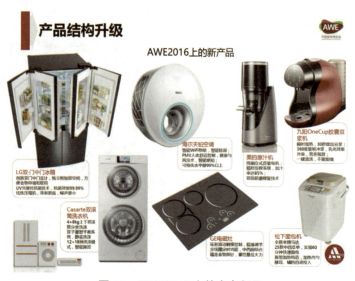

图 10　AWE2016 上的家电新品

这几年家电消费结构升级非常快，老百姓需要的不是便宜货而是好产品，所以为什么国家这几年提出供给侧结构性改革？就是为了解决配套适应需求的变化。对于家电行业来说这几年产业结构升级应该是走在了前面。电冰箱产业结构升级的方向是什么？第一大容量，300升以上。第二要多门，双门、三门的冰箱销售这两年在直线下降，对开门还有四门以上的冰箱销量在上升。风冷，就是老百姓理解的无霜，因为这是一个专业术语，过去的传统冰箱里面冷冻室结霜很厚，除霜很麻烦。现在中高端的产品基本都是风冷结构。变频，解决冰箱内温度范围大大缩小，延长保鲜时间。洗衣机朝着大容量的方向发展，现在趋势是8公斤以上，这几年城市市场滚筒洗衣机销量直线增长，其次是变频、智能，当然洗衣机除了这个以外还有一个分区洗，现在很多企业都开发出来了，甚至开发出三桶洗衣机，上面两个涡轮下面两个滚筒的。空调，主要趋势是变频、舒适、智能，舒适就是怎么让空调的冷风吹在你身上，以前感觉到刺骨，现在怎么让人们感觉不刺骨。怎么让空调风不直接对着人吹，让人在空调环境中感觉不到空调的存在，而是感觉到很舒适，这是空调的升级方向（见图11）。

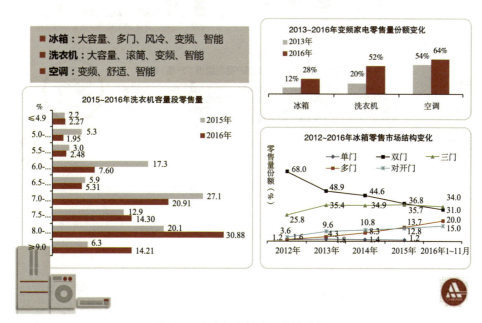

图 11　家电行业的产品结构升级

资料来源：中怡康。

智能家电这几年发展很快，这是家电产品的一个发展方向。未来所有的家电产品都可能变成一个智能化的产品，所以这几年智能家电市场增长很快，表面来看，彩电智能是最多的，但是彩电跟这些家电产品的智能化还是不一样的，它主要是内容，联网了之后看网站的内容。智能家电产品这几年，特别是去年，市场的销售量大幅度增长。但总体来看现在的智能产品还是处于初级阶段，为什么？现在所谓的智能产品主要就是加功能，能够远程控制的，手机能控制的都叫智能家电。当然这里把有些功能也算进去了，比如说洗衣机的自动投放，总体的还是能不能远程控制。未来智能化一定会从初级向高级发展，特别是人工智能的发展，今后成熟的人工智能技术一定会应用到家电产品中，使家电产品更加智能，产品本身更智能而不仅仅是能够远程控制。

智能家电市场开始启动

从被动服务到主动服务，从提供产品到提供"产品+服务"

随着人工智能和区块链技术的日益成熟，结合大数据，智能家电将具备自学习能力，会主动判断场景、家电自身及用户状态，提供主动服务。例如空调可根据室温、人、空气质量，主动提供环境管理服务；冰箱根据用户日常习惯，主动推荐菜单并进行食材购买提醒等。

图 12　智能家电市场开始启动

资料来源：中怡康。

创新能力不断提高

这几年企业的创新能力提高得很快。以海尔为例，原来已有全球五大创新中心，中国、美国、日本、欧洲、澳洲，后面又兼并了 GE 公司，GE 公司全球又有五大研发中心，所以现在海尔在全球有十大研发中心。美的这几年在研发上的投入也是直线增长，而且建立了四级研发体系，事业部主要是对产品的创新和开发，集团有中央研究院，对未来 3~5 年技术超前的研发，同时有一个智能家庭研究院，同时在海外还有研发中心。除了自身建立研究中心、创新中心外，最主要的是现在企业建立起了一种开放式的创新模式，怎么利用全球的资源、利用社会的资源来进行创新。

这里介绍一个例子，海尔的天铂空调创新过程。海尔建了一个众创汇平台，这个平台上汇聚了很多网友。曾经有一个网友说空调都是长方形的，都是同质化的，那能不能开发出一个与众不同的空调呢？他提出了一个创意，很多用户为他点赞，点赞的数量超过一定数值以后，海尔的平台工程师就去认领这个项目，就按照网友的建议开发产品。在开发过程中他要不断地跟这些网友、发烧友进行互动，光有一个小团队也开发不出来，所以利用海尔集团的资源、外部的资源，最后开发出来一个像鸟巢一样的空调（见图13）。这个空调开发出来以后采用的是在线众筹购买的方式，很贵，价格达到 8000 多元。等到用户预定超过 1700 台的时候，企业就开始投入生产来进行制造。现在很多企业都是用这种开放式的创新模式来提高自身的创新能力。

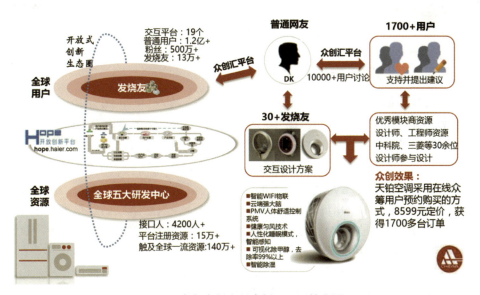

图 13　海尔众创定制案例——天铂空调

家电产品的技术发展趋势

家电产品的技术发展趋势主要包括智能化、节能环保、人性化设计、安全健康（见图14）。特别值得一提的是人性化设计，在产品开发中用人类工效去设计，产品开发中你要考虑到用户、消费者，怎么让他们使用起来更方便、舒适，包括颜色的选择、按钮的大小和力度，都是要通过人类工效学的方法来进行。

图 14 家电产品技术发展趋势

家电产品的渠道发展

三十多年来中国家电的渠道经历了多次变革，在 20 世纪 80 年代主要的家电渠道是百货公司，比如东四市场、长安商场，这是主要的家电消费渠道。90 年代家电连锁开始兴起，把百货基本打趴下了。当然百货也没有完全被打趴下，有的转型了。就这样，连锁占据了市场。这几年电商快速发展，对于传统的国美、苏宁渠道带来巨大冲击，这几年渠道的规模、消费量在大幅度增长，前几年都是百分之一百、两百的增长，2016 年数量下来了，当然基数已经很庞大了，因为线下有的产品还是负增长，线上渠道能够有这样的增长速度非常不容易。2016 年大概整个家电零售线上销售占了 20%，而且还在不断增长，小家电最多现在基本上达到了 35%、空调 25%、冰箱 19%（见图 15）。实事求是地说，虽然电商增长很快，但是电商现在在线上销售的产品主要还是中低端产品，高端产品主要还是在线下，这可能跟消费者的消费心理还是有关系的，如果消费者购买一件一两千块钱的产品可能愿意鼠标点一点就买了，但如果消费者要买一两万一台的冰箱，消费者一定希望到实体店看一看之后再购买。所以现在线上也在向线下发展，也要搞线下店，线下的店现在也在向线上发展，所以现在线上线下都在融合，最后一定会找到一个均衡点。

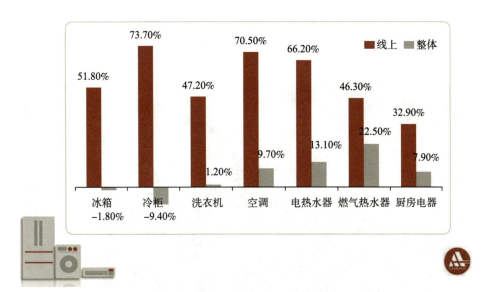

图 15　2016 年主要家电产品电商渠道零售额增长率

资料来源：奥维云网（AVC）。

制造技术的升级

德国工业 4.0、中国制造 2025 是这两年的热词。实际上无论是德国工业 4.0 还是中国制造 2025，其核心是制造。于是乎有些企业的老板买了几台机器人放在生产线上拍了两张照片一看也叫智能制造，这根本不能叫智能制造，两个机器人放在那里就认为是智能制造，这离智能制造差的太多。智能制造的真正核心是工业化和信息化两化融合，在自动化基础上全面深入引入信息化管理，这才能叫智能制造。在智能制造领域应该说做得最超前的是汽车行业，在全球都是如此。但是我们家电行业我看了一下中国工业界在智能制造商我们也是走得比较前面，我们现在已经建立了不少智能制造工厂、示范工厂，比如说像海尔、老板电器、美的等，我们已经建立了智能制造工厂（见图 16）。所以未来的制造技术升级方向，就是要向智能制造升级，当然实现智能制造前首先要实现自动化的生产。

海尔在智能制造上是走得比较领先的，它开展工作做得比较早，所以已经建了 8 个互联工厂。它的互联工厂能够做到信息互联、虚实互联、内外互联（见图 17）。信息互联就是整个工厂都是信息化管理，比如说下达生产计划，生产信息下达设备以后，设备自动按照下达的指令组织生产，所以它整个管理系统是高度信息化的。虚实互联，后面的智能制造和前端的相连接，要虚实并举。内外互联，第一就是客户相连，客户在网上可以定制；第二跟供应商互联，生产计划下的同时，它的供应商、模块商同时接到这样的指令以后同时组织生产，所以要跟智能物流相连接。这个互联工厂应该是属于智能制造。

图 16 美的的智能制造工厂

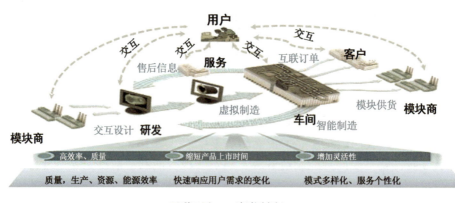

图 17 海尔互联网工厂

家电行业的新型国际化

什么叫新型国际化？主要是区别于以前的模式，实际上就是国际化的新版本。这几年家电行业国际化步伐明显在加快，一方面自主品牌出口，另一方面在全球布局，在世界各地建立制造基地。毕竟一个品牌要走出去没有十年八年的市场培育很难进入人家主流市场，所以还有一条捷径就是并购（海尔成立至今的国际化进程就是最好的证明，见表1）。2016年以来在家电行业也有几个重大的并购，海尔收购三洋白电，过去海尔要进入日本市场用海尔非常困难，收购三洋以后，就用三洋旗下的品牌打市场，所以很容易在市场上站住脚。通过并购能够让家电企业快速进入国外主流渠道、主流市场，2016年家电行业影响比较大的是海尔收购GE电器，因为GE是老牌的家电企业，有近百年的历史，所以当时它要出售的时候，国内外很多大公司都去竞标，最后被海尔拿下，当然代价也很大，花了55亿美元。但海尔兼并GE以后对海尔开辟美国市场，提高国际影响力确实有很大的帮助。美的这两年也加快了海外并购，上年美的也有大动作，第一并购了东芝，第二并购了德国著名机器人公司KUKA，花了35亿欧元成为第一大股东。除了这两个大的并购以外还有一些小的并购，比如空调、集成器。

表1   海尔成立至今的国际化进程

时间	国际化事件
1984 年	海尔冰箱厂成立
2000 年	美国工厂投产，至此海外已有6家工厂
2001 年	收购意大利迈尼盖蒂冰箱厂
2005 年	在尼日利亚建厂
2007 年	与三洋成立合资公司
2011 年	收购三洋在东南亚的家电业务
2012 年	收购新西兰斐雪派克，顶级厨电品牌
2013 年	在波兰建厂生产电冰箱
2015 年	收购海尔集团所有海外白电业务
2016 年	收购GE家电业务，美国第二大家电品牌

中国市场的家电品牌

大家平时在网上看到中国本土市场上的家电品牌有几百个，但实际上这几年产业结构越来越集中，所以品牌数量其实是越来越少的。国际上主流品牌，特别是一些大的产品产业集中度已经非常集中，可能前几家企业会占市场份额的60%~70%。当然家电除了像海尔、美的、格力、海信这样的品牌外，还有一些品牌在专业领域非常有优势，比如说像厨电的老板等，他们在这个市场里非常有知名度和影响力（见图18）。

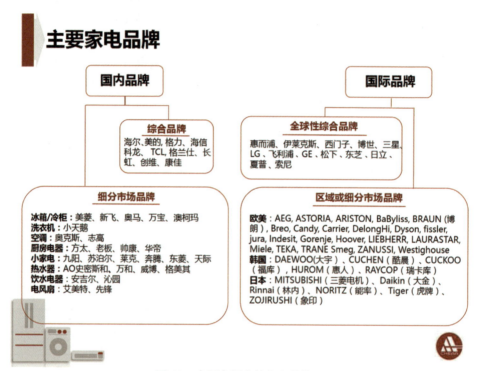

图18　中国市场上的家电品牌

国内市场上主要的本土家电品牌

中国本土市场上的家电巨头中比较有代表性的是海尔和美的。海尔现在全球有10个研发中心、21个工业园，2016年营业额2016亿元人民币。当然你要看它上海的上市公司，它有两个上市公司再加上集团，拥有员工8万人。海尔下面有三大品牌，一个是海尔品牌；还有卡萨帝，卡萨地是海尔的高端家电，这几年做的也不错；此外还有统帅，主要定位在互联网品牌。这三个品牌是它自身的，这几年兼并了斐雪派克品牌、GE等。日日顺是海尔的物流专卖店品牌。海尔在全球不同市场采用的是不同品牌战略（见图19）。根据欧睿国际（Euromonitor）2016年全球大家电品牌零售量数据，海尔品牌份额为10.3%，第八次蝉联全球第一；冰箱、洗衣机、酒柜、冷柜的品牌份额分别为16.8%、14.4%、8.5%和

21.5%，都是全球第一。

图 19　海尔的全球品牌战略

美的也是中国家电非常知名的企业，2016 年营业额 1598 亿元，效益也很好，2016 年净利润达到了 159 亿元。美的集团有两个著名的品牌：一是美的；二是小天鹅。同时，美的旗下的美芝是全球最大的空调压缩机企业；威灵是电机品牌。另外还有这两年并购的东芝、KUKA，以及安德物流。

国内市场上主要的外资家电品牌

实际上西门子现在已经不做家电了，家电业务已经被出售给了博世，但是西门子的品牌现在还允许使用。所以现在大家可以看到西门子是属于博世公司的，博世在欧洲市场是第一的，整个家电营业额 131 亿欧元。西门子在中国市场做的还是不错的。

美国惠而浦。惠而浦是美国最大的家电制造商，2016 年零售额 207 亿美元，它以前在中国市场做得并不好，但是这几年它把合肥三洋兼并了，通过这种方式来进入中国市场，未来估计会在中国市场发力。惠而浦主要市场在北美洲，在美国市场还是很有影响力的。

松下。现在日本很多家电企业都在退出家电市场，比如说三洋、东芝，日本现在家电规模最大的企业就是松下，当然它这个集团是 600 多亿美元，家电和电子 2016 年营业收入 189 亿美元，松下主要做一些高端市场，这几年在中国市场也在转换策略，满足中高端产品。所以它们的品类很多，特别是在小家电企业还是非常有优势的。

三星。三星是韩国企业，营业额比较大，达到 1700 多亿元，但是它的 CE 本部只占 23%，占的份额并不大，但是它的彩电在中国市场做的还是不错的。还有一家韩国企业，LG 的规模比三星要小多了，但是它的白电和黑电占公司营收的 63%。LG 和三星公司创新能力是非常强的，但是这几年三星和 LG 在中国市场做的并不是很理想，在中国市场遇到了水土不服的挑战，但他们在欧美市场还是做的很不错的。

最后是 dyson（戴森）。这家企业与传统家电企业非常不一样，这是因为它的创始人詹姆斯·戴森是一个设计工程师。他在用吸尘器的时候感觉到非常不满，而他是做设计的，就想着怎么把技术用到吸尘器上，所以开发了吸尘器，进而创办了戴森。他认为戴森是一个创新公司，而不是一个家电公司，它的产品品类并不多，但是它的销售量是非常惊人的，2016 年的营业额达到了 25 亿英镑，利润率高达 25%，这是任何一个家电企业都可望不可即的。戴森的员工数量不多，但工程师数量很多，另外员工非常年轻，这几年中国市场增长也比较迅速。拿吹风机（见图 20）来说，中国市场卖 3000 元，德国市场卖 399 欧元。尽管这样，戴森的消费还是快速增长的。因此，戴森是一家非常具有创新精神的公司。

图 20　戴森的吹风机产品

家电品牌的营销

品牌广告投放的渠道发生了很大变化

过去的家电广告投放渠道是很单一的，电视、纸媒、广播、户外，主要是这么几个渠道，特别是电视渠道，中央电视台每年只要一招标，家电企业领导便带队来参与招标，只要把央视的搞定基本上一年的广告也就差不多了。现在进入互联网时代，人们的生活方式有很大的改变。所以有一段时间我们很多企业感觉到不知道怎么去做宣传和品牌推广，消费者到底在哪里？怎么能够抓住这些消费者？有很多困惑。这几年我知道我们家电企业也进行了积极的探索，也有很多的做法，比如说整合营销、互动营销、精准营销、体育营销、事件营销、体验营销、情感营销。

家电品牌营销策略

整合营销

西门子"只为等你"的活动，是在 2014 年国庆节期间要做的一个品牌推广和促销活动，除了在各大媒体促销以外，还做到游戏互动、广告推广，设计了五个人物代表，以真人和动漫两种人物形象来进行广告的宣传、创意视频，通过这些东西在网络上进行传播和销售（见图 21）。最后手机游戏就有 7 万人来参与，取得了比较好的品牌宣传促销效果。

图 21　西门子"只为等你"整合营销活动

互动营销

海尔兄弟这个卡通形象是20世纪80年代就有的,当时还出过动漫、出过画册,年轻一代在童年应该还有海尔兄弟的形象,所以2017年又重新把海尔兄弟做了一次宣传推广,在各大网络上让用户、创客大画海尔兄弟,就是你心目中的海尔兄弟应该是怎样的新形象?(见图22)结果在45天时间里收到了7000幅作品,转发量200多万次。海尔的这个营销案例还获得了2014年中国国际广告节的一个金奖。

图22 大画海尔兄弟

精准营销

精准营销,这里讲的是惠而浦中国就是原来的三洋。它们在"双11"期间针对的目标消费群体是初生家庭,同时配合他们品牌代言人林志玲的电影《甜心巧克力》进行这样一个品牌的宣传,当然它前面说了还有很多数据采集等,最终通过大数据的采集进行用户画像,进而进行品牌宣传,取得了很好的传播效果(见图23)。

图 23 惠而浦的精准营销

体育营销

海信是 2016 年欧洲杯的赞助商，2018 年又是世界杯的官方赞助商，体育营销方面海信做得比较好。2016 年恰逢"体育年"，奥运会、欧洲杯、美洲杯等顶级赛事蜂拥而至，这也为商家玩体育营销提供了先决条件。2016 年 6 月 11 日，2016 年法国欧洲杯拉开战幕，有着 56 年历史的欧洲杯第一次迎来中国品牌赞助商。海信通过赞助 5000 万欧元，让海信电视品牌出现在欧洲杯赛场上（见图 24）。根据 CSM 数据，央视欧洲杯电视直播累计覆盖 4.24 亿受众。在 51 场比赛中，海信 Hisense 单场广告露出 415 秒，累计露出时长 21165 秒。仅按直播前后中场等同时间段 15 秒广告单价核算，折合广告总金额为 5.7 亿元。通过赞助欧洲杯，第二季度海信电视在欧洲市场的销量同比提高了 56%，不仅品牌认知度得到快速提升，而且市场拉动明显。[①]

---

① http://www.maigoo.com/news/470738.html.

图 24　海信的体育营销

事件营销

非常著名的张瑞敏砸冰箱，这是 1985 年的事件，当时他是要提高员工的质量意识（见图 25）。实际上海尔通过这个事件来说明海尔怎么样重视产品的品质，宣传他的品牌形象。所以在 2013 年海尔获得中国质量奖，现在海尔的质量理念是以用户为是，用户说的都是对的，用户说不行就是不行。九阳在时间营销中也做得比较出彩，他们抓住了当年三聚氰胺事件的机遇，当时大家都不敢喝奶，他就推销他的豆浆机，说豆浆的安全健康，在营养上替代牛奶，所以那年通过这么一个三聚氰氨的事件豆浆机销量第一次突破 5000 万，本来这个事件不是九阳的，但是结合得非常好，抓得非常好。

体验营销

方太生活家体验店（见图 26），这个不光是方太，老板和其他企业也有，实际上现在很多企业都建了家电的体验店。一方面为产品进行展示和宣传、对消费者进行培训，培训烹饪知识方面等。另一方面组织消费者到现场进行产品体验。所以通过现在这种体验店的方式来提升品牌的形象，这也是现在很多企业在做的。

图25　张瑞敏砸冰箱

　　体验营销再举个例子，就是展会。过去的展会就是产品展示，现在的产品展会已经变成了一个体验的场所，几乎所有厨房电器的企业都请了大厨，包括国外的大厨，就在现场用自己的产品为消费者烹制食物，甚至烤牛排、鹅肝。现在去家电展会的展柜去看，这个展柜做吹风机的就在现场给你吹头发，料理机现场就会做吃的让消费者体验。所以现场的展会不仅仅是一个看的地方，更是一个体验的场所，现在讲体验经济，这也是一种体验营销。

图26　方太生活家体验店

中国市场企业营销战略及行业分析

图27 美的的微电影海报

情感营销

美的之前拍了一个纪实微电影，主题是"生活是美的，别怕"（见图27），把现在的各种生活压力输出，传递向上的态度，主要是品牌理念的宣传。微电影配合一些海报，这是品牌的宣传和推广。

互联网时代家电品牌推广特点

互联网时代家电品牌宣传的特点，主要是用户思维、精准投放、即时交互、病毒式传播（见图28），如果家电企业能够把握住这几点，品牌策划会更加容易取得成功。

用户思维
重视用户体验和口碑
细分用户市场
清晰用户定位
产品快速迭代

精准投放
注重数据沉淀
根据用户定位精准细分传播平台
针对细分市场分别制订方案

即时交互
全程与用户交互
随时与用户交互
双向沟通和传播

病毒式传播
情感认同式内容自发式传播
利己及利他式内容自发传播
趣味性内容自发传播
互动分享式自发传播
……

图28 互联网时代家电品牌推广特点

专家简介

姜风，1958年2月出生，本科学历，中共党员，教授级高级工程师，全国家用电器标准化技术委员会副主任委员，国家发展改革委员会产业司轻纺工业专家，工业和信息化部消费品工业司专家，中国房间空调器行业HCFC替代技术专家委员会组长。曾任

中国轻工业部家用电器工业局主任科员、生产协调司主任科员，中国轻工业总会家用电器工业办公室副主任，中国家用电器协会副秘书长、副理事长兼秘书长。现任中国家用电器协会理事长。

（文稿整理：张　驰）

自主创新是家电行业的核心竞争力

——专访中国家用电器协会理事长姜风

从模仿到自主创新，本土家电企业一步步发展壮大

《新趋势》：请简单介绍一下我国家电行业的发展历程？

姜风：家电行业主要是在国家改革开放以后发展起来的，走的是一条先全套引进国外的设备、技术，然后消化吸收，再进行自主创新的道路。

原先我国家电工业是非常落后的，虽然改革开放以后建了几个家电企业，但整体水平非常低。全套引进所有的图纸、设备、零部件后，整个制造体系快速建立起来了，也为后面的消化吸收奠定了很好的基础。万宝是第一个引进国外生产线的家电企业，1983 年在广州正式投产，全国各地家电企业都去学习，从此开启了全国引进的热潮，全国一共引进了四十多条冰箱生产线。后来我们总结家电工业发展经验时，认为这种模式是：起步快、起点高、发展快。

当时引进只是买技术和设备，并不是合资的关系。国外企业并没有把品牌授权给国内企业用，但是当时很多企业会选择借用国外的品牌来提高自己的知名度，比如海尔当初叫琴岛 – 利勃海尔（琴岛谐音青岛，利勃海尔是技术方德国品牌），还有美菱 – 阿里斯顿、长岭 – 阿里斯顿、中意 – 阿里斯顿、北冰洋 – 阿里斯顿和五洲 – 阿里斯顿等。其实是阿里斯顿将同样的图纸和生产线设备卖给了中国九家企业，这些购买技术的企业都在自己产品的品牌后面加上阿里斯顿的名字。

企业为什么要这么做？因为当时自主品牌知名度不高，但是品牌名称加上阿里斯顿以后，就有了国外技术背书。一方面品牌的知名度提升了；另一方面消费者有一种信赖感。当时消费者对日本、意大利产品品牌是非常崇拜的，觉得引进的技术比国内的技术好。那时企业就是用这样的方式来发展自己的品牌，并给老百姓留下了非常深刻的印象。

到了 1989 年下半年市场进入了低谷，1992 年市场开始慢慢恢复的时候，企

业觉得要有个性化的东西，于是开始自主创新，并抛弃了之前在品牌名称后面加技术方品牌的做法。比如美菱自主开发出适合中国人民需求的、拥有 80 升大冷冻室的冰箱（引进的冰箱都是小冷冻室的），当时很受欢迎。因为过去单位里过年节要发福利，如鱼、肉等，需要大的冷冻空间。1991 年海尔进入多元化发展阶段，进行了企业形象识别系统重塑，将"琴岛－利勃海尔"改为自主的"海尔"品牌。

本土家电企业在家电行业中占据主流地位

《新趋势》：为什么在中国外资家电品牌没有像外资汽车品牌那么强势呢？

姜风：改革开放之后，外资企业并没有像国外汽车企业那么积极进入中国并成立合资公司。原因多方面的：一是因为当时国外家电公司可能不是很看好中国市场，觉得中国经济存在很大变数，这也是为什么外资家电更偏好于将技术卖给中国企业而不是进入中国成立合资企业。二是因为当时刚刚改革开放，政策上也没有完全开放。

但是他们没想到的是 20 世纪 80 年代中国家电市场发展很快，到了 1989 年中国电冰箱产量就达到了 671 万台，洗衣机产量达到了 825 万台。虽然当时买 1000 多块钱的冰箱需要一个家庭攒几年的钱，但对家庭来说是一个大事，是生活质量提高的标志。中国居民被抑制的消费需求在经历了几年的经济快速发展后也得到了释放，购买家电热情很高。所以家电行业中外资品牌少是有历史渊源的。

虽然 20 世纪 90 年代外资品牌开始进入中国，但是总体来看，外资品牌除了少数品牌和高端市场发展还不错之外，大多数都不很理想，中国家电市场基本上是本土家电企业的天下，很多外资家电企业在中国似乎总是存在着水土不服的情况。

厨电市场未来仍有很大发展空间

《新趋势》：您怎么看待厨电市场的双垄断格局？

姜风：老板和方太一直专注于厨电，在市场营销方面及品牌高端化方面做得很成功，品牌影响力很大。但是从规模上来说，垄断还远远谈不上。垄断是前几家企业，比如三家或者五家的市场份额要达到 60%~70%。目前除了老板和方太外，这几年美的、海尔等家电企业在厨电产业上投入很大，发展速度也很快，所以我认为市场格局还会有变化。

《新趋势》：您认为厨电市场的发展前景如何？

姜风：厨房电器是继空调器、电冰箱、洗衣机后家电行业的又一个支柱产业特别是近年来，厨房电器产业发展迅速，并呈现向整体化、时尚化、高端化发展的趋势，随着产业的发展，厨房电器涵盖的产品品类日益丰富，除了吸油烟机、灶具、消毒柜、微波炉等几类最常见的产品外，很多新型的产品如电磁灶、洗碗机、烤箱、蒸箱等也不断投放市场，为消费者现代生活带来了极大的便利。

我认为厨房电器这个产业蕴含极大商机，发展前景十分广阔。随着中国消费升级，消费者注重生活品质，今后消费者会成套购买厨电产品，高品质、高档次的厨房电器产品将成为越来越多消费者的选择。

以海尔为代表的本土品牌开始进军高端市场

《新趋势》： 现在是低端市场以本土家电为主，高端市场以外资家电为主？

姜风： 中低端市场毫无疑问以本土品牌为主，外资品牌在中低端市场已经竞争不过本土家电了，现在外资品牌主要是占据高端市场。

如何培育本土的高端品牌是很重要的一个任务，现在产业在升级，品牌也要升级，除了方太、老板在厨电上坚持高端化外，这几年高端品牌培育最成功的就是海尔卡萨帝品牌。海尔培育的卡萨帝品牌，前几年做得不太好，调整后这几年经营得还是很成功的，得到市场的认可。海尔在产品的设计、制造中注意注入品牌文化理念，如卡萨帝科技、精致、艺术、优雅、格调的品牌文化，海尔与卡萨帝原来由一个团队来做，包括品牌管理销售。现在从品牌策划、宣传、产品销售整个团队完全分开，特别在产品上严格把关，只有达到了卡萨帝品牌要求的产品才能用卡萨帝品牌。

家电线上线下渠道融合发展，需要互补方能成功

《新趋势》： 传统的家电企业做的电商渠道不理想，您怎么看？

姜风： 渠道也在不断变革，新的业态总是会冲击旧的业态。过去是家电连锁冲击百货公司，现在是电商冲击连锁商场。

这几年家电线上销售增长很快，前几年每年以100%~200%速度增长，2016年速度已经下来了，但相比线下渠道，仍有很大增长。但线上渠道也会踩到天花板的，所以目前线上企业往线下发展，开实体店，而线下企业往线上发展，这种趋势是同时存在的。京东现在大量开线下实体店，做线下实体店的原因是纯电商的增长空间在不断缩小，线上渠道不是无限的。所以线上线下融合发展是趋势，最终会找到一个均衡点。

海外并购是本土家电走向世界的捷径，也是中国家电企业实力的展现

《新趋势》： 您如何看待海尔收购 GE 事件？

姜风： 海尔收购 GE 的事件在整个家电行业，甚至全球家电行业都是一件影响力非常大的事情。因为 GE 是老牌家电企业，近百年的历史，有深厚的品牌、技术和管理积淀，影响力非常大。但是这几年由于中国、韩国等亚洲家电企业的崛起，对于 GE 的冲击也很大，于是 GE 转向高端制造，如飞机发动机、医疗设施等利润更高的领域，放弃了消费品产业。实际上现在一些国际老牌家电企业纷纷退出家电业，为中国家电企业实现全球化拓展提供了难得的机遇。

据我所知，当初 GE 电器要出售的时候，国际上大的家电公司几乎都去竞标，最后海尔成功了，代价也比较大，花了 55 亿美元。这件事给海尔带来了很大影响。第一是提升了品牌形象。全球成立最早、最著名的家电企业之一被海尔并购了，这提升了海尔在全球的地位和影响力。第二是海尔可以借此机会进入美国主流市场。中国产品进入美国市场容易，但中国品牌进入美国主流市场是非常难的通过 GE 品牌及拥有的渠道、消费者、技术和管理资源，海尔更容易进入美国主流市场。另外海尔可能会把 GE 品牌引入中国，作为它的高端品牌之一。现在家电企业都是多品牌策略，在不同的市场采用不同的品牌策略，这可能也是海尔的考虑之一。

（文稿整理：刘桂林　郜佳唯　安　瑀　陈　怡）

蓝月亮的品牌之路

蓝月亮的品牌创新与品牌引领

◎罗秋平

蓝月亮品牌简介

诞生于1992年的蓝月亮，是国内最早从事家庭清洁剂生产的专业品牌之一。秉承"一心一意做洗涤"的宗旨，其多年来深入研究市场需求，不断优化家居清洁解决方案，深受消费者青睐：洗衣液连续8年市场综合占有率第一；洗手液连续12年获得全国销量冠军；连续12年入选《中国500最具价值品牌》排行榜；品牌力指数连续7年第一；2017年及2018年央视国家品牌计划洗涤日化品类唯一入选品牌；多年来，蓝月亮以其优质的产品与服务、精准的市场判断与消费者洞察、独特的营销手法，走出了中国洗涤行业不可复制的品牌构建之路。

图1　蓝月亮总部

中国日化行业起步较晚，一直以来是中国品牌的短板。然而，蓝月亮面对外资品牌不断强势进攻，却一直稳坐洗衣液与洗手液领域品牌力第一的宝座，被业内人士称为是"中国日化骄傲"。这背后的秘诀究竟是什么？本文将回溯蓝月亮的品牌发展历程，结合蓝月亮在不同时期的品牌传播和典型案例，探讨成功经营品牌的关键要素。

初心：蓝月亮的品牌愿景、使命与理念

愿景：创造一尘不染的生活空间

山清水秀的自然景色是人们所向往的，而一尘不染的家居环境，同样让人期待。明亮的客厅、干净的厨房、清新的浴室、整洁的衣帽间……都是蓝月亮所说的一尘不染的生活空间。

使命：用科技演绎真正的洁净

洗涤科技是实现洁净的有力方式，"将世界先进技术融于消费者的生活"是蓝月亮的产品研发理念。蓝月亮也的确如此践行，不断优化升级产品，将国际领先技术融入产品制造之中，不断创造出开创性的清洁解决方案，帮助消费者实现真正的洁净、更好的洁净。

理念：让清洁轻松有趣

对于大部分消费者来说，清洁多数情况下是乏味的或繁重的。蓝月亮的理念是通过洗涤科技的持续创新，让清洁更加轻松有趣。

以蓝月亮早期产品油污克星为例，过去，普通家庭要清洗油烟机，需要经历一系列繁琐的过程。先将油烟机拆卸下来，把各种部件放到一个大盆类的容器里，然后用洗衣粉或者洗洁精一个一个部件清洗，晾干后再重新装回去，步骤繁琐，十分不方便。但是在蓝月亮研发了油污克星之后，洗油烟机只需要轻轻一喷就可以轻松搞定。作为国内首款免拆洗的喷雾型油烟清洗剂，油污克星生动地诠释了蓝月亮"让清洁轻松有趣"的理念。

又如，以前的洁厕剂刺激性比较强、去污力差，人们在洗厕所的时候，需要捏着鼻子用刷子刷洗，或者戴着手套、口罩全副武装。但是在蓝月亮发明了无毒香氛洁厕剂卫诺之后，厕所清洁也变得简单轻松。除了无毒级配方和没有刺激气味外，这款产品新增了弯嘴设计，只需要轻松一挤，就可覆盖马桶里面的卫生死角，过一段时间再按压冲洗即可。类似的产品案例不胜枚举……

其实，蓝月亮的每一款产品的轻松体验背后都有科技的依托。用科技完善产

品，用产品创造使用中的体验，最终的目的都是解决消费者日常生活中的烦恼，实现清洁的轻松有趣。

中国市场企业营销战略及行业分析

图 2　蓝月亮产品全家福

前行：蓝月亮品牌发展的关键历程

面对日新月异不断演变的商业环境，蓝月亮曾表示："蓝月亮从来不畏惧变革，因为过去一直在变，不管是大变革还是小变革。"作为行业的引领者，多年来，蓝月亮屡次带头革新，积极顺应趋势，通过技术迭代产品，通过产品升级行业。甚至可以夸张地说，蓝月亮的发展史，就是中国洗涤日化行业的变革史。

1992 年，蓝月亮品牌诞生，开始进入家庭清洁领域，随之成为中国最早从事家居清洁领域的专业化品牌之一。彼时，中国人所使用的洗涤剂主要是肥皂、洗衣粉和洗洁精。而蓝月亮推出了中国首款喷雾型清洁剂——油污克星，让中国的消费者进入了油烟机清洁免拆洗时代。

2001 年，蓝月亮进入个人清洁领域，洗手液进入到人们的生活中，蓝月亮逐渐在消费者心目中沉淀为等同于洗手液。

2008 年，中国洗衣剂市场还是洗衣粉的天下，洗衣液占比还不到3%。这一年，蓝月亮突破技术难关，推出深层洁净洗衣液，并率先向全国推广洗衣液，打破十几亿中国人的洗衣习惯，颠覆整个行业，开启中国洗衣"液"时代。

从 2011 年起，蓝月亮倡导"专品专用"概念，推出广受欢迎的手洗专用、机洗专用、宝宝专用、旅行专用洗衣液。

2015 年，蓝月亮再一次掀起中国洗涤市场变革，推出国内首款泵头计量式"浓缩 +"洗衣液——至尊洗衣液，引领行业浓缩升级。

图3　蓝月亮机洗至尊

图4　蓝月亮旅行装洗衣液

坚守：蓝月亮品牌核心价值的建构

作为洗涤品牌，蓝月亮的核心价值是洁净。为了实现这一目标，蓝月亮从产品、方法、服务三个维度不断努力，坚持为消费者提供更轻松、更全面的洁净。

产品方面，蓝月亮始终坚持科技创新，不断进行产品升级。从2008年的深层洁净洗衣液到2011年的手洗专用洗衣液，2013年的宝宝专用、旅行专用洗衣液，再到2015年的至尊洗衣液，蓝月亮始终坚持从消费者需求出发，为中国消费者生产和研发更优质的产品。

方法方面，针对消费者的日常洗衣难题和痛点，蓝月亮化繁为简地提出，污渍虽然千差万别，但根据洗涤原理只需归为三类："油渍"、"色渍"和"隐形污渍"，并归纳出与这三类污渍相对应的洗涤方法："干衣预涂法"、"色渍浸泡法"以及"奶渍浸泡法"，大大提升了洗涤效率与洁净度。

有了优质的产品和科学的洗涤方法，还需要通过服务保证这些东西可以为

204

消费者所用。服务方面，蓝月亮很早就开通了 24 小时消费者服务热线 400-111-1118，在线上为消费者答疑解惑。

从 2012 年开始，蓝月亮在全国持续开展"科学洗衣中国行"系列线下活动，坚持向消费者进行科学洗衣知识教育，普及蓝月亮科学洗衣方法。2013 年，蓝月亮启动第一届蓝月亮节，教会消费者辨别污渍，传递科学的洗衣理念与方法；2014 年，启动第二届蓝月亮节，开展"月亮伴我去旅行"活动让洁净一路随行；2015 年，开展"拯救 100 亿件衣服"活动，让 100 亿件衣服重焕光彩；2016 年，在全国各地开设洗涤科技馆，向消费者普及浓缩洗衣知识。2017 年，借助国家品牌计划，蓝月亮开始开展全民科学洗涤教学，启动洗衣大师项目，并同步开展《洗涤课堂》，通过 180 秒教学视频普及专业洗涤知识，解答消费者日常洗衣疑难。

图 5　蓝月亮节

传播：蓝月亮品牌成长的助推剂

品牌建立之后，只有通过一定的传播手段才能使得消费者认识、了解甚至产生相关的购买行为。而以央视＋代言人为核心，以内容化传播和形象重塑为辅的整合营销传播营销活动助力蓝月亮成就行业第一。

媒体广告：央视为主，强化传播，成就行业第一

品牌发展期，依靠央视快速建立品牌知名度

在品牌发展初期，蓝月亮选择的媒体策略是适当的央视配合地方台播广告。为了快速提升知名度，蓝月亮借助央视平台进行了大量广告传播。2008 年 11 月，在举行的中央电视台黄金资源广告招标活动中，蓝月亮成功中标 2009 年的《焦点访谈》节目后的广告位，加推洗衣液系列产品，同步在央视投放海量广告，加

速了洗衣液进军市场的节奏。

品牌突破期，强化央视投放，提高全国渗透，塑造第一品牌

在蓝月亮的品牌建立基础稳定后，为实现品牌突破，电视成为这一时期蓝月亮广告宣传和品牌传播的主要手段。企业主要通过强化在央视的投放力度，并联合地方卫视，打造品牌，提高全国的品牌影响力和渗透率，逐步奠定了行业领导者的地位。

品牌升级期，入选国家品牌计划，全面强化行业第一位置

通过在央视一系列的投放，蓝月亮品牌已经抢先进入消费者心智中，消费者的忠诚度高，此时，蓝月亮便借助企业连续五年的市场份额第一的有利地位，及时推出领导品牌片，在央视传播第一的市场地位，强化了自身不可超越的专属市场位置。

代言人策略：精心挑选，契合品牌调性，围绕代言人立体打造品牌形象

选择与品牌契合度高的代言人能够为品牌增益，因而这就需要考验到企业的前瞻思维。

当时，中国洗衣液市场尚处于起步阶段，产品质量参差不齐，并且市场上充斥着清洁力较差的洗衣液，使得消费者产生这样的认知：传统洗衣液的去污能力不及洗衣粉。当时市面上流传着这样一种说法，"洗衣粉除了洗得干净衣服，其他的全是缺点；洗衣液除了洗不干净衣服，其他全都是优点"。具体来说，就是洗衣粉虽然可以洗干净衣服，但存在不易漂洗、不易溶解、不易保存、碱性伤衣、伤手等诸多缺点；洗衣液拥有易溶解、易漂洗、方便存放、更环保、中性温和、护衣护手等诸多优点，但就是洗不干净衣服。

这个时候蓝月亮实现了技术突破，推出深层洁净洗衣液，去污力对比国家标准洗衣粉超过了20%，同时，它还拥有洗衣液的其他优点。在此基础上，蓝月亮提出了"洁净，更保护！"的口号，并首次提出了洗衣液对人、对衣物、对环境三者"友好"的洗涤新概念。此时正值北京2008年奥运会，蓝月亮邀请跳水冠军郭晶晶作为深层洁净护理洗衣液代言人，并拍摄产品广告片，在央视黄金时段播出，利用北京奥运的影响力和明星推广策略，成功打响蓝月亮洗衣液的品牌知名度。

图6 郭晶晶代言蓝月亮

通过与郭晶晶携手，蓝月亮初步建立品牌知名度，开始迈入塑造品牌美誉度的时期。

与此同时，蓝月亮对洗衣液进行了升级，推出亮白增艳洗衣液。在这一阶段，蓝月亮邀请杨澜担任品牌形象代言人，帮助蓝月亮确立"专业"的品牌形象，提升消费者对品牌的忠诚度。

在广告片之外，蓝月亮同步举行了主题为"液趋势、澜动力"的发布会。当时，洗衣液已经成为一种新趋势，于是，蓝月亮邀请杨澜一起来助推液体洗衣低碳生活新观念，共同引领液体洗衣大趋势。杨澜的代言，全面提升了蓝月亮品牌的专业感、档次感、好感度。调研结果显示，54%的消费者认为蓝月亮档次感更高，62%的消费者认为蓝月亮洗衣液更专业，64%的消费者更喜欢蓝月亮这个品牌，蓝月亮在消费者中的第一提及率整体提升20%，92%的消费者看过广告之后想尝试购买，销售也随之逐年增长、份额逐年巩固。

图7　杨澜代言蓝月亮

形象重塑：重新设计品牌标识，推出新 LOGO，赢得消费者喜爱

随着不断发展，蓝月亮也对品牌形象进行了重塑。2009年，蓝月亮邀请国际设计大师、华人"设计教父"陈幼坚先生亲笔设计蓝月亮全新的LOGO，带来全新的视觉体验。全新的视觉形象，加上有效的代言人策略，辅以强有力的传播渠道，全方位助力蓝月亮的销售额市场份额不断攀升，至2010年2月高达53.6%，高于其他洗衣液品牌的市场份额总和。

●1992年　　●1998年　　●2000年

●2003年　　●2008年　　●2009年

图8　蓝月亮 LOGO 的变迁

内容化传播：赞助综艺，打造品牌独有 IP，强化与消费者的情感联系

与《中国好歌曲》、《爸爸去哪儿》的合作

伴随时代的发展，传媒形式也发生了变化，电视剧时代迎来了全新综艺时代的挑战。随着综艺时代的到来，蓝月亮开始对传播策略进行调整，由影视剧的广告投放转向了综艺节目投放。这一时期，蓝月亮开始有选择性地赞助综艺节目，选择符合品牌理念的项目进行合作。比如，央视的《中国好歌曲》，体现了原创精神，正好与蓝月亮的产品研发理念契合。而《出彩中国人》、《爸爸去哪儿》等反映生活、教育、家庭的综艺，也得到了蓝月亮的赞助。通过这一系列赞助，蓝月亮进一步提升了品牌力，并强化与消费者的情感链接。

将中秋节打造成品牌专属日，形成独有的品牌 IP

在赞助综艺节目外，蓝月亮也开始经营品牌专属"IP"。利用蓝月亮与月亮存在的天然而深厚的品牌联想优势，蓝月亮选择每年的中秋作为品牌节日，并着力将其打造成月亮节。

在冠名 CCTV 全球华人中秋晚会和湖南卫视中秋晚会两台晚会之外，每年中秋之际，蓝月亮还通过多维的线上触达，丰富的线下活动、有趣的互动形式献上神秘惊喜礼物，给予消费者全方位、多维度的陪伴。经过多年的培育和宣传，月亮节正在逐步成为蓝月亮独有的品牌 IP。

巧妙化解公关危机事件，企业转危为安

2011 年"荧光增白剂"事件简介

一个品牌的发展不可能一帆风顺，蓝月亮也不例外。2011 年，蓝月亮洗衣液被曝含有致癌物质荧光增白剂，这就是中国公关历史上最恶性的事件之一——"荧光增白剂事件"。

事实上，荧光增白剂是一种色彩调理剂，具有亮白增艳的作用，广泛用于造纸、纺织、洗涤剂等多个领域，迄今已有 400 多种荧光增白剂。荧光增白剂 CBS 在日本、美国、欧盟等发达国家广泛用于高档衣物的洗涤剂中。中国洗涤用品工业协会、德国环境部、欧洲化学工业协会（CEFIC）、欧洲肥皂洗涤剂协会（AISE）、日本肥皂洗衣剂工业协会（JSDA），均发表过相关声明或报告，证明洗涤剂中荧光增白剂的使用对人体和环境都是安全的。

但因普通消费者对此并不了解，所以短期内关于荧光增白剂的负面新闻在各大媒体还是形成了惊人的曝光，并且持续发酵。此时，常规的公关应对方式已经无法解决问题，于是蓝月亮另辟蹊径，并迅速采取了系列应对措施。最终，"荧光增白剂事件"以蓝月亮胜利而结束。

三大手段应对危机

从这次"荧光增白剂"事件中，我们可以学习到蓝月亮企业以下三大应对危机的手段：

（1）线上传播：权威平台及主流媒体发布报道及科普公益广告片。蓝月亮通过在超过50家纸媒上开展一系列的荧光增白剂教育活动和40多家互联网多形式发布荧光增白剂相关知识，联合央视、卫视及各大地方主流媒体同时发布报道，提供强有力的证据，用科学进行辟谣。

（2）线下传播：专业人员讲解与科普宣传单双管齐下。同时，线下设专业人员讲解荧光增白剂的科学知识，为消费者答疑解惑，以及宣传单页的派发，让到零售终端购物的消费者及时了解到荧光增白剂的科学知识。通过专业人员讲解与宣传单的科普双管齐下，对于应对辟谣起到了良好的效果。

（3）权威证言：中国洗涤用品工业协会及其他发达国家权威机构证明。除此之外，蓝月亮还在权威频道播放荧光增白剂科普公益广告片，以及携手中国洗涤用品工业协会，召开专家媒体新闻发布会，出具官方文件，证明荧光增白剂的安全性，强有力的证词帮助蓝月亮证言，获得了广大消费者的认同。最终，蓝月亮胜诉，各大媒体第一时间报道了这一消息。

回顾此次公关事件，有一点值得深思，那就是为什么恶性公关可以得逞？蓝月亮也意识到了从源头控制谣言的传播和恶化，以及正面宣传科学洗涤知识的重要性。

创新：蓝月亮品牌发展的不竭动力

一个典型的创新案例——至尊洗衣液

什么是企业发展的长足动力？对于这个问题，蓝月亮给出的答案是，领先的科技创新能力是核心竞争力。蓝月亮认为，消费者之所以选择蓝月亮，是因为蓝月亮能够不断为消费者提供满足他们洁净需求，甚至超乎他们期待与想象的产品。正如前面所说，蓝月亮的每一款产品背后都有科技创新的依托，而其中的典型代表要数蓝月亮近期推出的至尊洗衣液。

针对中国家庭在使用普通型洗衣液时存在的很重、很难倒、很容易倒多等诸多不便，蓝月亮萌生了研发一款用量少、效果好且方便准确计量的全新洗衣液的想法，解决中国消费者每天的洗衣烦恼。

在提出了核心创意概念之后，两个难题摆在了蓝月亮面前：配方上需要思考如何突破技术难关，研发出用量少并且洗涤效果好的配方，包装上的难题则在于如何基于配方研发最适合中国家庭使用的包装形态和方式。

配方创新

配方要用量少效果好，浓缩——减少洗衣液中的水含量，是唯一的选择。而浓缩特别是高倍数浓缩是行业公认的难题。

为攻克这一难关，蓝月亮产品研发部门集合了30人的精英团队参与到配方研发，设计了1000多个配方，经过10000多次测试实验，目标只有一个，就是找出更适合中国家庭的黄金配比方案。

但这还远远不够，研发部严格筛选出性能优异的配方，还需要经过洗涤研究院应用性能测试的考验。只有在不同的洗涤应用测试环境下，去污力、护色性能、漂洗性能等各方面性能综合表现出色的配方，才有机会脱颖而出。

最终，经过长达两年的时间，蓝月亮突破现有技术"瓶颈"，研发出了理想的配方。经测试，当用量为普通洗衣液的1/5时，它的去污力仍然显著提升。除了用量上的突破外，至尊的各方面综合性能也表现出色：配方中添加的抗污渍再沉积剂，能将洗落在水中的污渍包裹住，防止污渍再次附着到衣服上，令衣服多次洗涤后，依然亮丽如新；防串色成分，可以包裹脱落的颜色分子，减少浅色衣物与易褪色衣物意外混洗时被染色的现象；生物去渍因子可以将草渍、血渍等顽固污渍分解为水溶性污渍，更容易清洗干净；泡沫控制技术，让衣物只需要1~2次即可漂清。

包装创新

攻克了配方的难题，还要思考应该匹配什么样的包装，才能保证使用过程的轻松和方便。传统的大瓶盖包装显然不能满足新的需求，那么，什么样的包装才可以满足条件呢？按照最初的设想，包装需要满足三大衡量指标：准确计量、加液量少、使用方便。

为了找到合适的包装方案，蓝月亮收集了市场上绝大部分产品包装，从传统的盖到近年来新兴的凝珠，甚至化妆品中常见的精华液滴管。为了找到理想的包装方案，蓝月亮研究了世界上各种浓缩包装技术，并深入分析每一种技术的特点，发现已有的包装都无法满足要求。最终，蓝月亮采用的包装形式是泵。

决定做泵之后，需要思考的首要问题是，要做多大的泵。为此，蓝月亮调查了全国一万户家庭，发现三口之家是主要的类型，每天要洗的衣服件数大概相当于8件男士成年衬衫。而至尊配方是浓缩配方，只要8克就可以洗8件衣服，想要按一下就可以洗干净一家人的衣服，就需要做一个8克的泵头。但新的挑战随之而来：市面上一般能准确计量的按压泵，能够单手使用的一般最多只有每次4克出液量。要想做一款可单手操作的8克泵头，当时并没有现成可以参照的技术。

在现有技术的基础上，简单地把出液量提高，按压力也会随之增大，消费者在按压泵头时，会略感吃力。而调研发现，中国女性按压轻松的力度约 23 牛，所以泵头的按压力必须控制在 23 牛。

最终，蓝月亮通过技术创新，攻克难关，让至尊的泵头达到一泵出液量为 8 克的超高标准，并成功将按压力成功控制在 23 牛以下。经测试，至尊泵头连续按压 46000 次以上后，仍然能保证稳定出液量为 8 克。

领导者最大的使命是创新

蓝月亮科研团队，攻克配方和技术的双重难关，最终成功研发出了至尊洗衣液。作为国内首款泵头计量式包装的「浓缩 +」洗衣液，至尊活性物含量高达 47%，一泵可洗 8 件男士衬衫。真正实现了用量少、效果好，方便轻松的洗涤体验。

看似简单的一瓶洗衣液，背后蕴含的却是无数次创新的成果。在被问及创新的意义时，蓝月亮给出了这样的回答，无论多么高深的科技、多么颠覆的创新，带给消费者的都是朴实无华的功能，解决的都是消费者日常的问题。中国有一句古话，叫作"至繁至简"，所以"我们的研究越复杂，消费者使用越简单"。作为领导者，创新是责任，也是使命。而这，也许就是蓝月亮多年来成功的奥秘之一。

图 9　蓝月亮的科研大楼

专家简介

罗秋平，湖北荆门人，香港蓝月亮国际集团有限公司执行董事、行政总裁，他自 1988 年起进入中国日化行业，创立了广州蓝月亮实业有限公司等知名日化企业，成功缔造了蓝月亮品牌。

蓝月亮品牌大事记

1992 年：推出衣领净

开启家庭清洁领域，推出产品衣领净，广告语"天天都穿新衣服"。

2001 年：推出洗手液

进入个人清洁领域，推出蓝月亮洗手液。

2008 年：推广洗衣液，郭晶晶代言，推出广告片

● 2008 年蓝月亮率先向全国推广洗衣液。在代言人的选择方面，蓝月亮独辟蹊径，选择了开创跳水新时代的体育明星郭晶晶，并拍摄广告片《月亮女神篇》，强调"突破"与"超越"，宣告洗衣新时代的到来。

2009 年：品牌新 LOGO，郭晶晶代言新广告片

● 2009 年设计品牌新标志，重塑品牌形象，发布新产品广告《温柔的力量》，代言人郭晶晶。

● 2009 年蓝月亮洗衣液"全国称王"2010 年 2 月市场份额高于其他所有品牌的总和。

● 2009 年，邀请华人"设计教父"陈幼坚设计全新 LOGO，同时，邀请郭晶晶拍摄新广告片《温柔的力量》，强调洗衣液温和、洁净力强的产品特征，并同步举办"新月亮、新力量、新时尚"发布会。经过一系列品牌传播，至 2010 年 2 月，蓝月亮洗衣液市场份额高达 53.6%，高于其他所有洗衣液品牌的市场份额总和。

2010 年：推出新产品，杨澜代言，推出新广告片

● 2010 年，蓝月亮对洗衣液进行升级，推出了亮白增艳洗衣液，并选择了主持人杨澜作为新的代言人，拍摄广告片《专业篇》，通过专业的精英型女性形象，传达科技、专业的理念。

2011 年：荧光剂公关危机事件

● 2011 年 6 月 20 日，王海发布微博，诬陷蓝月亮亮白增艳洗衣液致癌，因为其中添加了荧光增白剂。经过媒体大量报道，持续发酵，一时间，蓝月亮陷入"荧光增白剂致癌"风波。

● 通过不懈努力，多方支持，最终王海败诉——法院判荧光增白剂安全环保。蓝月亮用科学捍卫了真理，在拯救荧光增白剂的同时，也拯救了自己，促进了行业的健康发展。

2012 年：24 小时消费者服务平台；洗涤科技馆；消费者教育

● 2012 年 12 月 16 日，蓝月亮"月亮代表我的心"祝福活动抽奖仪式在北京举行。本次祝福活动共设 8 个奖励名额，在活动期间已有两位获奖者（祝福序号分别为 8888、88888）产生，此次活动将抽取"月亮代表我的心"祝福活动的剩下 6 位获奖者，国家跳水队队员秦凯、吴敏霞、何姿、陈若琳和邱波出席了抽奖仪式并担任抽奖嘉宾。

● 2012 年 6 月，开设 24 小时消费者服务平台 ——为消费者答疑解惑。

● 蓝月亮在全国各地开设洗涤科技馆，演示科学洗衣方法，揭开洁净的奥秘。熟悉的问题，意外的答案。

● 线下：全方位进行消费者教育，在全国持续开展科学洗衣中国行系列活动。

2013 年：蓝月亮节

● 9 月，蓝精灵受邀成为"蓝月亮节"洁净使者，走进城市地标、社区、高校，快乐演绎洗衣舞，普及全新手洗方式。

2014 年：新广告片；综艺合作

● 2014 年发布新广告片《领导品牌篇》，从产品层面，宣传"科学洗衣，专品专用"概念，在传播内容层面展示其"第一"定位。

● 自 2014 年 1 月起，连续 2 年特约赞助 CCTV-3《中国好歌曲》。

● 2014 年，连续 2 年 成为湖南卫视《爸爸去哪儿》第一合作伙伴。

● 2014 年成为 CCTV 全球华人中秋晚会 & 湖南卫视中秋晚会的独家冠名品牌。为此专门去了中秋晚会举办地点江西宜春考察，发现宜春别名"月亮城"。

● 至今，已连续 4 年冠名 CCTV 全球华人中秋晚会 & 湖南卫视中秋晚会，未来还将持续下去。此外，还通过多维的线上触达、丰富的线下活动、有趣的互动形式献上神秘惊喜礼物，给予消费者全方位、多维度的陪伴。

● 蓝月亮洗衣液连续 8 年（2009~2016 年）荣列同类产品市场综合占有率第一位。

● 2011~2017 年 C-BPI 中国洗衣液行业连续 7 年获得第一名。

● 蓝月亮创意策划大赛。

2015 年："机洗泵时代"发布会；全球华人中秋晚会

● 2015 年 4 月，由中国商业联合会、中华全国商业信息中心联合评选，用以表彰推动中国经济增长中坚力量的"销量冠军大奖"隆重颁布。蓝月亮洗衣液凭借在中国市场上的高市场份额及高占有率，再次荣获洗衣液"冠军品牌"和"冠军之星"。9 月 16 日，蓝月亮在北京召开了以"机洗泵时代"为主题的新

闻发布会，并发布了其突破性产品——机洗至尊。

● 9 月 9 日，2015 年中央电视台中秋晚会新闻发布会在北京梅地亚中心多功能厅举行。此次中秋晚会由中央电视台主办，由蓝月亮（中国）有限公司独家冠名。据悉，这是蓝月亮第二次与央视合作，携手打造全球华人中秋晚会。

2016 年：开启洗衣大师项目

● 2016 年 12 月，开展全民科学洗涤教学 ——启动洗衣大师项目。

● 线上开展《洗涤课堂》普及专业洗涤知识。

2017 年：入选国家品牌计划

● 入选"国家品牌计划"蓝月亮邀请素人上央视。"国家品牌计划"将"洗衣大师"推至台前，蓝月亮致力于借助央视平台的权威性、可靠性及巨大的影响力，引领全民科学洗涤风潮，成就亿万家庭洁净梦想。将推出 120 个上央视的机会。行业的升级，归根结底是消费的升级、是消费者的升级。"洗衣大师"正是由此而来。

● 1 月 1 日亮相央视的五位人物：

● 2017 年 1 月 10~11 日，在第六届中国公益节上，蓝月亮（中国）有限公司凭借长期有效的社会责任行动与积极担当的企业责任形象，荣获"第六届中国公益节 2016 年度责任品牌奖"。

● 4 月 11 日，品牌评级权威机构 Chnbrand 在北京发布 2017 年中国品牌力指数（简称：C-BPI）品牌排名和分析报告。蓝月亮洗衣液、洗手液再度成为 2017 年度行业第一品牌。2011~2017 年，蓝月亮洗衣液、洗手液已连续七年荣登行业品牌力指数榜首，并摘得 C-BPI"黄金品牌"殊荣（注：黄金品牌要求品牌连续 5 年或以上保持行业第一）。

● 4 月 25 日，由中国商业联合会、中华全国商业信息中心联合评选，用以表彰推动中国经济增长中坚力量的"冠军大奖"隆重颁布，蓝月亮洗衣液以绝对优势，再度获得"冠军大奖"。据悉，这是蓝月亮自 2009 年起，八度蝉联"冠军大奖"，连续 8 年保持市场综合占有率第一。

（文稿整理：张　驰　张安吉）

专注消费者，极致创新

——专访蓝月亮国际集团有限公司 CEO 罗秋平

由罗秋平先生一手创建的蓝月亮品牌，也有着罗总的风范，严谨、专注、极致。25 年的发展中，蓝月亮始终专注于消费者，用科技赋予洁净新的价值，在竞争激烈的日化行业中不断打造标杆产品。如今，蓝月亮作为行业的 No.1，用实际行动践行科技创新的使命，引领行业潮流。今天我们邀请到"蓝月亮之父"罗秋平先生和我们分享他对产品研发、营销传播和人才培养的独到见解。

专注研究消费者，只做对消费者有用的东西

《新趋势》：您在课上说，我们不关注竞争对手，请问您如何看待这个问题？

罗秋平：从技术层面来说，比如全世界 70 多个品牌都生产洗衣凝珠，这是技术特征，技术没有边界，不属于哪个品牌，这个我们会研究。其他方面，比如竞争对手的策略我们确实研究得比较少。研究竞争对手对我们来说没有意义，研究竞争对手是为了模仿它或者是针对它，蓝月亮本身坚持创新，模仿或者是针对竞争对手对我们来说都是没有必要的。我们有个信念，只研究我们的消费者，只做对消费者有用的东西。

《新趋势》：您认为近年来消费者发生了哪些变化，蓝月亮是引领消费者还是根据消费者的变化来推出迎合消费者的产品？

罗秋平：我们只做一件事情，就是创新。关于洗衣服，消费者已经养成了习惯，代代相传，但如果不符合科学就必须改变，所以我们也很难盲目去迎合消费者，更多的是去引领消费者。

消费者教育是一个艰巨的任务

《新趋势》：蓝月亮产品包装的这个泵，您研发完之后，主要针对的是什么群体？

罗秋平：本来是针对所有人群，因为是换代的产品，所以不存在什么高端、低端问题。现在我们发现，消费者的教育过程非常艰巨。有一次我在超市遇到一位消费者，一次性买了八大瓶洗衣液，通过询问发现他们家才两口人，如果按照正常标准，可能要两年才能用完这么多洗衣液，但他说两个月就能用完。现在消费者用洗衣液用得非常浪费，第一是没有概念，倒的时候没标准。第二个是消费者已经养成了多倒的习惯。这是摆在我们面前比较艰巨的任务。此外，现在的消费者教育效率相对较低，因为光靠广告、互联网教学等方式传播信息，对消费者的教育作用不大。

215

产品是核心，营销是一个整体

《新趋势》：请问贵企业的媒体传播策略是什么？

罗秋平：这个跟媒体本身的变化有关，2008 年之后，我们的媒体策略是适当的央视配合地方台播广告。2011 年请杨澜做代言人之后，开始强化全国的平台，在全国做渗透。新媒体方面，相对来说微信、微博这样的自媒体做得较多，自媒体更偏重为消费者提供服务。服务团队也是我们公司自己在做。此外，我们的营销跟着事件走，例如，我们跟腾讯打造大事件传播，类似这样的项目相对多一点。

《新趋势》：请问您如何看待洗涤行业产品、品牌、渠道、广告和除广告外的其他营销推广活动的关系？

罗秋平：产品是核心，一切都离不开产品，消费者最后一定是通过产品来感受品牌价值。营销是一个整体，各方面应该是互相配合的关系，很难说哪方面更重要，各方面要根据当时的情景来发挥最大的价值。

《新趋势》：请问蓝月亮如何评估广告投放效果？有哪些数据支持或者看重哪些维度？

罗秋平：沃纳梅克曾说过，"我知道我的广告费有一半是浪费的，但我不知道浪费的是哪一半"，我想这句话也适用于蓝月亮。

员工的成长是一个士兵到将军的过程

《新趋势》：作为 CEO，您每天主要思考的是什么问题？

罗秋平：我现在想的是"人"的事情，做人的管理。做企业肯定要思考人的问题，但是不同时间段会有不同的侧重点，近期的话，思考人的问题占比比较大。刚进入公司的员工第一年肯定是边干边学，干一两年之后就会要求他们带一两个人，干三五年就要带一个小组，再往上走要带一批人，甚至有些时候带的人过百。对员工的成长来讲，这是一个从士兵到将军的过程。管理每上升一级，管理的难度不是"1+1=2"的上升，而是呈指数级上升，因为管理方法会发生彻底的变化，需要管理者及时调整自己的管理方法。我比较关心管理，如果管理得不好，员工不会领导自己的成员，公司就会出现很多麻烦。现在整个公司已经形成一个体系，包括人力资源的体系和管理的体系，让每一级管理者借助体系的工具来完成自己的成长。

《新趋势》：怎样能够留住员工？现在很多年轻人喜欢跳槽，如何应对这种现象？

罗秋平：这个问题可以从三个角度来看。一个是价值观，价值观就是人对一件事情是与非的判断，这决定了一个人能不能进入公司，或者是进入公司之后能不能和团队成功磨合。简单说，如果我们看起来好像不是一伙的，一定要跟员工谈清楚，要大胆地说出来。第二个是素质，决定了员工能做哪种类型的工作，并且还得看分工是否合适。素质是天生的，这就决定了员工适合什么、不适合什么。第三看能力，能力一分为二，一个叫作通用能力，一个叫作技术能力。通用能力是指无论做什么职务都用得着的能力，比如说沟通能力、分析能力等。第二个是技术能力，比如做传播的人就懂得创意、策划等专业领域的能力。所以我们根据价值观、素质、能力来判断一个人适合做什么，一般情况下，如果这三样东西都对了，这个人的工作状态就会相对比较稳定。因为这样员工不仅能获得自身的成长，在工作中获得成就感，而且可以获得公司的激励。

（文稿整理：郜佳唯　安　瑀　刘桂林　陈　怡）

第一部分

行业发展研究报告

行业研究的思路与方法

◎白欢朋

1　为什么要进行行业研究

1. 了解客户（广告主）所在行业发展状况。

2. 发现成长性行业，寻找潜在客户群（广告主）。

3. 分析细分市场变化，发现机会及风险。

4. 关注行业变化趋势，掌握客户所处环境及特征，预测未来营销机会。

行业研究在传媒领域的最终触点是，发现与自身（媒体）特点契合的潜在广告主，推出适合客户思路的方案和产品。

2　行业研究的概述和意义

什么是行业研究？行业研究是通过深入研究某一行业发展动态、规模结构、竞争格局以及综合经济信息等，为企业自身发展，或关注行业风险和发展趋势，或投资的相关客户提供重要的参考依据。

2.1　行业研究的主要任务

以客户需求为导向，以行业为主线，整合行业、市场、企业、用户等多层面数据和信息资源，帮助客户准确把握所关注行业的发展趋势，为企业的发展战略和资源整合提供依据：

（1）提炼行业的演变规律；

（2）反映行业生态；

（3）研究标杆企业的竞争优势。

2.2 行业研究的宗旨

在通过对行业的把握和相关标杆企业的分析，明确客户企业的战略定位和资源配置方式，从而掌握企业的管理水平和经营状况。

2.3 行业研究的核心价值

对企业而言，发展战略的制定通常由三部分构成：外部的行业研究、内部的企业资源评估以及基于两者之上的战略制定和设计。行业与企业之间的关系是面和点的关系，行业的规模和发展趋势决定了企业的成长空间；企业的发展永远必须遵循行业的经营特征和规律。

3   行业研究的主要流程

行业研究的主要流程如图 1 所示。

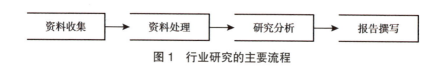

图 1   行业研究的主要流程

3.1 资料收集环节的要点

一般的研究机构主要通过收集互联网上免费的二手资料进行整合，得出自己的研究结论。在某种程度上可以说，谁能够掌握更多的有价值的资料，谁就能够做出更高质量的研究报告。

（1）目的明确：网络资源非常的丰富，要明确自己需要什么资料，在收集时要注意选择，否则会埋没在浩如烟海的信息海洋之中。另外，对于付费资料，购买时更是要慎重，避免金钱和精力上的浪费。

（2）甄选鉴别：准确地鉴别资料的可靠程度。互联网上的数据不完全真实，错误的数据会导致错误的结论，必须学会鉴别不同来源资料的可靠性。且从不同的口径出发，数据会有较大的出入，需要结合具体的情况对数据进行选择。

（3）分类调整：根据所掌握的资料不断地调整分析的框架，及时对资料进行分类。对资料进行分类便于对资料的处理和使用，也能避免看过的资料需要时无处可找的尴尬。

3.2 研究分析环节的要点

研究分析环节的要点主要包含两个方面：对行业趋势的分析和把握（行业领先的关键成功因素）和对行业内标杆企业的分析（企业在行业中的位置）。

（1）明确行业、企业及业务等各价值链上的关键环节；

（2）确定企业的发展方向；

（3）寻找与领先企业的差距，改善资源配置，扬长避短。

4 行业研究的主要工具

4.1 PEST 分析

PEST 分析如图 2 所示。

政治、法律环境（P）
- 与中央政府及地方政府的关系
- 政策走向
- 海峡两岸关系
- 公司法、税法、知识产权保护

文化环境（S）
- 人口、地理
- 生活方式的改变
- 生态环境
- 社会价值

经济环境（E）
- 经济增长、GDP的变化
- 通货膨胀率以及银行利率变化
- 就业
- 人均收入与人均储蓄的变化
- 加入WTO

技术环境（T）
- 新技术的发展
- 制造业的进步
- 新能源、新材料的使用
- 电子商务、IT时代到来

图 2 PEST 分析

影响行业发展的宏观因素如表 1 所示。

表1　　　　　　　　　　影响行业发展的宏观因素

政治（包括法律）	经济	社会	技术
政治稳定性	经济增长	人口统计、人口增长率与年龄分布	政府研究开支
政府组织/态度	产业生命周期	收入分布	产业技术关注
竞争规则	通货膨胀率	劳动力与社会流动性	新型发明与技术发展
税收政策	征税	生活方式变革	技术更新速度与生命周期
国际贸易规章与限制	利率与货币政策	生活条件	技术转化率
安全规定	汇率	健康意识、社会福利及安全感	能源利用与成本
环保制度	政府开支	潮流与风尚	信息技术变革
合同执行法、消费者保护法	失业政策	教育	……
雇佣法律	消费者信心	职业与休闲态度、企业家精神	……

4.2　波特五力分析模型

波特五力分析模型如图3所示。

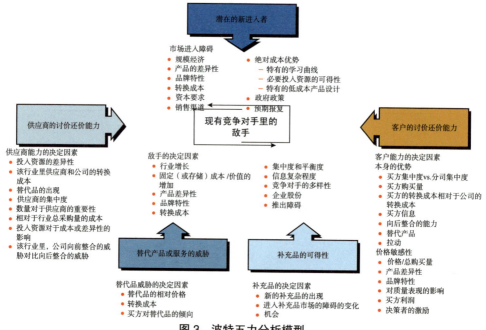

图3　波特五力分析模型

（1）新进入者的威胁——新进入者进入市场的难易程度，是否存在市场进入的障碍？

✓ 规模经济。

✓ 资金/投资需求。

✓ 顾客转换成本。

✓ 经销渠道的可进入性。

✓ 技术支持的可能性。

✓ 品牌忠诚度：有无忠实的顾客？

✓ 现有竞争者采取报复性措施的可能性。

✓ 政府规则：新进入者是否会得到政府支持或补贴？

（2）替代产品或服务的威胁——产品或服务是否很容易被替代？尤其是技术含量低的产品？

✓ 产品或服务的质量：替代品是否质量更好？

✓ 客户购买替代品的可能性和积极性。

✓ 替代品的相对性能价格比。

✓ 转化使用替代品的成本：替代转换是否容易？

（3）供应商的议价能力——供应商的市场地位和力量，是否还有潜力供应商存在？

✓ 供应商集中度。

✓ 品牌：供应商的品牌很知名吗？

✓ 供应商的收益率：供应商是否被迫提高价格？

✓ 供应商是否有前向威胁的可能：如品牌生产商建立自己的零售网点。

✓ 客户是否有后向威胁的可能。

✓ 本行业是否是供应商的核心客户群。

✓ 转换成本：供应商是否能够轻易转至新客户？

（4）客户议价能力——客户的市场地位和力量以及客户的订货数量。

✓ 客户的集中度。

✓ 差异化：市场上的产品是否标准化？

✓ 客户的利润率：客户是否被迫提供低价？

✓ 行业的前向和后向整合威胁。

✓ 转化成本：客户是否很容易更换供应商？

（5）行业现有竞争强度——现有市场上是否存在强有力的竞争对手？从力量和规模上看，是否有占据支配地位的竞争者？还是所有竞争者一律平等？

✓ 竞争结构：如果行业内的竞争者很多，且规模不大，处在同等竞争地位上，那么竞争将不断加剧。反之，如果行业有一个独占鳌头的市场领袖，那么同行业竞争就不那么激烈。

✓ 行业结构成本：高固定成本的行业鼓励经营者满负荷生产以尽可能削减产品价格。

✓ 产品差异化程度：部分行业（如煤炭、钢铁）一直就是典型的高度竞争行业。

✓ 转换成本：当客户转换成本较高时，竞争则相应较弱。

✓ 战略目标：如果竞争对手采取侵略性成长战略，行业竞争就会加剧。反之，在一个相对比较成熟的行业内部，如果竞争对手的战略目标仅仅是"分一杯羹"，那么行业竞争就会相对较弱。

✓ 退出障碍：如果退出行业存在的障碍较大，竞争者则可能不顾一切加剧竞争。

4.3 SCP 模型

结构—行为—绩效（Structure-Conduct-Performance，SCP）模型是提供了一个既能深入具体环节，又有系统逻辑体系的市场结构（Structure）—市场行为（Conduct）—市场绩效（Performance）的行业分析框架（见图 4）。SCP 框架的基本含义是，市场结构决定企业在市场中的行为，而企业行为又决定市场运行在各个方面的经济绩效。

图 4 SCP 分析模型

SCP 模型从对特定行业结构、企业行为和经营绩效三个角度来分析外部冲击的影响。

（1）外部冲击：主要是指企业外部经济环境、政治、技术、文化变迁、消费习惯等因素的变化。

（2）行业结构：主要是指外部各种环境的变化对企业所在行业可能的影响，包括行业竞争的变化、产品需求的变化、细分市场的变化、营销模型的变化等。

（3）企业行为：主要是指企业针对外部的冲击和行业结构的变化，有可能采取的应对措施，包括企业方面对相关业务单元的整合、业务的扩张与收缩、营运方式的转变、管理的变革等一系列变动。

（4）经营绩效：主要是指在外部环境方面发生变化的情况下，企业在经营利润、产品成本、市场份额等方面的变化趋势。

4.4　产业链分析

产业链分析主要是用于分析产业间差异（不同行业或不同业务的价值差异），帮助企业找到富有价值与发展前景的具体业务（见图5）。产业链的定性分析方法主要是迈克尔·波特的五种力量竞争模型，定量分析方法主要是行业链利润和利润结构分析。

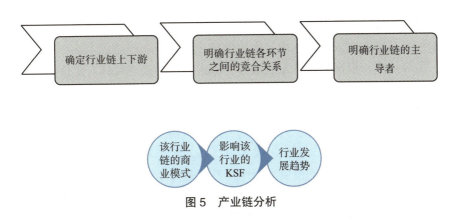

图5　产业链分析

4.5　价值链分析

任何一个企业都是处于行业价值链中的一个或多个链接。行业价值链中企业一般可以分为上游企业（供应商）、经营企业以及主要竞争者、下游企业（购买商）三个重要链接。行业价值链分析就是将某一个经营企业的上游企业、下游企业和同业竞争者列出，并对主要供应商、购买商和竞争对手的价值链进行分析，从建立成本竞争优势的角度出发，确定企业的整合战略。在战略成本管理中，企业应突破其自身的价值链分析，把企业置身于行业价值链中，从战略的高度进行分析，考虑是否可以利用上、下游价值链进一步降低成本或调整企业在行业价值链中的位置及范围，以取得成本优势。企业应加强与上游价值链供应商的链条，企业同供应商之间能否建立紧密的战略合作伙伴关系至关重要。同时，还应加强同下游价值链的关系，其中，下游销售渠道会影响到企业的成本结构。与下游价值链的顾客关系加强，不仅可以增加顾客的价值，满足顾客的要求，还可以降低企业的成本。

企业价值链分析就是通过对企业价值活动的成本与价值的比较分析，推进价值活动的优化与相互协调，并为实现企业竞争优势而进行价值活动的改进。其目的就是找出最基本的价值链，然后分解为独立的作业，考虑作业占成本的比重，以及竞争对手在进行该作业时的成本差异，区分增值作业与非增值作业，探索提高增值作业的效率，达到降低成本的目的。同时，企业应把握这些内部价值链之间的联系，采取协调和最优化两种策略来提高效率或降低成本。

企业内部价值链分析的基本步骤是：确认价值链的单项价值活动—确认单项价值活动应分摊的成本—评估单项价值活动的成本与其对顾客满意的贡献—找出企业内部各单元价值链之间的联系—评估单位价值链之间联系的协调性—采取改进行动。

通过对竞争对手情况的深入调查、分析研究、模拟测算，摸清竞争对手产品的成本水平，成本构成与成本项目支出情况，与本企业产品成本一一对比，找出差距，采取措施，根据企业确定的战略，确定自己的成本目标与定价策略同竞争对手的价值链相适应，以争取成本优势。

价值链分析法是把企业内外价值增加的活动分为基本活动和支持性活动，基本活动涉及企业生产、销售、进料后勤、发货后勤、售后服务。支持性活动涉及人事、财务、计划、研究与开发、采购等，基本活动和支持性活动构成了企业的价值链。不同的企业参与的价值活动中，并不是每个环节都创造价值，实际上只有某些特定的价值活动才真正创造价值，这些真正创造价值的经营活动，就是价值链上的"战略环节"。企业要保持的竞争优势，实际上就是企业在价值链某些特定的战略环节上的优势。运用价值链的分析方法来确定核心竞争力，就是要求企业密切关注组织的资源状态，要求企业特别关注和培养在价值链的关键环节上获得重要的核心竞争力，以形成和巩固企业在行业内的竞争优势。企业的优势既可以来源于价值活动所涉及的市场范围的调整，也可以来源于企业间协调或合用价值链所带来的最优化效益。

4.6 SWOT 分析

SWOT 分析方法是一种企业战略分析方法，即根据企业自身的既定内在条件进行分析，找出企业的优势、劣势及核心竞争力之所在。其中，S 代表 Strength（优势），W 代表 Weakness（弱势），O 代表 Opportunity（机会），T 代表 Threat（威胁），其中，S、W 是内部因素，O、T 是外部因素。按照企业竞争战略的完整概念，战略应是一个企业"能够做的"（即组织的强项和弱项）和"可能做的"（即环境的机会和威胁）之间的有机组合。

从竞争角度看，对成本措施的抉择分析，不仅来自对企业内部因素的分析判断，还来自对竞争态势的分析判断。成本的强势—弱势—机会—威胁（SWOT）分析的核心思想是通过对企业外部环境与内部条件的分析，明确企业可利用的机会和可能面临的风险，并将这些机会和风险与企业的优势和缺点结合起来，形成企业成本控制的不同战略措施（见表 2 ）。

表 2　　　　　　　　　企业成本控制的不同战略措施

优势	劣势
➢ 企业专家所拥有的专业市场知识 ➢ 对自然资源都有进入性 ➢ 专利权 ➢ 新颖的、创新的产品或服务 ➢ 企业地理位置 ➢ 由于自主知识产权所获得的成本优势 ➢ 质量流程与控制优势 ➢ 品牌和商誉优势	➢ 缺乏市场知识与经验 ➢ 无差别的产品与服务（与竞争对手相比） ➢ 企业地理位置 ➢ 竞争对手进入分销渠道的优先地位 ➢ 产品和服务质量低下 ➢ 商誉败坏
机会	威胁
➢ 发展中的新兴市场 ➢ 并购、合资或战略联盟 ➢ 进入具有吸引力的新的细分市场 ➢ 新的国际市场 ➢ 政府规则放宽 ➢ 国际贸易壁垒撤除 ➢ 某一市场的领导者力量薄弱	➢ 市场上出现新的竞争对手 ➢ 价格战 ➢ 竞争对手发明新颖的、创新性的替代产品或服务 ➢ 政府颁布新的限制性规则 ➢ 出现新的贸易壁垒 ➢ 针对自己产品会服务的潜在税务负担

5　行业研究报告的构成

行业研究报告的构成如图 6 所示。

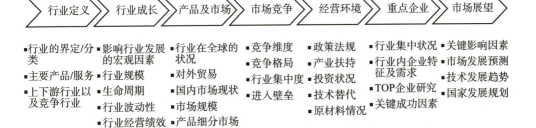

图 6　行业研究报告的构成

中国瓶（罐）装饮用水制造行业分析报告

1 摘 要

1.1 行业总体快速增长

2012~2016年，中国瓶（罐）装饮用水制造行业保持较稳定快速的增长，销售收入从815.5亿元增长到1354.0亿元，复合增长率达14.0%。在经历了2013年收入高达25.5%的快速增长后，近3年行业销售收入同比增速趋缓。

2014年，饮用水质量问题频发，引发公众对饮用水标准问题的关注，对整个饮用水行业产生了负面影响，全年瓶（灌）装饮用水行业销售收入同比仅增长了10.5%，增速较上年回落了15.0个百分点。2015年，受消费者对健康诉求的提升影响，中国瓶（灌）装饮用水产业整体保持平稳较快增长，全年销售收入同比增长了13.0%。

2016年，国内饮用水行业呈现了消费转变促进行业转型升级、市场消费需求总体向好、投资增速继续放缓的三大市场特征，瓶（罐）装饮用水制造行业销售收入同比增长5.9%。

1.2 饮用水产量占饮料行业的比重不断上升

从饮料品类结构的变化来看，随着居民消费群体、消费观念以及消费习惯的转变，近年来健康型饮料比重不断上升，饮用水所占份额不断提高。随着居民消费水平的升级以及消费者对于健康诉求的提升，以近水饮料为代表的新品类迅速增长。2016年，包装饮用水类产量的比重继续加大，占到51.6%，比上年增加2个百分点；碳酸饮料类比重为9.6%，比上年降低0.6个百分点；果汁和蔬菜汁类比重为13.1%，比上年期降低1.2个百分点；凉茶行业占整个饮料行业市场份额的 8.8%，继续保持较好的增长趋势。

1.3 熟水凉白开增加饮用水新品类

2017 年，今麦郎饮品股份有限公司推出饮用水新品类"熟水凉白开"，采用热物理高温灭菌技术处理包装饮用水。饮用水产品将有一个新的分类维度：熟水和生水。生水熟水是继水源地竞争等之后，饮用水行业迎来的新一轮变局。熟水带给消费者的利益，除技术创新伴生的健康效应外，还回归喝水解渴的饮食文化传承本质。

随着城市化进程加快，包装饮用水行业正朝着健康方向迅猛发展。凉白开就是将家庭化饮品推上现代工艺流水作业，在发展道路中寻求差异化路线。由于采用多种灭菌方式、瓶坯厚实等，生产成本较高，但除了一、二线大中城市消费者，凉白开在一些"90 后"年轻人群体中也很受欢迎。未来，熟水凉白开预计将具有较大的发展潜力。

1.4 互联网推动产业升级

随着移动互联网的快速发展，"互联网＋"模式在全国被快速推行，饮用水行业也从传统营销模式向网络营销模式转变。

目前，已有不少企业通过"＋互联网"实现跨界营销，如怡宝推出"传统文化＋公益"线上平台；康师傅联合线上娱乐平台，"视频互动"，等等。企业合理利用"电商平台"拓宽销售渠道、洞悉需求变化，使电商交易额快速增长。

自主选择式购物在饮用水行业网络平台中得到了最大化的应用，消费者更快接受通过网络平台这一有利渠道，利用平台的精确筛选功能，轻松选购一款最符合自身需求的饮用水，这种便利的营销模式，很快占领了饮用水市场，如饮用水网 APP 就成功推动了饮用水行业从传统营销模式向互联网营销模式的转变。

1.5 高端水市场有望实现快速发展

随着人们对健康、养生等重视程度的增加，1~2 元的"大众"瓶装饮用水已经逐渐满足不了人们日益增长的需求，高端水在饮用水市场中的份额不断提升。2016 年，包装饮用水产量增速达到 7.9%，而高端水的增长率目前高达46%~50%。预计未来，得益于居民消费结构的持续升级，高端水市场将实现快速发展。

2 行 业 定 义

2.1 定义

本报告所讨论的行业活动，指以地下矿泉水和符合生活饮用水卫生标准的水为水源加工制成的，密封于塑料瓶（罐）、玻璃瓶或其他容器中，不含任何添加剂，可直接饮用水的生产。

中国标准《饮料通则》把瓶装水分为饮用天然矿泉水、饮用天然泉水、其他天然饮用水、饮用纯净水、饮用矿物质水和其他瓶装饮用水六大类。

2.2 主要产品

行业内企业主要产品包括：
- 饮用天然矿泉水
- 饮用纯净水
- 饮用天然水
- 饮用矿物质水
- 其他饮用水

不包括：
- 自来水生产（列入 4610）。

行业内企业主要活动包括：
- 瓶装水制造
- 散装、桶装水制造
- 罐装水制造
- 其他饮用水产品制造

2.3 产业链

2.3.1 上游行业

4690——其他水的处理、利用与分配

4610——自来水的生产和运用

7929——其他水资源管理

8023——水污染治理

2.3.2 下游行业

6511——百货零售

6512——超级市场零售

6519——其他综合零售

6591——流动货摊零售

2.4 竞争行业

1492——冷饮料用品及食用冰制造

1521——白酒制造

1522——啤酒制造

1523——黄酒制造

1524——葡萄酒制造

1531——碳酸饮料制造

1533——果菜汁及苹果汁饮料制造

1534——含乳饮料和植物蛋白饮料制造

1535——固体饮料制造

1539——茶饮料及其他软饮料制造

3 行 业 成 长

3.1 行业发展

3.1.1 行业总体快速增长

2012~2016 年，中国瓶（罐）装饮用水制造行业保持较稳定快速的增长，销售收入从 815.5 亿元增长到 1354.0 亿元，复合增长率达 14.0%（见图 1）。

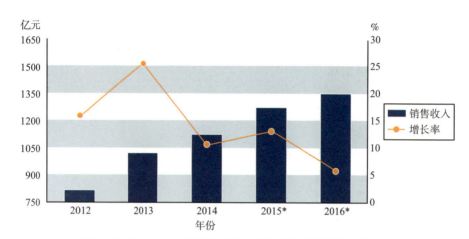

图1　2012~2016年中国瓶（罐）装饮用水制造行业销售收入

资料来源：国家统计局，华通行业研究。

2013年，经济增速小幅放缓、居民收入增长、城镇化水平提高以及城市水污染加重依然是拉动瓶（罐）装饮用水快速增长的主要原因，全年瓶（灌）装饮用水行业实现销售收入1023.8亿元，同比增长了25.5%。

2014年，由于饮用水质量问题频发，引发了公众对饮用水标准问题的关注，对整个饮用水行业产生了负面影响，全年瓶（灌）装饮用水行业实现销售收入1131.6亿元，同比增长了10.5%，增速较上年回落了15.0个百分点。

2015年，在国家一系列政策密集出台的环境以及国内市场需求的推动下，中国包装饮用水产业整体保持平稳较快增长。受居民消费水平的升级和消费者对健康诉求的提升影响，2015年以近水饮料为代表的新品类饮料实现较好发展。消费群体、消费理念以及消费习惯的转变是促进业绩稳定增长的主要原因，主流消费群体从碳酸饮料过渡到茶饮料后又过渡到包装水。全年实现销售收入1278.4亿元，同比增长了13.0%。

2016年，经济总体上实现了平稳增长，消费依然低迷。国内饮用水行业呈现了消费转变促进行业转型升级、市场消费需求总体向好、投资增速继续放缓的三大市场特征。2016年，中国瓶（罐）装饮用水制造行业实现销售收入1354.0亿元，同比增长5.9%。

3.1.2　行业盈利能力下降

2012~2016年，中国瓶（罐）装饮用水制造行业利润增速整体趋缓，盈利能力不断下滑（见图2、图3）。由于市场竞争的加剧，瓶（罐）装饮用水行业已经进入薄利时代。产品同质化、企业竞争不断加剧以及经营成本的快速上升，导致行业盈利能力持续下滑，毛利率从9.5%下滑至8.5%。

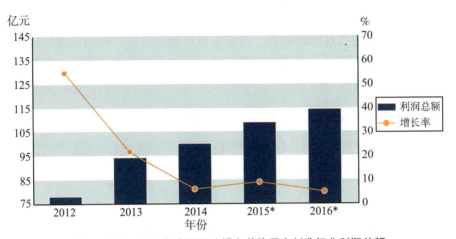

图2　2012~2016年中国瓶（罐）装饮用水制造行业利润总额

资料来源：国家统计局，华通行业研究。

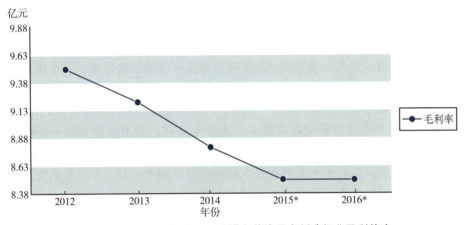

图3　2012~2016年中国瓶（罐）装饮用水制造行业盈利能力

资料来源：国家统计局，华通行业研究。

2012年，中国高端水市场零售额增长率高达42.6%，行业整体盈利能力相比2011年明显提高，毛利率升至9.5%，其主要原因是由于国内市场状况良好，居民对高质量的饮用水需求增加，高端水市场具有丰厚的利润率，利润水平较高，实现利润总额77.7亿元，同比增长54.5%。

2013年，随着市场营销、原材料、劳动力成本上涨，企业成本增加，行业实现利润总额94.5亿元，同比增长了21.6%，与上年同期相比增速明显回落。2014年，行业的管理费用、销售费用也有小幅上涨，原材料成本价格上升，挤压了行业盈利空间，行业利润总额增速处于较低水平，全年实现利润总额100.1

亿元，同比增长了 5.9%。

2015 年，受消费观念的提升，高端水市场销售良好，利润总额同比增长了 8.9%。2016 年，国内饮用水市场消费低迷，加上经营成本的增加，利润总额同比增速仅为 5.0%。

3.1.3　国产品牌进入高端饮用水市场

随着消费者对水源、水质的重视程度不断提高，高端水市场蕴藏的巨大潜力正在逐步释放，尤其是在近一年来，在消费升级的引领下，国内高端饮用水市场进入蓬勃发展期。

过去，高端水市场一直被几家外资品牌占据，如达能旗下拥有依云和富维克两大国际天然矿泉水品牌，其中，依云牢牢占据了中国高端矿泉水超过 25% 的市场份额。其他外资高端水品牌包括雀巢旗下的巴黎水、圣培露、普娜等，以及 2016 年年初被红牛的中国运营公司华彬集团投资的挪威瓶装水品牌 VOSS 等。

随着国内的饮用水企业意识到居民消费能力的持续提升以及消费者对于个性化产品需求的快速增长会推动高端水市场的迅速发展，国内品牌如百岁山、农夫山泉、华润怡宝、统一、西藏 5100 等企业也开始进军高端水市场。

随着百岁山、农夫山泉等国产品牌在高端水市场的强势进攻，其市场份额快速提升，高端饮用水市场的争夺已呈现"国进洋退"之势。中国高端饮用水市场水企品牌的运营方式发生较大改变，例如，敢于与依云等外资品牌竞争的百岁山，对水源选择以及水源保护就有高投入。2017 年 4 月，百岁山母公司——深圳市景田食品饮料有限公司宣布进军玻璃瓶高端水市场，推出 "Blairquhan 本来旺" 品牌，并首次推出苏打水与天然矿泉水两种产品。同年 5 月，可口可乐也推出了品牌为 Valser 的矿泉水，力求抢占高端水市场份额。

3.2　生命周期

生命周期阶段：成长期向成熟期的过渡阶段

随着竞争升级、价格下降、成本上升，中国瓶（罐）装饮用水制造行业的增长将逐步放缓，进入稳定的成熟阶段。

当前，中国瓶（罐）装饮用水行业进入稳步成长阶段，形成了纯净水、矿泉水各领风骚的局面，以娃哈哈、华润怡宝为代表的纯净水，以依云、昆仑山、农夫山泉为代表的矿泉水，竞争日益激烈。

虽然市场上不断涌现新产品，但却很少有革新化的技术出现，技术体系处于较稳定状态。

行业企业数量不断增加，但由于规模经济及品牌效应，市场占有率还是集中在娃哈哈、农夫山泉、康师傅、景田、怡宝等大品牌。大型企业开始兼并中小企业，并不断设立分公司，扩大市场占有率，表明行业将逐渐进入成熟阶段。

3.3 行业波动性

行业波动程度：低

中国瓶（罐）装饮用水制造业的波动性水平较低，2012~2016年以销售收入增长率变化表现的波动幅度为10.0%。该行业产品的生产在很大程度上受制于原材料的供给、生产设备的更新、新水源的开发利用等，给行业收入水平带来影响。

饮用水作为典型的快消品，通常认为受整体经济运行波动的影响较小，但依然有一定的关联度，国家经济下行压力加大成为饮用水行业是放缓下滑的催化剂。

企业不断推出新产品，迎合消费者对健康的需求，不少产品加入了微量矿物质元素，在产品的口感、元素组成等方面做了创新，取得了较大成功。

消费者的购买力也是影响本行业的因素。近年来，中国家庭可支配收入不断提高，居民的购买力和消费能力快速增长，消费结构不断升级，促进了行业发展。

4 市 场 特 征

4.1 市场概述

4.1.1 产销规模

消费需求稳定增长

目前，中国瓶装饮用水的消费人群占整个社会总人群的30%~40%，随着收入水平的提升及健康意识的转变，部分人群开始以瓶装饮用水作为唯一饮水来源。在环境污染加剧的形势下，饮用水继续保持快速增长。瓶装饮用水已经取代了碳酸饮料长期垄断统治地位，连续多年保持30%以上的份额增长。

华通行业研究认为，随着我国居民收入水平的进一步提高、城市化进程的加快、消费结构的升级、居民健康意识的增强，消费者对瓶（罐）装饮用水的需求将稳定增长，且由于消费观念和健康理念的提升，饮用水市场产品结构将进一步调整，高端水消费市场份额将逐步提高。

饮用水产量增速回落

2012~2016 年，受消费升级与健康化消费等影响，中国瓶（罐）装饮用水产量保持快速增长，从 5562.3 万吨增长到 9458.5 万吨，复合增长率为 14.6%，从高波动逐渐趋向较为平缓的低速增长阶段（见图 4）。

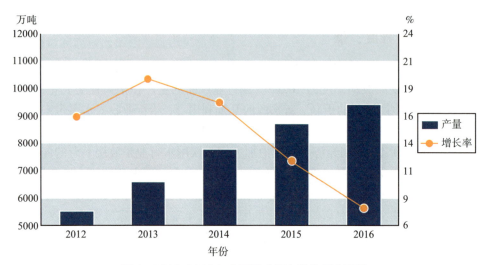

图 4　2012~2016 年中国瓶（罐）装饮用水产量

资料来源：中国饮料工业协会，华通行业研究。

2013 年，瓶（罐）装饮用水行业产量继续快速增长，共生产瓶（罐）装饮用水 6651.1 万吨，与上年相比增长 19.6%。居民收入增长、城镇化水平提高以及城市水污染加重是拉动瓶（罐）装饮用水快速增长的主要原因。2013 年，包装饮用水类饮料产量占到饮料行业总产量的 45.0%。

2014 年，全年瓶（罐）装饮用水行业产量继续保持稳定增长，同比增速为 17.5%。2014 年，包装饮用水类饮料产量占到饮料行业总产量的 46.9%。

随着产业投入加大、技术突破与规模积累，饮用水开始迎来发展的加速期。2015 年，包装饮用水类饮料产量的比重继续加大，占到饮料行业总产量的 49.6%，比上年增加 2.7 个百分点。全年瓶（罐）装饮用水行业产量达到 8766.1 万吨，同比增长 12.2%。

随着消费者对于健康诉求的提升，以近水饮料为代表的新品类迅速增长。2016 年，包装饮用水总产量达 9458.5 万吨，同比增长 7.9%，占饮料行业总产量的 51.6%，比上年增加 2 个百分点。饮用水行业不仅产量超过整个饮料产量的一半，而且是少有的几个保持较高增长的品类。

4.1.2　产品结构

瓶装和桶装水两分天下

瓶装和桶装饮用水是瓶（罐）装饮用水最重要的产品类别（见图5）。

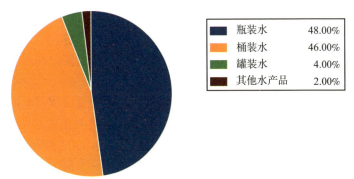

瓶装水	48.00%
桶装水	46.00%
罐装水	4.00%
其他水产品	2.00%

图5　2016年中国瓶（罐）装饮用水产品结构

资料来源：华通行业研究。

瓶装水主要指用350毫升至4升的透明塑料包装的饮用水。由于包装成本、运输费用的上升，瓶装水的生产成本也在提高。小容量型的瓶装水方便携带，大容量瓶装水更适合群体和户外活动时饮用。瓶装水开瓶后仍可加盖密封保存，较为卫生、安全，是市场上最受欢迎的饮料之一。为了继续争夺瓶装水市场，企业开始把目光瞄向更为精准的人群，瓶装水市场细分化趋势明显，细分程度越来越高，比如儿童水、高端水等都是市场细分及企业竞争所产生的产品。

标准的桶装饮用水约有18.9升，比较适合家庭和办公室使用。由于居民收入的提高、健康意识的增强、生活习惯的改变，在家中或办公室大部分中青年人更加倾向于选用方便、卫生、健康的桶装水。桶装水的市场份额也非常大，而且这一比例将会随着城市化进程的推进以及城市居民的增加而上升。

罐装水是指装在约150毫升铝制易拉罐里的饮用水。由于易拉罐容量小、不透明，加上人们认为只有碳酸或加味饮料才装在易拉罐以及较高的包装成本，因此，罐装水市场份额较小，市场上并不常见。

其他水产品包括袋装水。与水桶和瓶相比，塑料袋是一次性的，生产成本较低，但是生产袋装水的机器设备较为昂贵，塑料袋也容易破裂，因此这类产品的市场份额较小。袋装水主要在办公室及军队中使用。

4.1.3 产品价格

饮用水价格走低

瓶（罐）装饮用水的价格主要由以下因素决定：原材料、水源、劳动力成本、季节、厂商和经销商的定价、关税和进口配额、汇率、与生产销售相关的政策、运输、产能及行业竞争情况等。

2012~2016 年，瓶（罐）装饮用水价格战不断，行业进入"薄利时代"，处于调整期，竞争不断加剧，企业加速推陈出新，同时通过降价或变相降价的方式促销。

国内瓶（罐）装饮用水市场竞争十分激烈，夏天是瓶装饮用水的旺季，国内各大瓶装饮用水品牌都加大了营销力度，而价格战是其中方式之一。随着市场营销、原材料、劳动力成本上涨，瓶装饮用水行业已经进入了"微利时代"。在"微利时代"的情况下各大品牌企业依然开展降价促销，一方面，随着瓶装饮用水产销旺季来临，瓶装饮用水企业在进行薄利多销；另一方面，瓶装饮用水企业在争抢消费人群，而一些资金不强的企业将被清洗出局。

4.1.4 渠道特点

以经销商和批发商销售为主

瓶（罐）装用水主要生产商都依托全国各地的经销商建立完善的覆盖全国的销售网络，向超市、其他零售商、批发商和其他销售终端销售产品。饮用水的销售渠道呈现出多样化、区域化和高渗透的特点。主要企业通过传统销售渠道、现代销售渠道和特殊销售渠道，按省划分销售区域，在县、区、村构建起广泛的销售网络。

销售网络建设逐步向中小城市转移延伸

随着城镇居民人均收入的增加，消费者购买力不断提高，一些中小城市对饮用水的需求出现快速增长，成为企业成长的重要动力。饮用水生产商的销售网络建设也逐步向这些中小城市延伸，一些大型企业在全国 80% 以上的县级市和地级市设有经销商。

桶装水以当地水源为主，瓶装水销售渗透到农村

由于运输成本较高，全国各地区特别是在华东和华南地区的桶装水主要以当地的水源为主。饮用水制造商在当地建立水站，直接向家庭、企业、机构提供桶装水，品牌数量多，但知名度不高。瓶装水制造集中度比较高，全国性品牌深深地渗透到各地区，通过大型超市、便利店、小卖部深入到大街小巷。

电商平台发展快速

随着移动互联网的快速发展，"互联网＋"模式在全国被推行，饮用水行业也从传统营销模式转向网络营销。目前，多家企业融合"＋互联网"实现跨界营销，如怡宝推出"传统文化＋公益"线上平台；康师傅联合线上娱乐平台，"视频互动"等。企业合理利用"电商平台"拓宽销售渠道、洞悉需求变化，使电商交易额快速增长。此外，由于饮料多使用"垂直型电商平台"（如京东、天猫、中粮我买网、1号店），自行配送，区域性特征明显，因此，对物流、仓储等供应链各环节都提出了新的要求。"电商平台"也不是简单地把商品搬到线上，更在于针对目标消费者需求，推出个性化定制产品。

4.2　产品细分市场

4.2.1　产品细分概述

根据《食品安全国家标准包装饮用水》的相关规定，对包装饮用水的标签标识要求自 2016 年 1 月 1 日起实施。新标准规定除矿泉水、纯净水之外，其他瓶装水一律归类为"其他饮用水"。

除了天然矿泉水外，包装饮用水将只分为两种类别：饮用纯净水和其他饮用水。但这仅是分类，而非产品名称。作为产品名称，天然水、山泉水仍可继续存在，只不过归类在"其他饮用水"而已。

纯净水仍是包装饮用水中占比最大的品类，饮用天然矿泉水有继续上升的空间（见图 6）。为满足消费者饮用水用途的差异，不同容量的一次性包装饮用水产品出现了细分化。

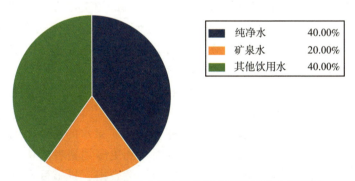

纯净水	40.00%
矿泉水	20.00%
其他饮用水	40.00%

图 6　2016 年中国瓶（罐）装饮用水产品细分市场份额

资料来源：华通行业研究。

4.2.2 纯净水

纯净水已广泛普及

纯净水被许多消费者认为是最为健康、安全的饮用水。同时，纯净水对水源没有特殊要求，可以以自来水为水源进行加工，大大降低了成本，其市场销售量远高于其他种类。2016年，纯净水占中国饮用水行业市场销售额的40%，为第一大品种。

纯净水已走向品牌集中

目前，纯净水市场竞争正快速地走向品牌集中，娃哈哈、乐百氏、农夫山泉已成为其中的强势品牌。康师傅、统一等紧随其后，纯净水品牌的集中度日趋提高。一些地域品牌，如广东的深圳益力、怡宝和景田水业，开始了全面布点。四川蓝剑、云南大山等区域品牌近几年涉足饮用水行业后发展迅速、产销量逐年翻番。其他各地尚有千余家小品牌，遍布全国各地，也决定了饮用水市场的激烈竞争。

纯净水市场正在萎缩

自瓶/桶装纯净水作为大众饮用水普及以来，人们一直对纯净水的"饮用性"存在争执。纯净水的最大缺点是清除了钙、镁、氟、碘、硒等人体所必需的矿物质和微量元素。目前，纯净水市场正在萎缩，而矿泉水市场稳步上升。

4.2.3 矿泉水

随着市场消费观念和科学饮水观念的普及与提高，矿泉水在饮用水市场中的份额不断提升，每年都以20%的速度增长。

目前，中国矿泉水市场形成了以娃哈哈、乐百氏为主导的一线品牌，以崂山、益力为主导的二线品牌及实力较差的中小企业矿泉水品牌的市场格局。矿泉水高端化发展的趋势越来越明显，西藏5100冰川矿泉水和昆仑山等高端矿泉水已经出现，未来矿泉水行业仍具有较大的增长空间。

多家水企扩大天然矿泉水业务。新国标的实施，将改变之前消费者将"矿物质水"与"天然矿泉水"混淆的局面，这一新规迎合当下的消费理念升级趋势，有助于天然矿泉水的发展壮大。自2013年以来，矿泉水的份额出现迅猛上升趋势。新的饮水升级趋势是，天然矿泉水逐渐得到更多消费者的认可，而更多水企以及外界资本也开始加码这一领域。目前，昆仑山、景田百岁山等矿泉水品牌继续引领行业发展，如昆仑山通过独特的水源地优势，以及严格的水源地保护，并执行比矿泉水国标更加严格的标准，加大了全国范围家庭饮水升级的推动；景田百岁山加大了品牌渗透和全国市场的推广力度，在品牌文化塑造和价格优势方面领先同行。此外，以其他水种知名的水企也纷纷加码天然矿泉水领域，如康师傅源自长白山的天然矿泉水持续满足高端消费需求，未来将开发更多优质水源生产基地，供应更广大的消费市场；纯净水领先企业华润怡宝收购的地方品牌加林山矿泉水开始向广东全省市场推开；农夫山泉也推出三款新产品，向矿泉水领域进军。

4.3 地区市场

2016 年行业产量在各省的占比如表 1 所示。

表 1　　　　　　　　　2016 年行业产量在各省的占比

省份	产量占比（%）
广东省	15.5
广西壮族自治区	9.7
四川省	9.1
河南省	8.9
吉林省	8.1
贵州省	6.7
山东省	4.5
湖北省	3.8
浙江省	3.4
天津市	2.9

资料来源：华通行业研究。

4.3.1　中南地区

中南地区气候适宜，制造业发达，属于珠三角区域，拥有良好的消费潜力，因此，国内饮料企业纷纷涉入。怡泉之争，农夫山泉在广东河源斥资 10 亿元建设全国最大的饮用水生产基地，加多宝斥资 5 亿元打造高端水品牌昆仑山，致使中南地区的市场竞争进入白热化。

中南地区的饮用水市场规模近年快速增长。目前，中南地区水企每年都在以 20%~30% 的速度增加产能。2016 年，中南地区饮用水产量占行业总产量的 41.1%，其中，广东省份额最大，占行业总产量的 15.5%，主要是华润怡宝、景田等知名品牌集中在广东省。其次，广西份额居第二位，占行业总产量的 9.7%；

河南省份额居第三位，占行业总产量的 8.9%。

4.3.2　西南地区

虽然西南地区具有丰富的水资源，但地区经济欠发达，人均收入较低，对瓶（罐）装饮用水需求较小，导致西南地区行业产量占比较低，发展较慢。四川省森林覆盖率高，江河众多，水资源丰富，瓶（罐）装饮用水生产厂商较多；同时四川省人口密度高，周边地区饮用水生产厂商少，许多饮用水在四川省生产，故四川省饮用水产量占比较高，2016 年产量占全国行业总产量的 9.1%。

4.3.3　华东地区

2016 年华东地区饮用水产量占行业总产量的 16.2%，其中山东省和浙江省份额最大，这主要是因为娃哈哈、农夫山泉等著名品牌集中在浙江省，使得浙江省和华东地区的产量大幅度提高。同时，华东地区每家企业及每位职工的平均产值也是全国最高的，这主要是由于娃哈哈等大型的瓶（罐）装饮用水生产企业位于该地区，具有规模效应。

4.4　终端市场

超市是主要销售终端，线上销售发展迅速

超市是瓶（罐）装饮用水最主要的销售途径（见图 7）。随着中国零售业的转变，超市以其方便、价格合适和环境良好等特点得到了广大消费者特别是工薪阶层的青睐，近年来发展速度十分惊人，已经超过以百货商场为代表的传统零售形式，逐渐成为新形势下中国零售业的主导形势。个体零售店包括瓶（罐）装饮用水零售店和各个水站，水站直接从生产厂商购买桶装水，再直接销售给消费者。超市和零售商联结着最终消费者，现在越来越多的家庭和办公室都直接从水站购买桶装水。华通行业研究认为，超市和零售商的市场份额将会继续提高。

电商平台发展快速。多家企业融合"＋互联网"实现跨界营销，如怡宝推出"传统文化＋公益"线上平台；康师傅联合线上娱乐平台，"视频互动"，等等。企业合理利用"电商平台"拓宽销售渠道、洞悉需求变化，使电商交易额快速增长。

其他销售方式包括自动售货机、直销等，由于自动售货机在中国普及率不高，也很少有厂商提供直销服务，这一比例也相对较小。

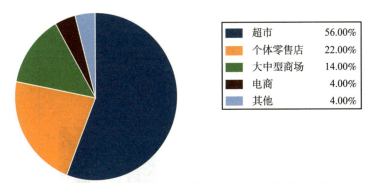

图 7　2016 年中国瓶（罐）装饮用水主要销售终端份额

资料来源：华通行业研究。

5　对 外 贸 易

5.1　全球市场环境

新兴市场增长快

全球瓶装水市场快速发展，每年消费 2800 多亿升瓶装水，美国是最大市场，而亚洲市场增长最快。中国紧随美国、墨西哥，已成为瓶装水消费第三大国，且每年以近 30% 的速度递增。2016 年，美国瓶装水总量增长了 9%，达到了 484.5 亿升，销量第一次超过了碳酸饮料。美国人均瓶装水年消费量达到了 148.8 升。这种转变的背后是美国人消费习惯的变化。预计未来瓶装水的大幅增长将出现在中国、印度和中东等新兴市场上。

5.2　出口

5.2.1　出口放缓

2012~2016 年，中国瓶（罐）装饮用水制造行业出口额整体保持增长趋势，从 48862.7 万美元增长到 61525.3 万美元，复合增长率为 6.3%（见图 8）。

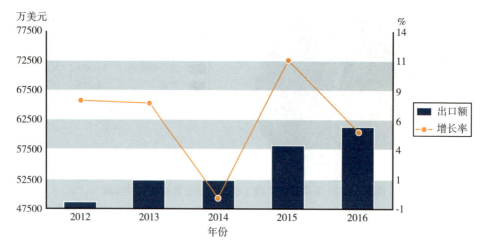

图8 2012~2016年中国瓶（罐）装饮用水制造行业出口额

资料来源：中国海关，华通行业研究。

2012年和2013年，行业出口额保持稳定增长，同比增速在8%左右。2014年，受国外市场需求减弱的影响，行业出口额出现下滑，同比下降0.3%。2015年，瓶装水行业出口恢复稳定增长，出口额为58428.1万美元，同比增长11.3%。2016年，瓶（罐）装饮用水生产企业共出口61525.3万美元，同比增长5.3%。

5.2.2 韩国和中国澳门地区是主要出口地

中国瓶（罐）装饮用水主要的出口地是韩国及中国澳门地区（见图9）。2016年，出口韩国的瓶（罐）装饮用水占出口总额的83.2%，出口中国澳门地区的占12.0%。这两个地区饮用水出口的变化决定着行业出口的变化，中国内地与澳门地区的饮用水出口得到恢复后，加上广东河源市万绿湖等天然水的开发，使得对澳门的饮用水出口大增。

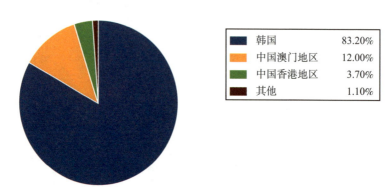

■ 韩国	83.20%
■ 中国澳门地区	12.00%
■ 中国香港地区	3.70%
■ 其他	1.10%

图9 2016年中国瓶（罐）装饮用水制造行业主要出口国家和地区

资料来源：中国海关，华通行业研究。

5.3 进口

5.3.1 进口保持较快增长

中国瓶（罐）装饮用水制造行业的进口占国内需求的比重较小，而进口额增长率波动极大。2012~2016年，中国瓶（罐）装饮用水制造行业进口额整体保持快速增长趋势，从2352.9万美元增长到4524.3万美元，复合增长率为19.3%（见图10）。

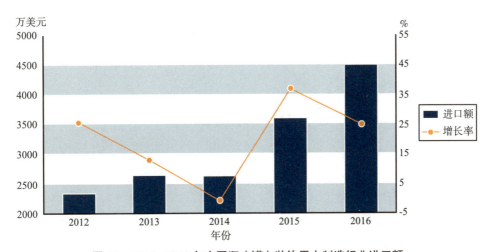

图10 2012~2016年中国瓶（罐）装饮用水制造行业进口额

资料来源：中国海关，华通行业研究。

在经过2012年和2013年的快速增长后，2014年，由于国内消费低迷，行业的进口额出现下降，为2647.9万美元，同比下降0.5%。2015年，行业进口额恢复快速增长，达到3623.4万美元，同比增长36.8%。2016年，得益于国内水企加大对高端饮用水市场的投入和海外市场的不断开拓，进口额同比增长24.9%，而增长率呈现下降趋势。

5.3.2 法国是最大的进口国

根据中国海关的统计，2016年中国瓶（罐）装饮用水制造行业进口产品主要为矿泉水。矿泉水的进口相对集中，主要的进口国家是法国、意大利、斐济。其中，法国是中国最大的矿泉水进口国。2016年，从法国进口的饮用水占进口总额的63.7%（见图11）。进口产品主要包括产于法国阿尔卑斯山的依云矿泉水、伟图矿泉水等。

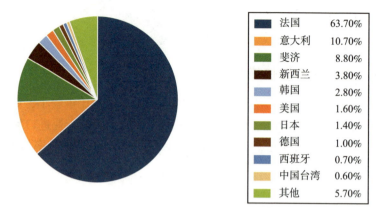

法国	63.70%
意大利	10.70%
斐济	8.80%
新西兰	3.80%
韩国	2.80%
美国	1.60%
日本	1.40%
德国	1.00%
西班牙	0.70%
中国台湾	0.60%
其他	5.70%

图 11　2016 年中国瓶（罐）装饮用水制造行业主要进口国家和地区

资料来源：中国海关，华通行业研究。

6　市场竞争

6.1　竞争维度

6.1.1　内部竞争维度

瓶（罐）装饮用水制造厂商主要在以下几个方面展开竞争：

产品安全卫生

饮用水与人们的生活息息相关，因此产品的安全卫生是消费者的第一考虑，而目前环境污染比较严重，人们对健康更加关注。近些年来，许多企业都出现水源质量、包装质量问题，这对企业的影响很大。

品牌

品牌是行业内最重要的竞争要素之一，消费者对饮用水的选择很大程度上是基于对品牌的认知和信赖，强势品牌可以满足消费者的个性需求。在中国瓶（罐）装饮用水制造行业品牌集中度越来越高，在城市地区娃哈哈、康师傅、农夫山泉、怡宝、景田和雀巢等品牌几乎占领了整个市场。

水源控制

除了市场争夺外，因水资源的匮乏而寻找可开发和可长期利用的水资源已经成为瓶（罐）装饮用水巨头们关注的焦点。饮用水水源质量直接影响着产品的口感，所以，许多企业都在寻求更优质的水源，加强对这些优质水源的控制。娃哈哈、农夫山泉、景田等重点品牌都有自己独特的水源。

价格

饮用水产品价格仍然是消费者考虑的重点因素。饮用水具有较高的可替代性，价格弹性相对较高，略微的价格变动即可引起销售量的巨大改变。因此，企业想方设法降低运输成本、包装成本及劳动力成本，以增加市场竞争力，扩大市场份额。

产品包装

中国瓶（罐）装饮用水发展迅速，以 51.6% 的市场占有率居全国饮料市场之首。瓶（罐）装饮用水不同的产品包装容量可以满足不同消费群体的需要。除按包装容量分类外，饮用水制造商也在不断进行产品外包装设计的创新，以满足不同年龄消费者的偏好。

广告宣传

产品品牌的塑造除了要有良好的产品质量保障外，还需依靠有效的产品广告宣传。饮用水产品替代性极强，许多消费者选择产品都是根据他们对该品牌的认知和信赖，而这些信息很大程度上来自厂商的宣传。

分销网络

中国瓶（罐）装饮用水制造行业是一个利润率较低的行业，而较高的分销成本会进一步降低企业利润，影响品牌市场占有率。因此，行业内领先的饮用水制造商在不同的市场建立生产基地，特别是在水源丰富的地区，以缩短分销过程，提高利润率。

6.1.2　外部竞争因素

中国瓶（罐）装饮用水制造行业面对的外部竞争主要来自以下行业：

- 进口瓶（罐）装饮用水，主要是高端产品；
- 替代产品制造业，如碳酸饮料、果蔬汁饮料、茶饮料等其他软饮料制造；
- 家用净水设备和小区分质供水。

6.1.3　主要成功要素

中国瓶（罐）装饮用水制造企业的主要成功要素包括：

- 品牌建立；
- 清晰的市场定位；
- 广泛的销售网络；
- 规模经济；
- 有效的促销。

6.2　竞争格局

6.2.1　市场竞争趋向白热化

中国瓶（罐）装饮用水市场处于竞争白热化的局面，使竞争呈现出两种形态：在营销方面，企业为树立品牌形象纷纷加大广告宣传力度，如娃哈哈、乐百氏、农夫山泉企业三巨头和怡宝、崂山、益力等全国性区域性的品牌都积极利用本地的优势不断创新和调整策略，加大广告方面的投入，抵抗外来品牌，而许多实力差的中小企业在品牌推广方面处于劣势地位。在渠道方面，全国性品牌和区域性品牌企业都纷纷争夺经销商。由于市场竞争激烈，厂商大多采取价格战。

6.2.2　国产品牌占据中低端市场

就中低端包装水市场而言，内资品牌凭借对优质水源开采以及销售渠道的优势获得了较大的市场份额；而就高端水市场而言，则是由国外品牌法国依云、巴黎水、圣碧涛，国内品牌西藏 5100、昆仑山、百岁山等领跑市场。

中国包装水行业经过品牌战后渐渐步入成熟阶段。行业内市场格局基本形成，各大品牌市场份额相对稳定，并没有出现行业内一家独大的情况，行业竞争白热化。

6.2.3　市场集中度提高，细分市场寡头垄断明显

在瓶（罐）装饮用水快速发展的同时，一些大型企业也运用自身品牌、资金、研发优势，不断扩建，以增加市场份额，而一批中小企业在竞争中或将逐渐淡出市场。在细分市场上，市场集中度更高，寡头垄断趋势非常明显。娃哈哈、怡宝是纯净水的代表，农夫山泉是天然水的代表。随着生产成本的上涨，新标准、新法规的出台，一批中小型企业可能因无法应对市场冲击而面临被淘汰或者被大型企业兼并收购，如此一来，瓶（罐）装饮用水的市场集中度将进一步提高。

6.3　行业集中度

6.3.1　行业集中度中等

2016 年，在中国瓶（罐）装饮用水市场上占据较大份额的有康师傅、娃哈哈、农夫山泉、怡宝、景田、统一等，由于产品的同质性较高，品牌竞争非常激烈，且消费者的转换成本较低，因此，行业集中度处于中等水平。

中国饮用水市场已形成了以娃哈哈、农夫山泉、乐百氏、雀巢为主导的一线

品牌，以崂山、康师傅、可口可乐、稀世宝、怡力、益宝等有名气的二线品牌及一些实力较差的地方性中小企业矿泉水"三国鼎立"的市场格局，其中一线品牌的市场份额居饮用水市场的领先地位，二线品牌及一些地方品牌的市场份额极低。

6.3.2 细分市场集中度较高

华通行业研究表明，中国瓶（罐）装饮用水行业中若干细分市场的集中度较高。瓶装水主要包括矿物质水、矿泉水、纯净水、天然水等几大类，各大企业主要生产其中一种和几种产品，在行业细分市场上集中度较高。矿物质水以康师傅为代表，纯净水以娃哈哈、怡宝为代表，矿泉水以景田、益力为代表，天然水则以农夫山泉为代表。

6.4 成本结构

高采购成本、折旧费用较高

由图 12 可知，采购成本是中国瓶（罐）装饮用水制造行业最大的成本项目，约占行业总收入的 59%。采购成本主要包括水、瓶（罐）容器、商标及其他包装成本。

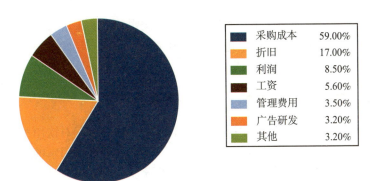

■ 采购成本	59.00%
■ 折旧	17.00%
■ 利润	8.50%
■ 工资	5.60%
■ 管理费用	3.50%
■ 广告研发	3.20%
■ 其他	3.20%

图 12　2016 年中国瓶（罐）装饮用水制造行业成本结构

资料来源：华通行业研究。

折旧费用主要是指水加工处理设备的折旧。由于饮用水处理、装瓶、贴商标及包装的机械化、自动化程度提高，所需设备资金投入较大，因此设备的折旧费用相对较高。2016 年，折旧费用占销售总收入的 17%。

行业利润由 2012 年的 9.5% 下降到 2016 年的 8.5%，主要是随着市场营销、原材料、劳动力成本上涨，使得企业成本增加。激烈的行业竞争及极低的利润率使得大量企业被市场淘汰或者被并购。

251

随着企业饮用水处理、包装、运输的机械化、现代化程度提高，对劳动力的依赖程度会逐渐降低，工资比例会慢慢降低。

在企业的品牌竞争中，广告宣传是一个十分重要而且有效的手段，为了扩大品牌影响力，赢得市场，企业需投入大量的资金进行广告宣传。

6.5　进入壁垒

6.5.1　进入壁垒适中

中国瓶（罐）装饮用水制造行业正处于成长期向成熟期过渡阶段，技术革新也较少，进入者会遇到激烈的竞争。

6.5.2　规模经济日益重要

随着竞争日益加剧，行业内企业间的价格竞争逐渐升级，瓶（罐）装饮用水制造企业越来越多地通过规模经济带来的较低边际成本优势进行竞争，这在一定程度上压缩了小企业在这一行业的生存空间，并限制了新企业的进入。

6.5.3　行业的先入优势

对于中国瓶（罐）装饮用水制造行业的饮用水制造商来讲，企业成功的一大关键是对优势水源的控制，包括地下水和山泉水，而具有特殊优势的水源大都已经或者正在被现有制造商开发，因此目前已经进入的企业具有较强的先发优势。

6.5.4　饮用水行业的进入门槛将提高

国家和行业对食品饮料安全的要求越来越高，这意味着对饮用水的质量要求提高。行业内的企业必须提高水加工技术，以达到政府对饮用水的规范和标准。潜在的进入者必须投入大量的资金，引进先进设备，以达到这些要求和标准。

6.5.5　市场接受度

为了提供给消费者多样化、品质更高的饮用水产品，产品差异性在中国瓶（罐）装饮用水制造行业的竞争中起着越来越重要的作用，而这需要企业投入大量的广告和研发资金，这也限制了规模较小的企业的进入。

6.5.6　品牌塑造难度大，集中度较高

在中国瓶（罐）装饮用水制造业，企业的品牌形象在竞争中是一个关键因素。企业通常投入大量广告和营销资金，在全国范围内和发达城市的市场上进行品牌

推广和塑造。该行业的品牌集中度相对较高，在众多的企业中，只有较少的品牌为消费者所广泛认知，因此在该行业新品牌的建立较为困难。

消费者购买某种饮用水产品主要是基于对品牌的了解和信任，对于新产品的接受度较低，企业要想塑造自己的品牌，必须有优良的品质保证和大量有效的广告宣传。

7 重点企业

2017 年 4 月 11 日，中国领先的品牌评级与品牌顾问机构 Chnbrand 发布了 2017 年（第七届）中国品牌力指数（C-BPI）瓶装水品牌排名，如表 2 所示。

表 2 　 2017 年（第七届）中国品牌力指数（C-BPI）瓶装水品牌排名

排名	品牌	2017 年 C-BPI 得分
1	康师傅	578.3
2	农夫山泉	521.0
3	娃哈哈	387.3
4	乐百氏	356.0
5	统一	340.2
6	怡宝	326.9
7	冰露	322.6
8	雀巢	319.7
9	昆仑山	281.9
10	屈臣氏	263.1
11	景田百岁山	261.3
12	恒大冰泉	239.7
13	深海泉	236.4
14	燕京	225.7
15	5100 冰川矿泉水	208.4
16	崂山	204.6

8 经营环境

8.1 政策法规

中国瓶（罐）装饮用水制造行业主要接受卫生部和国家质量监督检验检疫总局共同管理。

根据标准化法，生产瓶（罐）装饮用水的企业须符合有关饮用水生产的相关标准，主要标准有《瓶装饮用纯净水》（GB17323—1998）和《瓶装饮用纯净水卫生标准》（GB17324—1998）。GB17323—1998 规定饮用纯净水中高锰酸钾消耗量不得超过 1.0 毫克／升，GB17324—1998 规定饮用纯净水中三氯甲烷和四氯甲烷的含量分别不得超过 0.02 毫克／升和 0.001 毫克／升。此外，饮用纯净水中还对铅、砷、铜的含量以及亚硝酸盐、微生物等理化指标和卫生指标做了明确的规定。

《饮用天然矿泉水》国家新标准（GB8537—2008）于 2009 年 10 月 1 日起实施。根据新国标规定，新增饮用天然矿泉水中的溴酸盐指标限量，每升饮用天然矿泉水中的溴酸盐含量小于 0.01 毫克，新国标还取消了在中国饮用水指标中居重要位置的"菌落总数"指标。但同时也增加了三项微生物指标限量。

2015 年 5 月 24 日，国家卫计委颁布了《食品安全国家标准包装饮用水》（GB19298-2014），标准中对包装饮用水的标签标识要求自 2016 年 1 月 1 日起实施。新国标规定不得以水以外的一种或若干种成分来命名包装饮用水，市场上纯净水、蒸馏水、天然水、山泉水等不同水种的标准都将实现统一。国标适用范围囊括了除矿泉水以外的所有包装饮用水，新国标的推行，必将规范和推动国内饮用水市场。

8.2 行业扶持

进口关税、出口退税

中国的瓶（罐）装饮用水需求量较大，但国内产能也较大。中国政府通过较高的进口关税限制饮用水的进口，2016 年，未加糖及未加味矿泉水的进口关税达 90%。政府对瓶（罐）装饮用水出口没有退税补助。

8.3 技术 / 体系

技术变化程度适中

该行业所运用的技术主要包括预氯化处理技术、臭氧化预处理技术、活性炭技术及膜分离技术。近些年来，行业的技术革新主要包括饮用水质量控制的改进，以及生产过程的自动化和计算机化。不同企业技术水平差异较大，规模较大的企业拥有先进的生产设备和科学的管理模式，而中小型企业运用的技术水平较低。

国内企业的技术水平在逐步提高，许多企业从德国、日本引进了先进的生产设备，提高了产品质量。随着饮用水新标准的实施，对产品安全要求的不断提高，企业将继续更新设备，提高生产水平和效率，引进现代管理模式，迎接新的要求。

9 市 场 预 测

9.1 关键影响因素

9.1.1 原材料价格

价格是影响大多数产品需求的一个非常重要的因素，而原材料价格是影响饮用水价格的主要因素之一。瓶 / 桶的成本占饮用水生产企业总成本相当大一部分，瓶装饮用水的包装都是 PET 瓶，目前水瓶 / 桶市场正逐步向大企业的生产标准和欧盟的 PC 瓶 / 桶产品标准看齐。此举将进一步加大饮用水包装的生产成本。

9.1.2 水源

除了市场争夺外，因水资源的匮乏而寻找可开发和可长期利用的水资源已经成为瓶装水巨头们关注的焦点。在饮用水市场的竞争中，只有占据优质的具有垄断性的水资源企业，才能在饮用水行业竞争中处于有利的地位。

9.1.3 劳动力成本

新劳动合同法的实施对于饮用水企业的影响主要表现在企业人力成本的增加。目前，中国饮用水企业，尤其是桶装饮用水企业主要为非国有企业，企业用工不规范。员工工资低、福利没有保障、没有正式合同随意被用工企业辞退的现

象严重，新劳动法的实施对于上述问题有了严格的规定，企业用工成本上升。

9.1.4 运输费用

运输成本已成为厂家和经销商的一大压力，但市场的零售价格却提不起来，于是将压力留在了中间环节，所有中小企业都在承受着成本增加、利润减少的恶劣现状，提价则可能造成市场的流失。

9.1.5 居民收入水平

居民可支配收入的增加将提高消费者的购买力，增加对行业产品的消费。瓶（罐）装饮用水的消费人群主要是收入水平较高的城镇居民，而收入水平较低的农村人口虽然占了大多数但其消费量却很低。随着城镇居民和农村人口生活水平的提高和消费习惯的改变，对瓶（罐）装饮用水的消费也会逐渐提高。

9.1.6 产品创新和多样化

产品的创新和多样化可以带动新的需求，如口味和包装上的创新可以使消费者增加对该行业产品的需求。近几年，市场上拥有包括纯净水、矿泉水、矿物质水等不同包装容量、包装风格的各种饮用水产品。

9.1.7 生活方式和品位

收入水平较低的人群大部分饮用水主要通过市政供水系统获得，而部分高端人群由于生活较忙碌，时间成本较高，所以瓶（罐）装饮用水是他们主要的饮用水来源。

9.1.8 健康习惯与意识

瓶（罐）装饮用水被认为是比较健康、安全的饮用水，国家对里面矿物质含量、微生物数量以及其他一些理化指标都有比较严格的规定。而自来水可能由于输送管道受污染、消毒不充分，难以全面达到卫生、安全的各项指标。随着人们健康意识的提高，更多人会趋向于饮用安全、可靠的瓶（罐）装饮用水。

9.2 市场发展预测

9.2.1 行业销售收入增长放缓

华通行业研究认为，中国瓶（罐）装饮用水制造行业的增长将放缓。由于国内人均收入的提高，城市化进程的推进和城乡人口的增加，饮用水需求依然表现强劲，保持一个较高的增长水平。国内瓶（罐）装饮用水销售收入基数增大，饮用水市场增长动力减弱，市场逐渐从快速成长期向成熟期过渡，行业销售收入增幅将出现回落。

中国瓶装水产量持续增长的因素主要有居民收入的提高、消费者对饮水健康和安全的重视以及瓶装水能更便捷的获得性。随着居民消费需求的个性化、品质化以及"绿色发展"理念的深入，瓶（罐）装饮用水将保持稳定增长。

9.2.2 行业整合加剧

近几年，中国瓶（罐）装饮用水制造企业拉开了广告战、价格战，市场竞争较激烈，整个行业处于"薄利时代"。大型企业加紧在全国各地寻找优质水源，设立生产基地、厂房，完善销售网络，而一些小型企业由于资金链紧张，生产技术较落后，无法与大型企业进行较量，应对市场冲击能力较弱，可能会被迫或主动寻求兼并。特别是新国标的实施，对生产企业提出了更高的要求，这进一步加剧了行业的整合力度。

华通行业研究认为，由于成本上升带来的压力，一些小企业和品牌将走上被收购的道路；在行业内产能居于前列的饮用水生产商将进一步通过并购等方式，实现行业产能的进一步集中，未来行业的整合也是必然的。

9.2.3 矿泉水将成为趋势

近几年，随着各大品牌商的努力，以及中国消费者对安全与健康消费意识的觉悟，中国整个饮用水市场正在走向健康发展的道路，纯净水为第一大饮用水产品。中国瓶（罐）装饮用水制造龙头企业都有自己的主打产品，如娃哈哈主要生产纯净水、矿泉水，龙头企业之间广告宣传、产品包装及价格的较量，将影响整个行业的产品结构。

华通行业研究认为，随着人们对饮水多元化需求的提升，在保障水源安全、工艺安全以及物流安全的前提下，矿泉水会成为中国瓶装饮用水发展方向，矿泉水的市场份额将有所提高。

9.2.4 饮用水将逐渐高端化

在低端饮用水市场竞争加剧、利润变得微薄的当下，越来越多的企业和品牌开始将目光转向了高端饮用水市场。一方面是为了寻找新的利润增长点；另一方面是看好高端饮用水市场的发展潜力。高端水之所以称为高端，一方面是价格高于普通饮用水；另一方面是对人体健康有益，比如矿泉水所含的对人体有益的矿物质等。

华通行业研究认为，目前高端饮用水的市场规模还不大，消费群体也不多，因此，现在国内不少龙头企业纷纷扩展高端饮用水项目，饮用水高端化将是以后发展的一个趋势。

中国啤酒制造行业分析报告

2012~2016 年，中国啤酒制造行业销售收入整体保持增长态势，但增长态势趋缓，销售收入从 1644.4 亿元增长到 1868.5 亿元，年均复合增长率为 3.7%。

2013~2014 年，受人均可支配收入水平提高、人口规模增长以及居民生活水平提升的影响，中国啤酒制造行业销售收入持续增长，2013 年和 2014 年该行业销售收入增速分别为 9.2% 和 5.0%。

2015 年，受国内经济增速放缓以及夏季异常天气影响，啤酒消费增速受到明显抑制，中国啤酒制造行业销售收入达到 1897.1 亿元，同比增速仅为 0.6%。

2016 年，啤酒市场整体持续低迷，中国啤酒制造行业销售收入为 1868.5 亿元，同比下降 1.5%。2016 年夏季国内多地出现暴雨不断的异常天气使得旺季啤酒销售出现下滑。另外，国内经济增长持续放缓，制造业等行业发展趋缓，外来务工群体减少，啤酒行业中占有主要地位的低端产品销量下滑，对该行业造成了严重影响。

啤酒行业由地盘竞争逐步过渡到利润竞争

一直以来，啤酒行业的战争都被认为是地盘战，核心理念是基地市场＋品牌，就是餐饮专卖＋高铺货率控制。如雪花啤酒、青岛啤酒和燕京啤酒就是买厂买店，依托基地市场作为辐射源，将周边市场逐步转化为优势基地，在全国布局终端店。啤酒行业主要以地盘站为主，其中的主要原因之一是因为啤酒行业产品同质化比较严重，低端产品为主流产品。

但是，目前，消费结构逐步升级，国内低端啤酒市场趋于饱和。同时，进口啤酒的全渠道覆盖，使得内资企业的基地市场优势受到巨大挑战，啤酒行业正逐步由地盘竞争过渡到利润竞争。中国各大啤酒巨头正从规模化扩张逐渐转向提升产品结构，而中高端产品则成为利润增长关键。例如，中国啤酒企业当前正在加大在白啤酒上的布局力度，如青岛啤酒、燕京啤酒均已经推出白啤酒，并加大白啤酒布局力度：燕京啤酒早在 2013 年时便推出了原浆白啤，并定位中高端啤酒市场，在北京市场已全面铺货，在电商渠道也已经布局；青岛啤酒旗下鸿运当头、奥古特、经典 1903 和纯生等一系列中高端啤酒也在越来越多地抢占市场份额。

啤酒企业通常实施体育营销品牌战略

体育作为全世界沟通的渠道，不分地域和国界，已经越来越受到人们的关注，同时，中国体育产业得到又快又好的发展。中国啤酒品牌制造商为了有效实施品牌战略，通常进行体育营销，这主要是因为一方面由于体育营销具有高效的营销传播效能且有助于将企业品牌推向国际化；而另一方面，由于啤酒的消费者中有很多就是体育迷，啤酒的产品特点符合体育精神且体育营销让企业曝光度更大。以青岛啤酒为例，2004 年赞助第一届网球公开赛，2005 年赞助 2008 年的中国奥运会，2006 年赞助厦门马拉松比赛，2007 年赞助世锦赛的中国跳水队，2012 年使用刘翔、易建联、陈一冰、何姿为青岛啤酒伦敦奥运会的形象代言人等，青岛啤酒一系列体育营销品牌战略的实施有效提升了企业品牌的知名度和影响力。

啤酒具有季节性消费特点

啤酒是季节性消费产品，其产销量主要受季节性周期波动影响，夏季一般是啤酒生产和消费的旺季，冬季啤酒销量会减少。当夏季气温出现异常变动时，会对啤酒销量产生影响。如 2016 年，夏季国内多地出现暴雨不断的异常天气使得啤酒销售出现下滑，严重影响了啤酒行业的整年发展态势。

啤酒行业企业营销成本较高

啤酒行业竞争以渠道布局为主，啤酒行业遇到了巨大的市场营销费用成本壁垒。啤酒营销成本包括进店费、促销费用、媒体投放、人员工资等成本。2012~2016 年，青岛啤酒销售费用率（即销售费用占营业收入的比例）由 19.1% 上升到 23.1%；燕京啤酒销售费用率由 12.1% 上升到 13.6%；珠江啤酒销售费用率由 16.5% 上升到 17.1%。啤酒企业销售费用率不断增长，制约了啤酒行业的利润增长潜力。因此，目前，中国各大啤酒制造企业均积极调整产品结构和推出中高端产品，以期望提高企业盈利水平。

啤酒电商发展较快

国内部分啤酒企业自建电商平台以及综合类电商平台，啤酒电商在互联网经济形势下顺势而生，并在 2016 年实现高速发展。例如，燕京啤酒从 2014 年 9 月到 2017 年 3 月，落地天猫、京东，两年间营收超 2000 万元。并且，2015 年，燕京啤酒官方旗舰店成功上线，旗舰店象征着燕京啤酒品牌的网络影响力及啤酒产品品质，而京东等成熟的第三方平台的助力，使燕京啤酒在品牌展示、品牌活动和品牌网络体验方面都有了全新的突破发展。另外，青岛啤酒也积极发展电子商务，青岛啤酒构建了"互联网+"渠道体系，建立了官方旗舰店+官方商城+

网上零售商＋分销专营店的立体化电子商务渠道体系，搭建了自有电商渠道，上线移动端"青岛啤酒微信商城"、"APP青啤快购"，多渠道满足了互联网时代消费者的购买需求和消费体验。

啤酒企业积极拓展线上销售渠道，做到线上线下相结合的销售模式，一方面，有助于提升啤酒的产品知名度和品牌影响力；另一方面，有助于帮助啤酒企业积极响应国家政策号召，成功实现传统企业向"互联网"模式的转型。

1 行 业 定 义

1.1 定义

该报告中所指行业为：以麦芽（包括特种麦芽）为主要原料，加酒花，经酵母发酵酿制而成，含二氧化碳、起泡、低酒精度（体积分数）2.5%~7.5%的发酵酒产品的生产，以及啤酒专用原料麦芽的生产。

1.2 主要产品

行业内企业主要产品包括瓶装啤酒、罐装啤酒、桶装啤酒。

1.3 产业链

1.3.1 上游行业

011——谷物种植
2239——其他纸制品制造
3054——日用玻璃制品制造
3055——玻璃包装容器制造
3333——金属包装容器制造

1.3.2 下游行业

5127——酒、饮料及茶叶批发
5212——超级市场零售

5219——其他综合零售
5226——酒、饮料及茶叶零售
6120——一般旅馆
6210——正餐服务
623——饮料及冷饮服务

1.4　竞争行业

1512——白酒制造
1514——黄酒制造
1515——葡萄酒制造
1519——其他酒类制造

2　行业成长

2.1　行业发展：行业销售收入增长放缓

2012~2016 年，中国啤酒制造行业销售收入整体保持增长态势，但增长态势趋缓，销售收入从 1644.4 亿元增长到 1868.5 亿元，年均复合增长率为 3.7%（见图 1）。

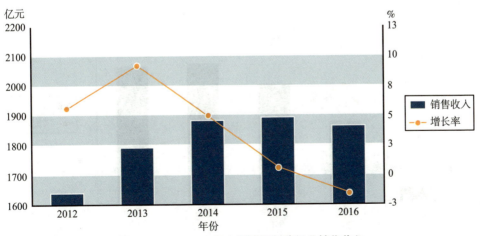

图 1　2012~2016 年中国啤酒制造行业销售收入

资料来源：国家统计局，华通行业研究。

2013~2014 年，受人均可支配收入水平提高、人口规模增长以及居民生活水平提升的影响，中国啤酒制造行业销售收入持续增长，2013 年和 2014 年该行业销售收入增速分别为 9.2% 和 5.0%。

2015 年，受国内经济增速放缓以及夏季异常天气影响，啤酒消费增速受到明显抑制，中国啤酒制造行业销售收入达到 1897.1 亿元，同比增速仅为 0.6%。

2016 年，啤酒市场整体持续低迷，中国啤酒制造行业销售收入为 1868.5 亿元，同比下降 1.5%。啤酒是季节性消费产品，夏季是啤酒的消费高峰期，但是 2016 年夏季国内多地出现暴雨不断的异常天气使得啤酒销售出现下滑，严重影响了啤酒行业的整年发展态势。另外，国内经济增长持续放缓，制造业等行业发展趋缓，外来务工群体减少，啤酒行业中占有主要地位的低端产品销量下滑，对该行业造成了严重影响。

2.1.1　行业盈利能力稳步上升

由图 2、图 3 可知，2012~2016 年，中国啤酒制造行业盈利能力整体上涨，毛利率从 6.6% 上升至 7.7%，主要得益于国内啤酒消费升级的拉动。

2012 年，全行业实现利润总额 108.9 亿元，同比下降 12.5%，这主要是因为原材料成本的大幅上涨。2012 年啤酒企业使用的主要原料麦芽价格同比上涨 6.4%，辅料大米的价格上涨 7.7%，主要包装物啤酒瓶的价格上涨 16.4%。综合上述因素，2012 年中国啤酒制造行业生产成本上升了 11.7%，单位产品生产成本上升了 13.8%，因此，中国啤酒制造行业毛利率由 2011 年的 8.0% 下降到 6.6%。

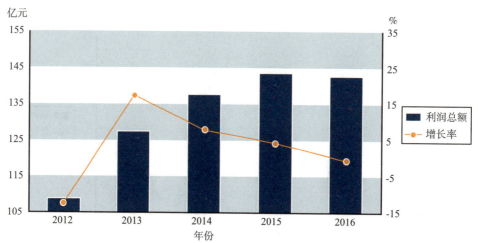

图 2　2012~2016 年中国啤酒制造行业利润总额

资料来源：国家统计局，华通行业研究。

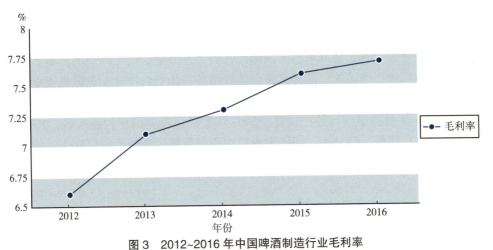

图 3　2012~2016 年中国啤酒制造行业毛利率

资料来源：国家统计局，华通行业研究。

2013 年，中国啤酒制造行业共实现利润总额 127.8 亿元，同比增长 17.4%，这是由于啤酒消费市场需求增长，尤其是中高端产品市场需求旺盛，啤酒制造商的市场议价能力有所增强，该行业毛利率达到 7.1%。

2014 年，受中高端啤酒产品市场需求持续增长影响，中国啤酒制造行业毛利率进一步上升到 7.3%。

2015 年，受国内经济增速放缓和异常天气的影响，啤酒消费受到一定抑制。同时，原材料、人工、运输等成本上升给啤酒行业带来一定的经营压力，利润总额增长了 4.3%，增速出现明显回落，但是，啤酒产品消费结构的提升促使该行业毛利率上升到 7.6%。

2016 年，受整体啤酒消费低迷的影响，利润总额预计出现下降，同比降幅为 0.6%。但得益于消费升级的拉动，行业盈利能力略有提升，为 7.7%。

2.1.2　企业并购活跃

随着啤酒市场竞争程度的增加，啤酒工业产业结构进入了高速规模整合阶段，中国啤酒制造行业趋向规模化、集团化。2001 年以来，中国啤酒市场有超过 80 多次的收购、兼并、参股事件。青岛啤酒收购嘉禾啤酒、华润雪花收购金威啤酒等并购活动均促进了中国啤酒企业趋向规模化，这有利于提高中国啤酒制造行业的整体经济效益水平和行业竞争力。

2.1.3　啤酒企业通常实施体育营销品牌战略

体育作为全世界沟通的渠道，不分地域和国界，已经越来越受到人们的关注，同时，中国体育产业得到又快又好的发展。中国啤酒品牌制造商为了有效实施品牌战略，通常进行体育营销，这主要是因为一方面由于体育营销具有高效的营销传播效能且有助于将企业品牌推向国际化；而另一方面，由于啤酒的消费者中有很多就是体育迷，啤酒的产品特点符合体育精神且体育营销让企业曝光度更大。以青岛啤酒为例，2004 年赞助第一届网球公开赛，2005 年赞助 2008 年的中国奥运会，2006 年赞助厦门马拉松比赛，2007 年赞助世锦赛的中国跳水队，2012 年使用刘翔、易建联、陈一冰、何姿为青岛啤酒伦敦奥运会的形象代言人，等等，青岛啤酒一系列体育营销战略的实施有效提升了企业品牌的知名度和影响力。

2.2 生命周期阶段：成熟期

华通行业研究认为，中国的啤酒制造行业现处于成熟期。

中国啤酒制造行业经历了起步、发展、快速增长等多个阶段，现在已经进入行业成熟期。受餐饮、夜场等渠道消费下滑的影响，啤酒生产量下滑，2012~2016 年，啤酒产量从 4778.6 万千升下降至 4506.4 万千升。

行业内并购活动的加剧使得行业竞争愈加激烈，企业数量逐渐减少，2012~2016 年，中国啤酒制造行业企业数量由 493 个减少到 459 个，年均下降 1.6%。

2012~2016 年行业工业增加值实现年均复合增长率 4.1%，低于同期 GDP 年均增速，行业进入成熟期，产业增长速度放缓等。

随着中国城镇和农村居民可支配收入的不断上升，中国各地区的啤酒消费量将会继续上涨，但是未来啤酒消费量增速将会趋缓同时，随着啤酒消费量趋于稳定以及消费者口味的变化，啤酒厂家将加大对新品研发以及技术研发对的投入，以满足市场消费者从对量的追求到对质的追求的转换，中高档啤酒市场将有望得到较快发展。

2.3 行业波动性

行业波动性水平：低

2012~2016 年，啤酒制造行业销售收入波动上涨，然而增速波动幅度较小，为 4.0%。

2012 年，国内经济增速放缓以及异常天气使行业产品的消费受到一定抑制，啤酒行业收入增速小幅下滑至 5.6%。2013 年，中国夏季平均气温较常年较高，多地最高气温破极值，作为夏季重要的解渴消暑饮料，啤酒销量增速回暖，销售收入上涨了 9.2%。从 2014 年收入实现 5.0% 的平稳增长后，行业增速开始明显下滑，行业陷入低迷状态。2015 年，受国内经济增速放缓以及异常天气的影响，行业销售收入同比增速仅为 0.6%。2016 年，啤酒市场整体持续低迷，行业销售收入同比下降 1.5%。

啤酒的产销量主要受季节性周期波动影响，夏季一般是啤酒生产和消费的旺季，冬季啤酒销量会减小。当夏季气温出现异常变动时，会对啤酒销量产生影响。近年来，虽然夏季异常天气频现，但是年与年之间气温差异不高，所以并没有引起行业销售收入的大幅度波动，行业波动性水平较低。

3 市 场 特 征

3.1 市场概述

3.1.1 销售规模

中国成为世界第一大啤酒消费国

2002 年，中国啤酒销量首次超过美国，成为世界第一啤酒消费大国。此后，中国市场开始引领世界啤酒市场发展。目前，中国已经连续数年成为世界最大的啤酒消费国。

中国消费市场广阔，啤酒消费主要是国内市场，出口占比很低。庞大的消费人群和人口基数成就了中国国内较高的啤酒消费总量，2014 年，中国人均啤酒消费量达到 34.2 升，略高于世界平均水平（约 33 升 / 年）。

中国啤酒行业自 2014 年起进入行业调整期，消费需求增速呈现下降态势，甚至变为负增长，这主要是因为消费结构逐步升级，而中国啤酒主流产品依然以低端产品为主，不能满足市场消费需求。预计未来 3~5 年，基于消费结构转型和产品结构转变，以及啤酒中华民族文化的完善、逐步推进和深入，中国啤酒市场的消费容量仍有增长空间。

3.1.2 生产规模

中国啤酒产量呈现下滑态势

2014~2016 年，全国啤酒行业在市场趋于饱和、产能初显过剩的大环境下，产量规模连年出现负增长局面。中国啤酒行业遭遇了增长瓶颈，国内消费市场基本趋于饱和，在经历了产能高度膨胀期之后，目前全行业产能走势出现回落，已经连续 3 年呈现行业总产量负增长态势（见图 4）。

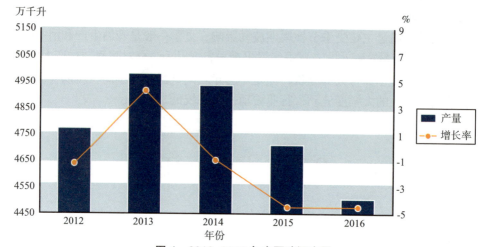

图 4　2012~2016 年中国啤酒产量

资料来源：国家统计局，华通行业研究。

2015 年，中国啤酒市场受经济增速放缓、夏季异常天气等因素影响，啤酒产量同比下滑了 4.5%。

2016 年，国内经济增长放缓、低端啤酒产品市场需求下降和夏季异常的气候都对啤酒市场产生了不利影响。全年啤酒产量累计为 4506.4 万千升，同比降幅为 4.4%。

3.1.3　产品价格

原材料价格波动影响啤酒价格

啤酒价格主要由以下因素决定：原材料、厂商和经销商的定价、国家产业政策、啤酒进口、产能及市场形势变化等。

近年来，作为啤酒主要原材料的大麦价格处于波动状态，从而对啤酒价格产生直接影响。2012~2015 年，大麦均价呈现细化态势，降低了啤酒行业的采购成本，缓解了企业的成本压力。2012 年以来，进口啤酒大麦价格开始出现持续性的回落，但是 2012 年底，进口单价再次回升至年初 300 美元 / 吨以上的水平，并在 2013 年全年保持在 300 美元 / 吨以上。2014 年，大麦价格开始下滑并在 2 月跌破 300 美元 / 吨，10 月进口大麦均价为 302.3 美元 / 吨，同比下降 8.4%。2015 年大麦价格总体趋势保持稳定，从年初同比下降 18% 到年末同比下降 4%，跌幅收窄。2016 年，国内大麦种植面积及产量双双下降，同比 2015 年下降幅度均超过 20 个百分点。国产大麦价格整体提升，均价较上年同比上涨 6.3%，大麦均价的提高对啤酒价格产生了上涨压力。

啤酒企业发力高端市场推动啤酒均价上涨

中国消费者面对进口啤酒的接受程度不断提高，进口单价不断下降，抑制国内啤酒企业的价格上涨。国内啤酒企业也在逐步转变经营策略，专注于提升产品质量、抢占高端市场。近年来，国产啤酒新品如燕京白啤、雪花纯生系列、重啤乐堡等，都在不断发力抢占高端市场以带动国内啤酒均价上涨。

3.1.4 渠道特点

以地产地销为主

由于受到运输半径和新鲜程度的限制，啤酒生产一般以地产地销为主。现阶段啤酒厂商越来越倾向于地产地销模式，通过在销售区域兼并啤酒生产厂或新建生产厂等方式来占领市场。

经销商多品牌经营

经销商很少只经营一个品牌，经销商通常经营多个品牌的啤酒。经销商供货给餐饮店、酒店、超市、商场等终端渠道，啤酒企业会在年终结算时返点给经销商作为奖励。

各级经销商为主力军

啤酒厂商在各地均有代理商或一级经销商，一级经销商继续将产品批发给二级经销商，形成厂商—代理商或一级经销商—二级经销商—三级经销商—终端—消费者的销售渠道。但是，近年来，成本上涨、广告费用、销售费用等持续提升，威胁到啤酒厂商的利润，因此厂商尽量缩短渠道，形成厂商—一级经销商—终端—消费者的模式，和厂家—终端—消费者的渠道模式。第三种渠道模式主要存在于一级市场，而在二、三级市场啤酒销售仍然以各级经销商为主力军。

直销渠道

直销渠道是目前啤酒营销中发展较快的一种渠道模式，适用于啤酒企业本地市场，即针对企业所在的周边城市市场，由厂家直接安排车队，对饭店、超市、酒吧等场所进行直销。不仅开拓市场速度快，而且有利于新品上市、价格控制、品牌提升和维护。

啤酒电商发展较快

国内部分啤酒企业自建电商平台以及综合类电商平台，由此，酒类电商在互联网经济形势下顺势而生，并在2016年实现高速发展。

燕京啤酒积极扩展电商领域，从2014年9月26日到2017年3月，落地天猫、京东，两年间营收超2000万元。2015年，燕京啤酒官方旗舰店成功上线。旗舰店象征着啤酒品牌的网络影响力及啤酒产品品质。而京东等成熟的第三方平台的助力，使啤酒在品牌展示、品牌活动和品牌网络体验方面都有了全新的突破发展。

在营销领域，啤酒企业拓展了线上销售渠道，做到线上线下相结合的销售模式，一方面提升啤酒的产品知名度和品牌影响力；另一方面积极响应国家政策号召，成功实现传统企向"互联网"模式的转型。

3.2 产品细分市场

2016 年中国啤酒制造行业主要产品市场份额如图 5 所示。

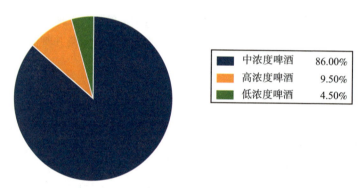

■ 中浓度啤酒	86.00%
■ 高浓度啤酒	9.50%
■ 低浓度啤酒	4.50%

图 5　2016 年中国啤酒制造行业主要产品市场份额

资料来源：华通行业研究。

低浓度啤酒是指原麦汁浓度在 2.5%~9.0% 之间，酒精含量 0~2.5% 之间的啤酒。儿童啤酒、无醇啤酒均属此类型。该种啤酒的酒精量低于普通啤酒，但是产品特性、使用原料和生产流程与啤酒相近似。国内一些较大的啤酒厂商如雪花啤酒、燕京啤酒、珠江啤酒和青岛啤酒等均生产低浓度啤酒。由于其消费群不大，一般只适合某些场合消费，因此低浓度啤酒的销量一直不高。2016 年，以销售收入计算，预计低浓度啤酒在啤酒市场中占比 4.5%。

中浓度啤酒指原麦汁浓度在 11%~14% 之间、酒精含量 3.2%~4.2% 之间的啤酒。该类啤酒产量最大，最受消费者欢迎，淡色啤酒多属于此类型。2016 年，以销售收入计算，预计中浓度啤酒在啤酒市场中占比 86%，通常市面上销售的啤酒均以该品类为主。

高浓度啤酒指原麦汁浓度在 14%~20% 之间、酒精含量 4.2%~5.5%，少数酒精含量高达 7.5% 的啤酒，黑啤酒属于此类型。该种啤酒主要选用焦麦芽、黑麦芽为原料，酒花的用量较少，采用长时间的浓糖化工艺酿成。黑啤酒在国内比较少见，并且厂家也较少，但是黑啤酒越来越受到人们的重视，目前国内的三大黑啤品牌为新疆黑啤、麦城黑啤和青岛黑啤。2016 年，以销售收入计算，预计高浓度啤酒在啤酒市场中占比 9.5%。

3.3　地区市场

2016 年啤酒制造行业产量分布情况如表 1 所示。

表 1 　　　　　　　　　2016 年啤酒制造行业产量分布

省份	产量占比（%）
山东省	13.3
广东省	9.0
河南省	8.8
浙江省	5.5
辽宁省	5.2
四川省	5.2
黑龙江省	4.5
广西壮族自治区	4.0
湖北省	4.0
江苏省	3.9

资料来源：国家统计局，华通行业研究。

中国啤酒生产大省主要集中在华东地区和中南地区，与人口密度基本对应。山东省是全国啤酒产量最高的省份，2016 年山东省完成啤酒产量 600.1 万千升，占全国啤酒制造总产量的 13.3%。山东省啤酒主要市场份额由青岛啤酒占有。青岛啤酒将形成以青岛为中心，济南、烟台为两翼的市场格局，巩固了青啤在山东市场的霸主地位。广东省是啤酒生产大省，啤酒的产量居全国第二位。2016 年，广东省啤酒产量占全国总产量的 9.0%。广东省是诸多啤酒企业扩张的焦点市场，主要市场份额仍被珠江啤酒和金威啤酒把持，但是随着青啤、华润、燕京、百威、喜力等相继在广东建厂，广东市场已经成为中国啤酒业竞争的主要市场。

河南省的啤酒产量也较高，居全国第三位。2016 年，河南省啤酒产量为396.9 万千升，占全国啤酒产量的 8.8%。随着雪花啤酒率先在河南建立生产基地，河南啤酒市场引起行业巨头的高度重视，并且纷纷建立生产基地以抢占市场份额。

3.4 终端市场

啤酒销售的终端渠道主要包括餐饮市场、超市、夜场、社区零售小店、便利店、电商等（见图 6）。餐饮市场是啤酒产品的最主要终端销售渠道，2016 年，餐饮市场中啤酒的销售收入占中国啤酒制造行业销售收入的 40%。在竞争激烈的现代啤酒市场行业中，餐饮渠道被誉为企业的生命线，一个啤酒制造企业能够掌控市场，巩固市场份额通常是由餐饮渠道体现的。餐饮渠道具有进货频率高、出货快等特点，尤其是夏季啤酒消费旺季，并且与消费者接触面广，因此，餐饮渠道通常是众多啤酒制造厂商的必争市场。

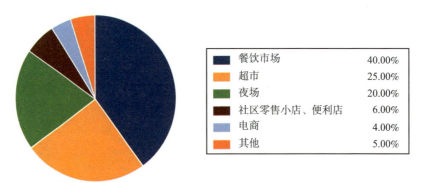

餐饮市场	40.00%
超市	25.00%
夜场	20.00%
社区零售小店、便利店	6.00%
电商	4.00%
其他	5.00%

图 6　2016 年中国啤酒制造行业主要销售终端市场份额

资料来源：华通行业研究。

与餐饮市场相比，超市通常可以给消费者提供较低的价格，并且，超市渠道通常以销售罐啤、礼品装等一些高档啤酒为主。2016 年，超市渠道啤酒的销售收入占中国啤酒制造行业销售收入的 25%。

近年来，随着市场经济的发展，夜场已经开始成为啤酒的重要销售渠道，主要在酒吧、KTV、歌舞厅、夜总会、会所等娱乐场所销售，百威、喜力、嘉士伯等品牌已经在夜场市场占据了一定的主导地位。夜场渠道啤酒销售具有消费量大、利润空间大、品牌意识强、进入门槛高、经营风险大等特点。2016 年，夜场渠道啤酒的销售收入占中国啤酒制造行业销售收入的 20%。

社区零售小店和便利店数量庞大，其便利性和服务性均高于商场和超市，是低端啤酒产品销售的主要渠道。2016 年，该渠道啤酒的销售收入占中国啤酒制造行业销售收入的 6%。

2016 年，电商渠道啤酒的销售收入占中国啤酒制造行业销售收入的 4%。

4 对 外 贸 易

4.1 全球市场环境：全球啤酒行业投资持续升温

美国酿造商协会（Brewers Association）公布的数据显示，2016 年全美啤酒销售额达 1076 亿美元。安海斯·布希（Anheuser Busch）等大型啤酒厂商正大力发展精酿啤酒业务。

美国和欧洲越来越多与啤酒相关的公司（包括相关的啤酒包装和啤酒瓶公司）都在接受私募股权投资，其中，2015 年最多，有 37 次，其次是 2016 年，有 28 次。如总部位于美国麻省的私募股权投资公司 Fireman Capital Partners 在 2015 年收购了 Dale's Pale Ales 的母公司 Oskar Blues Brewery。2016 年，该投资公司又赞助了 Oskar Blues' 啤酒公司收购总部位于美国佛罗里达的啤酒公司 Cigar City Brewing。

全球啤酒行业最大并购完成

2016 年底，全球最大的两家啤酒商百威英博（Anheuser–Busch InBev）和萨博米勒（SABMiller）并购正式完成。收购 SABMiller 后，百威英博可进军涵盖 17 个国家的非洲啤酒市场，以缓解其在美洲、欧洲市场的疲软。

两大啤酒商强强联合，可以通过资源整合来实现利润最大化，摊薄成本，减少彼此之间的竞争消耗。百威英博、SABMiller 在全球市场的业务重叠并不多，合并完成后，其分销网络可以进一步扩大，双方都可借势进入对方具有优势的市场。

4.2 出口：中国啤酒出口额占比较小

虽然中国是全球第一大啤酒生产国，但是出口额较小（见图 7），2016 年出口总额仅占行业销售收入的 0.7%，比 2012 年高于 0.2 个百分点。中国啤酒在国际市场上一直处于弱势的竞争地位，即便是青岛啤酒这样的国际性品牌，每年出口量占总产量的比例也比较有限。自 2012 年开始，中国啤酒出口波动上涨，但是出口量增速远远低于国内销量，而出口单价也仅由 2014 年的 0.58 美元 / 升上涨至 2016 年的 0.66 美元 / 升，价格涨幅较小。

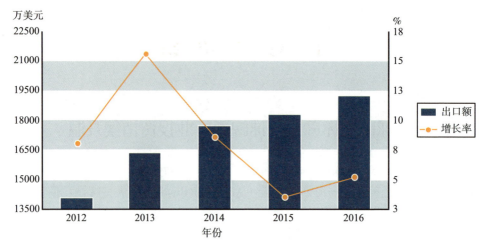

图 7　2012~2016 年中国啤酒制造行业出口额

资料来源：中国海关，华通行业研究。

出口目的地以邻近的经济体为主

中国啤酒出口地区较多，但地区集中度很高，以邻近的经济体为主。2016 年，中国台湾地区、中国香港地区、韩国、缅甸和澳大利亚五个经济体的啤酒出口额占行业出口总额的 64.2%，而马来西亚、阿联酋、中国澳门地区、美国和法国等其他经济体的出口额仅占行业出口总额的 35.8%。这是因为啤酒消费者对产品新鲜度要求较高，运输的距离和成本在很大程度上影响了中国对其他地区的啤酒出口。除此之外，中国啤酒的质量、口感、包装等方面与国际产品有一定差距，其品牌的国际知名度也较低，这些因素对啤酒出口均造成了消极影响。

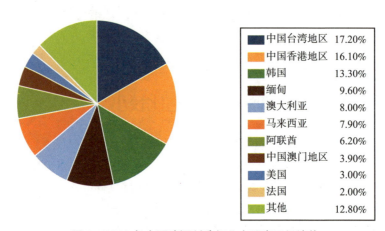

图 8　2016 年中国啤酒制造行业主要出口经济体

资料来源：中国海关，华通行业研究。

4.3 进口

4.3.1 进口呈现上升趋势

日益扩大的产能使得中国啤酒生产能力不断提升，国内市场的绝大部分需求均由国内啤酒生产厂商提供，进口啤酒所占份额极少。但随着居民人均可支配收入的提升以及消费结构的变化，啤酒进口量自2012年开始快速增长（见图9）。2012~2016年，中国啤酒进口额从1.4亿美元增长到6.7亿美元，年均复合增长率达49.0%。受国内原料工艺研发的限制，中国从国外进口诸如熟啤、黑啤等丰富啤酒类型，中国进口的啤酒以高档产品为主。2016年，受国产啤酒高端市场的布局，进口啤酒增速大幅下滑，同比上涨了15.8%，较上年回落26.7个百分点。

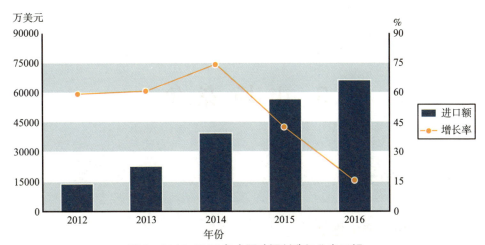

图9 2012~2016年中国啤酒制造行业出口额

资料来源：中国海关，华通行业研究。

4.3.2 啤酒主要从欧洲进口

中国啤酒进口的来源国很多，但是地区集中度很高。2016年，中国自德国、荷兰、西班牙、比利时、墨西哥和葡萄牙进口啤酒占进口总额的80.6%，而其他国家进口的啤酒进口额合计为行业总量的19.4%（见图10）。

中国啤酒业的国际化程度很高，诸多知名国际啤酒生产商均在中国设立独资、合资工厂或通过兼并啤酒厂建立了生产基地，包括英博、百威、嘉仕伯、喜力、三得利、朝日、麒麟等。这些企业将先进的技术和设备引入中国工厂，提高了中国啤酒的质量和生产效率。而在国内拥有生产基地的外资啤酒巨头，以低廉的成本在中国发展啤酒业务，既不用支付高昂的运输成本，也不必担心因长途运输造成的口感变化和产品损耗。

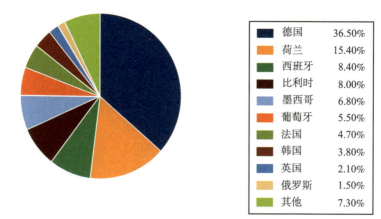

德国	36.50%
荷兰	15.40%
西班牙	8.40%
比利时	8.00%
墨西哥	6.80%
葡萄牙	5.50%
法国	4.70%
韩国	3.80%
英国	2.10%
俄罗斯	1.50%
其他	7.30%

图10　2016年中国啤酒制造行业主要进口国家和地区

资料来源：中国海关，华通行业研究。

5　市　场　竞　争

5.1　竞争维度

5.1.1　内部竞争维度

啤酒厂商主要在以下几个方面展开竞争：

价格。啤酒企业通常采取价格战来获得市场份额，但价格战是低层次的竞争，在低档啤酒销售中使用较多。目前，中国啤酒业中近半数的企业处于亏损或微亏的边缘，从企业发展的长远角度分析，价格竞争对企业发展极为不利。

品牌。啤酒质量具有同质化趋势，因此质量竞争不再是企业的核心竞争，而品牌则成为企业核心竞争力的重中之重。突出自己的品牌独特个性和丰富的内涵，向消费者传达产品背后的企业形象，提高企业的整体竞争力。品牌竞争将成为啤酒企业的竞争焦点。

工艺。啤酒的生产工艺是啤酒企业竞争的焦点之一，随着消费者对啤酒新鲜度要求的日益提高，啤酒企业会在啤酒保鲜度以及延长保鲜期等方面进行科技创新。

资本

资本竞争，是实现啤酒企业市场扩张的硬实力。啤酒企业多数为地产地销，如果想要整合各区域的啤酒品牌，那么企业必须具备雄厚的资本。以华润雪花啤酒为例，华润雪花近几年迅速发展，主要就是依靠其大股东华润创业的雄厚资本。

产销网络。受运输半径和新鲜程度的限制，啤酒生产一般以地产地销为主。拥有完整生产和销售网络的啤酒厂家更有利于获得较高的市场份额。

5.1.2 外部竞争因素

该行业面对的外部竞争主要来自：进口啤酒，主要为高档啤酒；替代产品，如白酒、葡萄酒、黄酒、饮料等制造业；

5.1.3 主要成功要素

啤酒制造企业的主要成功要素包括：强大的批发分销商网络；成功的广告推广；酿酒工艺；具有领导行业的品牌；规模经济。

5.2 竞争格局

5.2.1 行业内竞争异常激烈

中国啤酒市场竞争格局存在区域化、品牌分散等问题，但是随着国内外啤酒企业巨头在国内市场的扩张，行业竞争加剧，啤酒业出现大范围整合，行业集中度得到提高。

经过多年发展，中国啤酒企业形成三大阵营。第一阵营包括华润雪花、青岛啤酒和百威英博。三大企业的全国性品牌知名度很高，在全国市场形成三足鼎立之势。第二阵营主要包括燕京啤酒、嘉士伯、珠江啤酒等强势地方品牌，这些企业在当地市场及周边市场知名度和市场占有率很高。第三阵营为规模较小的地方企业。

随着全国三大啤酒巨头的扩张和强势地方企业的发展，地方小企业的生存空间将会被挤压。而内外资大型企业的兼并和扩产将会继续，市场集中度有望继续提升。

啤酒行业在中国仍然具有较大的拓展空间。由于各地区经济发展水平的不平衡，使得啤酒产业过多集中在东部经济发达地区，造成地区生产能力过剩，行业竞争异常激烈。随着越来越多的啤酒厂家将目标瞄准西部地区并开始设立工厂，以抢占西部地区市场份额。目前，中国啤酒制造业逐渐迈向集团化、规模化，啤酒企业不断向现代化、信息化方向发展，品牌竞争和资本竞争的重要性愈发凸显，啤酒制造业的激烈竞争格局仍将延续。

5.2.2 啤酒产业向高端化延伸

中国啤酒工业已经进入成熟发展阶段，啤酒产品品牌和质量趋向成熟。啤酒高端化是市场的发展趋势，特别是中国目前高端啤酒市场，以百威、喜力、嘉士伯等欧美强势品牌为代表的外资高端啤酒。中国啤酒高档产品生产规模小，产量很低。

面对国内啤酒低端市场下滑的趋势，国内啤酒企业纷纷布局高端市场。如燕京啤酒早在 2013 年时便推出了原浆白啤，并定位中高端啤酒市场；青岛啤酒旗下鸿运当头、奥古特、经典 1903 和纯生等一系列中高端啤酒也在越来越多地抢占市场份额；珠江啤酒推出了精酿系列等高端产品。

随着国内啤酒企业在高端市场的投入的增加，未来高端市场将成为啤酒企业竞争主战场。

5.2.3 行业整合步伐加快

随着啤酒市场竞争程度的增加，啤酒工业产业正在进行大规模的整合。近年来，华润、青岛、燕京三大啤酒行业巨头加快自身整合并购速度，中国啤酒制造行业竞争格局正被逐步改变。啤酒行业整合，也是啤酒产业发展的要求，一些区域品牌或者一些中小企业的发展受到资本和产品线限制，发展遇到瓶颈，通过整合途径来实现企业管理、技术、文化的融合，企业的经营水平和能力得到提高，有利于实现经济效益的最大化。

5.3 行业集中度

中国啤酒行业集中度处于中等水平。2016 年，华润雪花、青岛啤酒、百威英博、燕京啤酒四家企业销量分别达到 1171.5 万千升、792.0 万千升、724.8 万千升、450.4 万千升，这四家企业销量预计达到行业总销量的 60% 左右。

啤酒的地区消费性和新鲜度限制了啤酒企业的销售半径。啤酒企业通常采取"地产地销"方法，解决长距离运输导致运费增加以及产品不能保鲜等问题。目前除华润雪花、青岛啤酒、燕京啤酒、英博集团等啤酒厂商通过在销售区域兼并啤酒生产厂或新建生产厂等方式，来开拓市场，其他品牌如珠江啤酒、重庆啤酒等地方强势品牌仅是在巩固主销地的基础上，开拓周边区域市场，其产品覆盖率并不高。

未来几年，啤酒制造行业的集中度将进一步提高，集团化与规模化仍然是啤酒行业未来的发展趋势。行业整合的态势将会继续延续，凭借资本优势、原料控制能力、渠道控制能力、规模化优势、品牌支持力等，大企业将会掌握更多行业资源，市场占有率继续提高，而大多数中小区域啤酒品牌，将在压力中继续成长，未来生存空间也将越来越小。

5.4　成本结构

从图11可以看出，中国啤酒行业具有高资本密集度、高采购成本的特点。2012~2016年，中国啤酒制造行业盈利能力呈现上升趋势，从6.6%上升至7.7%，这一方面是由于企业经营逐渐规模化，一定程度上实现了规模经济，促进了毛利率的上升；另一方面是随着消费结构的升级，企业竞争的焦点由价格竞争转向品牌竞争，行业产品结构逐步高端化。

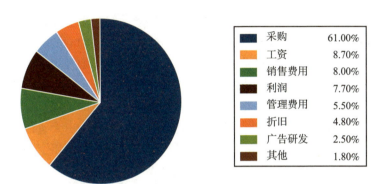

■	采购	61.00%
■	工资	8.70%
■	销售费用	8.00%
■	利润	7.70%
■	管理费用	5.50%
■	折旧	4.80%
■	广告研发	2.50%
■	其他	1.80%

图11　2016年中国啤酒制造行业成本结构

资料来源：华通行业研究。

采购是该行业最大的成本项目，占总收入的61.0%。采购成本随着麦芽、大米、酒花、包装物等材料价格的变化而相应上浮或下降。折旧费在销售收入中所占比例在近几年基本保持稳定增长态势，这表明了设备投资水平的稳定增长。员工工资占总收入的比例稳定提高，人均年工资从2012年的4.6万元提高至2016年的7.2万元，这也反映出行业人工成本的增加。该行业广告投入水平比较高，尤其是新产品的上市前期及中期投入。行业的研发费用相对较低，但是未来啤酒企业将越来越关注高档啤酒，研发费用也将相应的提高。其他成本包括租金、水电、运输和燃料成本、工厂及设备修理和维护支出、保险等。

5.5　进入壁垒

规模壁垒。啤酒行业是典型的规模经济行业，规模经济表现为在一定时期内产品的单位成本随总产量的增加而降低。规模经济要求啤酒生产企业必须具备一定规模的生产能力。根据行业经验，单个啤酒厂的年产量必须达到10万千升以上才具有规模经济效应，而要在国内啤酒行业的竞争格局下形成一定区域的竞争力、实现经济效益，啤酒生产企业年产销量一般需要达到20万千升以上，较高

的产销量要求形成了啤酒行业的规模壁垒。

品牌壁垒。随着中国啤酒行业市场集中度的提高以及主要啤酒生产企业长时间对市场的精耕细作，消费者对啤酒品牌已经形成了一定的忠诚度。全国性啤酒生产企业通过大范围、高强度的宣传和营销，已经建立起了较高的品牌知名度，培养出地域覆盖广泛的消费群体；具有地方优势的啤酒生产企业通过在主要经营区域的长期投入，也培养出当地消费者较为强烈的品牌偏好。新企业需要较长时间和较大投入才能打破既有的品牌格局，形成品牌影响力。消费者的品牌偏好形成了啤酒行业的品牌壁垒。

渠道壁垒。作为快速消费品，经销商、分销商、终端零售商构成的渠道网络对啤酒的销售非常重要。由于最终需要面对广大消费者，啤酒的销售网络需要由大量的渠道环节和销售终端构成。大型啤酒企业通过多年的发展已经建立了成熟的销售网络，并与网络中的各销售机构建立了良好的合作关系。新的啤酒生产企业在构建销售渠道时，难以获得优质经销商的信任和优良的渠道资源，而建立新的销售渠道需要投入大量的时间和资源；在终端零售商处，由于资源和空间的有限性，新企业往往需要付出比现有企业更高的成本才能获得销售空间。销售网络的复杂性和有限性形成了啤酒行业的渠道壁垒。

政策壁垒。食品安全是国家高度关注的问题，国家质检总局对啤酒生产设置有食品生产许可、强制检验等食品质量安全准入制度；国家发改委根据产业结构调整的需要，会对产能低于一定标准的生产线进行限制和淘汰；同时，环保部对啤酒生产的污染物排放也规定有强制标准。这些强制性标准和准入制度已成为啤酒行业的政策壁垒。

6　重点企业

2016年，中国企业新闻联盟发布了中国2016年十大啤酒品牌排行榜如表2所示。

表2　　　　　　　　　2016年中国十大啤酒品牌排行榜

排名	品牌	公司
1	青岛	青岛啤酒股份有限公司
2	燕京	北京燕京啤酒集团公司
3	百威	百威英博投资（中国）有限公司
4	雪花	华润啤酒（控股）有限公司

排名	品牌	公司
5	珠江	广州珠江啤酒集团有限公司
6	哈尔滨	百威英博投资（中国）有限公司
7	嘉士伯	嘉士伯啤酒集团
8	喜力	喜力亚太酿酒（中国）企业管理有限公司
9	雪津	英博雪津啤酒有限公司
10	金星	金星啤酒集团有限公司

7 经 营 环 境

7.1 政策法规

啤酒制造业由工信部、质检总局、环保局等部门共同进行监管。工业和信息化部负责对啤酒制造业进行监管；国家及地方环境保护总局负责监督啤酒生产，监督啤酒企业污染物排放控制；国家质量监督检验检疫总局负责对啤酒质量进行检查抽查，保障食品制造安全。

《啤酒工业污染物排放标准》由国家环保总局和国质监总局共同发布，该标准有利于促进啤酒工业生产工艺和污染治理技术进步，加强啤酒企业污染物的排放控制。

自 2009 年 10 月 1 日起，由中国酿酒工业协会修订的新《啤酒》国家标准正式实施。与原国标相比，新标准修改了干啤酒、冰啤酒、低醇啤酒、小麦啤酒、浑浊啤酒的定义，并增加了无醇啤酒和果蔬类啤酒的定义。新国标对淡色啤酒的泡持性、酒精度、原麦汁浓度、总酸、二氧化碳指标进行了调整，对浓色啤酒的泡持性、酒精度、原麦汁浓度、二氧化碳指标进行了调整，另增加了蔗糖转化酶活性要求。《啤酒》国家标准的颁布有助于进一步规范啤酒生产，促进市场有序竞争。

自 2013 年 8 月 1 日起，食品安全国家标准《发酵酒及其配制酒》正式实施，新国标要求啤酒应表示原麦汁浓度，并以"°P"为单位；用玻璃瓶包装的啤酒应表示"切勿撞击，防止爆瓶"等警示语。

啤酒制造行业实施生产许可证管理制度。在生产许可证上应当注明获证产品名称即啤酒，并注明生产的产品品种（熟啤酒、生啤酒、鲜啤酒、特种啤酒），生产许可证有效期为 3 年。

7.2 行业扶持

政府扶持啤酒产业发展。2016 年，中国酒业协会发布了《中国酒业"十三五"发展指导意见》，指出，到 2020 年，啤酒行业规划产量为 5400 万千升，年均复合增长 2.75%；销售收入达到 2600 亿元，年均复合增长 6.51%。

该指导意见鼓励酿酒企业加大科技投入，酒类技术装备要提高机械化、现代化、智能化和信息化水平。把智能技术引入白酒业，实现白酒酿造智能化，促进酿造高品质产品。同时，该指导意见协调引导酿酒产业集群发展，优化酿酒产业布局，建设先进制造业基地和现代化产业集群，打造特色经济区域集群，培育优质酿酒原辅料产区。

出口退税。国家规定啤酒产品的出口退税率为 15%，出口退税率的实施有助于减轻啤酒出口企业面临的经营压力，对提高啤酒企业出口竞争力有积极作用，进而推动中国啤酒制造行业的发展。

7.3 技术/体系

技术变化程度高。中国啤酒工业起步比较晚，但是发展迅速，啤酒生产工艺水平显著提高。现阶段啤酒制造业的发酵技术分为传统发酵技术和现代发酵技术，而我国啤酒制造商多采用现代发酵技术生产啤酒。

无醇啤酒酿造技术。无醇啤酒是供汽车司机、妇女、儿童和老年人饮用的一种清凉饮料。它的特点是酒精含量低。无醇啤酒酒精含量一般在 0.5%~1%，泡沫丰富，口味淡爽，有较好的酒花香味，保持了啤酒的特色。

国内外无醇啤酒的制造方法可分为两大类：即限制发酵法和正常发酵后脱酒精法。限制发酵法是限制麦汁中的可发酵性糖的含量及限制其向酒精转化的方向，即通过控制啤酒发酵过程中酒精的产生量使其处在所要求的范围内，如 Ludwigii 酵母法、Barrell 专利法、高温糖化法等。脱醇法是将正常发酵啤酒中的酒精通过各种手段去除，以达到要求的标准，如减压蒸发法、膜过滤法等。因此生产中无论采用何种方式，其生产的关键在于要求啤酒中的酒精含量低而各种风味物质却不能少，其他质量指标也必须有相应的保障。

纯生啤酒酿造技术。啤酒的酿造从最初的自然发酵到相对的纯种发酵，一直到现在的纯生啤酒生产，是一个逐步摆脱野生酵母和细菌的污染，只靠纯培养的啤酒酵母发酵的过程。纯生啤酒生产必须做到整个生产过程无菌或得到控制，最后进入到无菌过滤组合系统进行无菌过滤，如复式深层无菌过滤系统和膜式无菌过滤系统。经过无菌过滤后，要求能基本除去酵母及其他所有微生物营养细胞（无菌过滤 LRV ≥ 7），确保纯生啤酒的生物稳定性。生产方式主要包括微生物抑制法、紫外杀菌法、无菌过滤法。

8 市 场 预 测

8.1 关键影响因素

居民可支配收入。城镇和农村居民人均可支配收入持续增长，2016 年，城镇居民年人均可支配收入上涨至 33616 元，同比增长 7.8%，农村居民年人均纯收入上涨至 12363 元，同比增长 8.2%。收入水平的提高将有力拉动啤酒消费量。

消费升级。随着居民消费水平的提高，消费者对啤酒产品需求的多元化带来市场消费结构性升级，推动产品加快向以听装啤酒和精酿产品为代表的高附加值产品转型，促使消费者对中高端啤酒的需求提升。得益于居民消费结构的持续升级，中高端啤酒市场将实现快速发展。

气候因素。中国啤酒消费具有明显的季节特征。一般来说，北方市场的二、三季度为旺季，南方市场二、三、四季度均为旺季。因此旺季的气温变化对啤酒销售有直接影响。

消费习惯。中国消费者更加关注健康饮食习惯，文明饮酒和健康饮酒日益深入人心。许多地区消费者在啤酒产品的选择上，关注口感、包装、品牌等因素，中高档啤酒需求快速增长。

人口规模。据统计，18~59 岁年龄段的人口是啤酒消费的主体，而这一年龄段的人口在总人口中所占比重最大，该年龄段人口未来几年将会持续增长，为啤酒市场的发展提供充足的客户资源。

大型赛事等活动推动。大型赛事对啤酒消费有极大的推动作用。奥运会、残奥会、世界杯的召开均促进国内啤酒消费需求的上涨。近年来，大型赛事等活动数量不断增多，将会促进国内啤酒消费需求的上涨，同时也是提升品牌形象的有利时机。

原材料价格。大麦、啤酒花、大米、包装物等原材料价格的上涨带动企业生产成本高涨，尤其是作为主要原料的大麦。中国啤酒企业每年从国外大量进口啤酒大麦，该产品价格受国际市场行业的影响较大。随着中澳自贸协定等的

逐步实施与推广，长期进口啤麦价格仍有望进一步回落，将推动行业的进一步发展。

8.2 市场发展预测

行业将持续稳步增长。华通行业研究预计，中国啤酒市场将稳步增长。根据《中国酒业"十三五"发展指导意见》，到2020年，啤酒行业规划产量为5400万千升，年均复合增长2.75%；销售收入达到2600亿元，年均复合增长6.51%。未来啤酒行业将进一步优化产品结构，增加对中高档产品的投入力度，带动行业销售收入上涨，盈利能力也将继续提高。

随着全国市场整合力度的加大，行业集中度有望进一步提高。生产集约化、经营规模化仍然是中国啤酒业未来的发展趋势。由于受到地方保护、啤酒企业自身资本限制等因素影响，行业的整合需要较长时间。

出口略有提高，进口稳中有降。中国啤酒企业始终以国内市场为主战场，因此在出口产品及营销上的投入较少。受运费、口感、新鲜度的影响，未来，中国啤酒出口仍以邻近的国家和地区为主。

未来几年，啤酒进口量增速将会稳中有降。这是因为中国啤酒企业的技术研发和产品研发投入将会提升，高档和超高档啤酒的种类将会大量增加，产量大幅上涨；而国外进口的啤酒相对成本较高，竞争力减弱。

中高档产品需求增加。消费升级将带动中高档啤酒需求量的增加。消费者对啤酒的口感、品质、新鲜度要求提升，中高档的啤酒市场将会继续快速发展。随着近年来国内企业品牌意识加强，啤酒市场出现了"杂牌减，名牌增"的现象，中高档啤酒日益增多，低价位的啤酒越来越少。

中国白酒行业分析报告

白酒行业弱复苏，但中小酒企仍未脱困。2016 年，包括茅台、五粮液、泸州老窖等国内名酒企业业绩回暖。白酒行业两极分化的趋势更加明显，目前行业复苏态势并未给中小酒企带来更多暖意，部分中小酒企还在去 2013 年的库存，已 3 年未投粮生产。中高端白酒逐步在复苏，中低端白酒的市场份额未必在提升。目前能看到增长数据的，大多是上市公司或白酒行业内的大公司，但实际上中小企业活得很艰难。2017 年中小酒企调整将提速，白酒行业集中度将进一步提升，中小酒企寻找出路越发迫切。

随着白酒行业的调整，酒类销售渠道利润高、散乱的局面将逐渐改变，在市场整体饱和的状态下，实现渠道升级成为白酒企业的竞争必选。

部分酒企自建电商平台以及综合类电商平台。酒类电商在互联网经济形势下顺势而生，并在 2016 年实现高速发展。

2016 年 12 月 1 日，酒仙网 B2B、B2C 开放平台上线。这也意味着酒仙网将会与更多酒类品牌联动，为平台商家及用户提供更多元化的服务和酒品，打造更加完善的酒类电商生态圈。同年，酒仙网推出"一省一品"战略，该模式既能够避免与酒企传统产品之间的冲突，又能推出更加适合在互联网销售的产品，迎合年轻消费群体的需求。另外，酒类电商在品牌运营上经验更加丰富，具体操作中效果更加明显。

在白酒行业实现微回暖、两极分化环境下，高端酒企开始谋划省外市场抢占资源。由此，通过跨省并购酒企，突围全国市场成为 2016 年白酒企业发展的关键。

2016 年年初，安徽古井贡酒正式收购湖北黄鹤楼。6 月 30 日，天洋正式入主沱牌。这也显示白酒行业的进一步集中强化。

目前供给侧改革已上升到国家战略层面，白酒行业也顺势而为。白酒业供给侧改革的逻辑是对外兼并重组、对内整合产品来实现过剩产能的逐步出清。一方面鼓励一线名酒和区域强势酒企展开并购整合，如 2016 年古井贡酒和黄鹤楼进行的战略合作；另一方面就是减少无效供给，增加有效供给，即根据市场需求调整产品结构，将同质化严重的产品整合，做减法，缩减产品数量。

2016 年，国内多家一线酒企集体控量，纷纷对主打品种进行提价。五粮液、泸州老窖、洋河、郎酒、古井贡相继涨价。比如，贵州茅台的核心大单品53度500ml飞天茅台酒市场价格一路走高；五粮液自3月26日起，核心产品52度五粮液出厂价每瓶提高20元至679元；5月1日，泸州老窖高端产品系列国窖1573提价15%。

五粮液、洋河、口子窖等畅销大单品的企业都进行了提价。虽然幅度不大，但对行业而言是一种激励。这种正面的激励既有利于保障渠道利润，又有利于社会需求的提升。

1 行业定义

1.1 定义

本报告中所讨论的行业活动，指以高粱等粮谷为主要原料，以大曲、小曲或麸曲及酒母等为糖化发酵剂，经蒸煮、糖化、发酵、蒸馏、陈酿、勾兑而制成的，酒精度在（体积分数）18%~60%的蒸馏酒产品的生产。

1.2 主要产品

按酒精含量来划分：高度酒：指酒精含量在40~68度之间的酒。低度酒：指酒精含量在40度以下的酒。

1.3 产业链

1.3.1 上游行业

0111——谷物种植

1510——酒精制造

3145——日用玻璃制品及玻璃包装容器制造

4610——自来水的生产和供应

5810——谷物、棉花等农产品仓储

1.3.2　下游行业

6326——饮料及茶叶批发
6512——超级市场零售
6525——饮料及茶叶零售
6710——正餐服务
6720——快餐服务
6790——其他餐饮服务

1.4　竞争行业

1522——啤酒制造
1523——黄酒制造
1524——葡萄酒制造
1529——其他酒制造

2　行业成长

2.1　行业发展

2.1.1　白酒行业触底回升

白酒行业自 2013 年进入深度调整期，目前行业发展由增速快速下滑转入相对平稳发展阶段（见图 1）。

在宏观经济不景气以及限制"三公"消费政策等诸多因素对行业造成的一系列负面影响下，2013~2014 年白酒行业收入增速急剧下滑，甚至跌至个位数。针对此情况，酒企纷纷进行了人事调整、内部改革、战略新品、新兴渠道等变革，逐步适应酒业需求市场的变化。经过近几年的深度调整，白酒行业开始逐渐适应新的市场消费趋势，挖掘出新的消费动力，止住了连续下滑态势。进入 2015 年来，"三公"消费占比已大幅下滑，大众需求逐步提升，行业经营情况有所改善。2015 年，白酒行业实现销售收入 5558.9 亿元，同比增速为 5.7%，较 2014 年提高 2.8 个百分点。

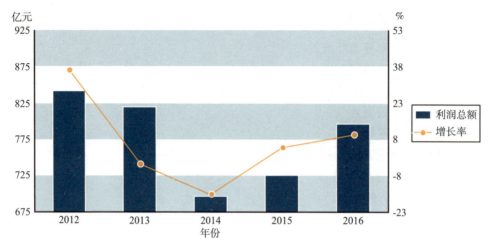

图1　2012~2016年白酒行业利润总额

资料来源：国家统计局，华通行业研究。

2016年，白酒企业持续进行产业转型、创新，积极调整产品结构，白酒企业对主打品种进行了提价。国内白酒行业持续回暖，高端酒销量增长明显。全年销售额增长了10.2%，较上年提高了4.5个百分点。

2.1.2　行业盈利空间

如图2所示，2013~2014年，在限制"三公"消费、"塑化剂事件"影响下，高端白酒的需求受到压制。此外，白酒行业还面临一个更为重要的影响因素——年轻一代消费习惯的改变，即偏向于红酒、洋酒等替代性产品。消费市场转型，业外

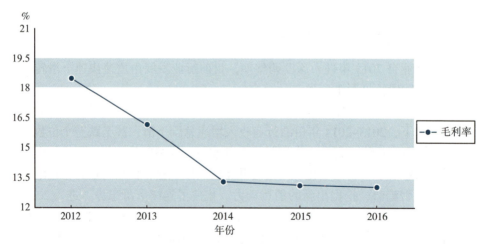

图2　2012~2016年白酒行业盈利能力

资料来源：国家统计局，华通行业研究。

资本刺激，业内竞争急剧增速，导致白酒行业利润连续两年出现负增长。2015年开始，经过行业的调整，经营情况有所改善，利润扭转了负增长的局面。2016年，少数高端企业重新启动了高端产品涨价模式，这对整个白酒行业产品附加值的提升，以至于对全行业利润空间的提升、利润增长的加速，起到重要拉动作用。全年利润总额达到797.2亿元，同比增速为9.6%，较上年提高了5.5个百分点。

同期，白酒制造行业的毛利率逐步降低，盈利能力逐年下降。受益于白酒行业需求调整期进入尾声和面向消费者消费升级需求的产品结构升级，白酒行业的毛利率预计将出现小幅回升。

2.1.3　白酒行业复苏分化

白酒行业弱复苏，但中小酒企仍未脱困。2016年，包括茅台、五粮液、泸州老窖等国内名酒企业业绩回暖。白酒行业两极分化的趋势更加明显，目前行业复苏态势并未给中小酒企带来更多暖意，部分中小酒企还在去2013年的库存，已3年未投粮生产。

经过3年的行业调整期，个人和商务宴请消费开始接替军政消费成为拉动高端白酒需求的重要动力，同时区域性白酒企业的高端产品也逐步退出市场使得高端白酒的竞争格局也同时出现了显著的改善，因此高端白酒需求率先回暖。2016年龙头酒企能穿越调整期，主要得益于白酒消费向主流品牌主力产品集中的消费趋势，也将得益于产业竞争加剧对弱小酒企的挤出效应。

中高端白酒逐步在复苏，中低端白酒的市场份额或将下行。白酒行业上市企业及业内大企业整体呈复苏态势，但中小企业经营仍较为困难。预计2017年中小酒企调整将提速，白酒行业集中度将进一步提升。

2.2　生命周期

生命周期阶段：成长期

华通行业研究认为，中国的白酒制造业现处于成长期。

白酒制造行业在2012~2016年间工业增加值的复合增长率为9.1%，高于同一时期中国GDP增长率（6.5%，按当年价格计算）。这表明该行业处于其生命周期的成长期。

在国家限制"三公"消费政策的影响下，许多酒企纷纷转型中档产品的开发及推广，如泸州老窖推出定价在十几元到几十元之间的新品"泸小二"，沱牌舍得推出价格在100~300元之间的曲酒系列产品，五粮液推出五粮特曲精品、五粮特曲、五粮头曲等产品，加快了新产品的研发。

随着城市化进程的逐步深化，在居民收入增长带动下购买力增强的趋势仍然可以预期。中国家庭可支配收入将不断提高，消费者对白酒，特别是高端白酒的需求依然旺盛。虽然预计白酒市场会受到来自葡萄酒和其他酒类的竞争，但白酒市场并未饱和，未来仍有增长潜力。

2.3 行业波动性

行业波动性水平：中等

2012~2016 年，白酒制造行业的销售收入增长率的波动幅度为 10.0%，处于中等水平。

该行业的产品生产在很大程度上受制于国内经济、国家政策和消费水平的影响。2012~2014 年，商务、政务需求占据较大比重。国家限制"三公"消费政策抑制了商务、政务对高端白酒的需求。2015~2016 年，经过行业的深度调整，大众需求逐步提升，白酒的需求回暖，加剧了行业的波动性。

3 市 场 特 征

3.1 市场概述

3.1.1 销售规模

白酒企业经历 3 年的调整后，已逐步走出销售增幅大幅回落时期。2012~2016 年，中国白酒销量在连续两年的超低速增长后于 2015 年开始小幅回升。2013~2014 年，在经济增速放缓、国家限制"三公"消费、禁酒令等因素影响下，白酒市场销售陷入低迷，销量呈小幅增长。自 2015 年开始，白酒行业的销量增速结束了连续下跌的局面，实现了微量的反弹。从销量数据来看，2015 年，白酒行业销量达到 1278.8 万千升，同比增长 6.3%，较上年增长了 3.2 个百分点。2016 年，白酒市场持续回暖，销量预计达到 1381.0 万千升，同比增速为 8.0%（见图 3）。

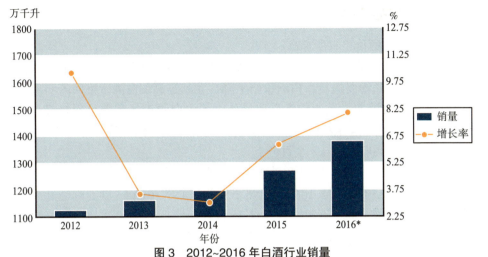

图 3　2012~2016 年白酒行业销量

资料来源：国家统计局，华通行业研究。

3.1.2　生产规模：白酒产量低速增长

2012~2016 年，白酒产业产能过剩明显，生产在不断放缓。随着产能的快速扩张，白酒行业产能过剩的矛盾凸显，同时受国内经济放缓的影响，白酒产量的增长放缓。自 2012 年下半年以来，由于禁酒令、"三公"消费政策趋严等影响，一线白酒市场规模出现萎缩。但白酒大众消费受传统理念的影响，仍具有刚性需求的特点，2016 年白酒产量达到 1358.4 万千升，较 2016 年相比增长了 3.5%（见图 4）。

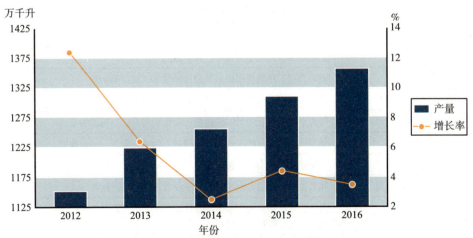

图 4　2012~2016 年白酒行业产量

资料来源：国家统计局，华通行业研究。

3.1.3 产品价格

2016 年，白酒价格有所提高。

2012~2014 年，随着国内经济增速放缓、限制"三公"消费政策、禁酒令的打压，库存高企的经销商纷纷抛货，白酒价格下降，尤其是高端白酒价格回落明显。

2015 年，白酒龙头企业纷纷采取措施，国内白酒市场消费呈现趋稳，价格出现回升的良好势头。全国白酒价格同比指数跌幅逐步收窄，全年累计下跌 2%，与上年相比，跌幅收窄了 1.8 个百分点。

2016 年，国内多家一线酒企销售转好，随着一线名酒集体控量，白酒企业纷纷对主打品种进行提价。比如，贵州茅台的核心大单品 53 度 500 毫升飞天茅台酒市场价格一路走高；五粮液自 3 月 26 日起，核心产品 52 度水晶瓶五粮液俗称"普五"出厂价每瓶提高 20 元至 679 元；5 月 1 日，泸州老窖高端产品系列国窖 1573 提价 15%。

3.1.4 渠道特点：流通渠道呈现新趋势

白酒企业的渠道优势是其掌握市场销售主动权的重要保证。白酒市场的渠道大致可以分为大城市流通渠道、二三级市场流通渠道和乡镇流通渠道；按销售终端进一步细分，可以分为餐饮渠道、商超渠道、零售批发渠道、专卖店渠道、电商渠道等；按渠道的经营实力，又可以分为配送、配销型渠道和资源整合型渠道。随着近年来白酒行业的高速发展，流通渠道呈现逐渐下沉、不断扁化、更加细分的趋势（见表 1）。

表 1　　　　　　　　　　白酒渠道类别及特点

渠道类别	渠道特点
城市餐饮渠道商	主流渠道；但进场门槛高；竞争激烈
城市商超渠道商	进场费用，终端费用高；资金占用量大，结算周期长
城市零售批发渠道商	品牌多，网点分散；但流通环节控制难度大
二、三级市场渠道商	渠道下沉，靠近中低端酒用户；但市场混乱，分销成本高
农村、乡镇渠道商	低端白酒消费量较大；但分销网络不稳固；管理、经营难度大
专卖终端专业化渠道商	有助于树立高端的品牌形象
配送、配销型渠道商	和其他消费品组合配销；但无法经营主流产品或品牌
资源整合型强势渠道商	占有强势终端，拥有众多的分销成员形成的强大渠道网； 但网络运营维护成本较高
电商平台	产品丰富、范围广、价格较低，企业能低成本、快速推广新产品

资料来源：华通行业研究。

餐饮酒店是白酒消费的重要场所。许多白酒企业在新品推广阶段都会采取先进入餐饮渠道的方法，在消费者范围内有一定认知度之后再进入商超渠道。超市终端较为稳定，超市的价格相对平稳，能赢得消费者强烈的认同感。名烟名酒店是高端产品的主要销售终端，近几年，名酒店发展迅速，商店数目急剧上升。

白酒企业操作烟酒店渠道日益成熟，和烟酒店合作越发深入，具有代表性的有衡水在河北、古井在安徽、白云边在河南等。

专卖店不仅是企业销售的一种渠道，还能够起到宣传品牌的效果。在白酒行业，茅台、五粮液的专卖店开得最多。其他一些白酒企业也加入进来。

部分酒企自建电商平台以及综合类电商平台。酒类电商在互联网经济形势下顺势而生，并在2016年实现高速发展。

2016年12月1日，酒仙网B2B、B2C开放平台上线，意味着酒仙网将会与更多酒类品牌联动，为平台商家及用户提供更多元化的服务和酒品，打造更加完善的酒类电商生态圈。同年，酒仙网推出"一省一品"战略，该模式既能够避免与酒企传统产品之间的冲突，又能推出更加适合在互联网销售的产品，迎合年轻消费群体的需求。另外，酒类电商在品牌运营上经验更加丰富，具体操作中效果更加明显。

3.2　产品细分市场：浓香型白酒占据市场主导地位

白酒行业按照酿造工艺和产品口感的不同，可分为浓香型、酱香型、清香型和兼香型四种主流白酒产品。以五粮液为代表的浓香型白酒和以茅台为代表的酱香型白酒分庭抗礼，成为白酒行业的两大旗帜性产品。

由图5可知，目前在中国的白酒消费市场里，浓香型占市场主导地位。在出口方面，浓香型白酒更是占绝对比重，仅五粮液集团一家的出口量就占到了整个白酒行业出口量的90%以上。

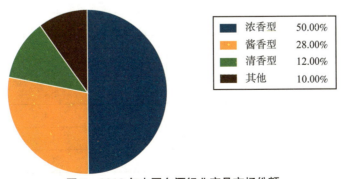

浓香型	50.00%
酱香型	28.00%
清香型	12.00%
其他	10.00%

图5　2016年中国白酒行业产品市场份额

资料来源：华通行业研究。

其后是酱香型白酒，集中在四川和贵州，以国酒茅台为代表。由于消费者消费观念的改变，越来越多的消费者的口味开始向酱香型靠拢，酱香型白酒市场的份额将逐渐扩大。

清香型白酒消费市场基本集中在北方地区，尚没有打破北方地域性特点。近几年来白酒市场的消费偏好又重回"清净、绵甜"口感，正因此洋河推出的绵柔型蓝色经典系列获得快速增长。从整个酒类行业目前的消费情况来看，低酒精度、轻口味、健康化是消费者的主要需求倾向，清香型白酒口感符合白酒消费者的清绵口味需求趋势。未来清香型白酒市场规模有望在份额提升下逐步得到提高。

3.3 地区市场

生产集群相对成熟是中国酒产业集群的显著特征。就目前酒行业来看，已经明显地呈现出几大集团的态势（见表2）。中国的白酒生产主要集中在四川和华东地区（包括江苏、山东、河南和安徽），地区环境及市场消费者结构及消费水平对传统白酒的发展产生了积极作用。

在中国白酒行业，以四川邛崃、泸州、绵竹、宜宾为代表的"川酒板块"，以贵州仁怀茅台镇为代表的"黔酒板块"，以江苏"三沟一河"以及安徽古井贡、文王贡、曲子窖、皖酒集团为代表的"淮河名酒带"以及山西"杏花村"为代表的"清香型白酒板块"，成为中国白酒产业的主要力量。

表2 　　　　　　　　　　2016年白酒行业产量分布

省份	产量占比（%）
四川	29.6
河南	8.7
山东	8.3
江苏	7.9
湖北	6.6
吉林	5.6
内蒙古	5.4
黑龙江	4.4
贵州	4.1
安徽	3.6

资料来源：国家统计局，华通行业研究。

2016 年度，中国白酒产量居前四位的分别是：四川省白酒年产量 402.7 万千升，同比增长 8.7%；河南省白酒产量 117.5 万千升，同比增长 3.7%；山东省白酒年产量 112.6 万千升，同比下降 0.7%；江苏省白酒年产量 106.9 万千升，同比增长 7.8%。

四川是国内最强大的白酒生产制造集群。全国八大名酒四川占据六个席位，集中了五粮液、剑南春、泸州老窖、郎酒、全兴、沱牌等被誉为"六朵金花"的国内知名品牌，形成了以此为核心的庞大生产基地，并由此蕴育了大量新兴品牌，如小角楼、江口醇等。四川也是中国白酒原酒供应基地，其原酒产量占据了国内白酒原酒产量的半壁江山，并由此带动了酒业上游相关行业的发展。

2016 年，四川省政府发布了"十三五"发展规划，提出促进白酒等特色优势产业发展壮大，进一步提高国内外市场占有率。

3.4 终端市场：个人消费成主力

高档白酒消费市场大致可以分为政务、商务和个人消费。经过 2012~2015 年的充分调整，"三公"消费占比已大幅下滑，大众需求逐步提升。政务、商务应酬消费占比合计达到 40% 左右。而交流感情、娱乐、突发情况形成的纯粹个人支出性消费占比为 60%，个人消费成为中国白酒消费的主力。

4 对 外 贸 易

4.1 全球酒类市场：亚洲市场崛起，欧洲市场萎缩

全球酒类市场出现了一定程度的复苏，但是各地区情况不尽相同。西方市场由于酒类的限制，酒税的上升以及大幅裁员等因素仍然让消费者在酒类方面趋于谨慎。北美、西欧仍然不景气，而以中国为代表的新兴市场，包括中东、非洲、亚太和拉美等地区消费需求预期上升。随着经济的发展，这些国家和地区的消费者对于酒的品位也更加高档。

酒产品在亚洲市场的增长速度两倍于世界其他地区，成为全球最大的酒类消费地。全球大型造酒公司都紧盯亚洲地区如中国、印度、韩国以及越南等国的

收购合资机会，正在加强其在亚洲业务的规模，逐渐将市场拓展到发展中国家地区。

4.2 出口贸易仍处于较低水平，出口额整体呈下降态势

由图 6 可知，2012~2016 年，中国白酒行业出口低迷，出口额整体下滑。主要原因是中外文化在白酒上存在消费差异，外国对中国白酒存在贸易壁垒。

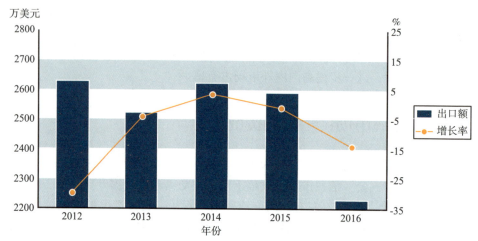

图 6　2012~2016 年中国白酒行业出口额

资料来源：中国海关，华通行业研究。

中国白酒绝大部分属于内销，出口所占比例非常小。出口白酒的只有几家白酒龙头企业和个别沿海出口型企业。

目前，包括五粮液、泸州老窖、水井坊等在内的川酒巨头都在为拓展国际市场进行尝试。如开发新品降低白酒度数，引导年轻消费者在白酒中加冰、加水调兑喝；在包装上紧跟时尚、突出中国文化特色等。

由图 7 可知，国内白酒主要出口到中国香港华人地区和韩国、马来西亚、泰国、日本、越南、新加坡等周边国家。2016 年，中国出口到韩国的白酒金额为 635.2 万美元，占全部出口金额的 28.4%；出口到香港地区的白酒产品价值为 478.2 万美元，占全部出口金额的 21.4%。

以上国家和地区距离中国较近，白酒文化浓厚，且运输费用较少，税率较低是其成为中国白酒主要出口地区的原因。

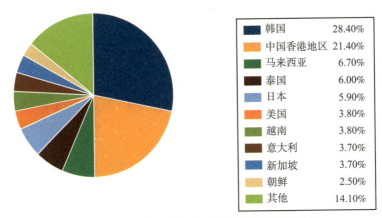

韩国	28.40%
中国香港地区	21.40%
马来西亚	6.70%
泰国	6.00%
日本	5.90%
美国	3.80%
越南	3.80%
意大利	3.70%
新加坡	3.70%
朝鲜	2.50%
其他	14.10%

图7　2016年中国白酒行业主要出口国家和地区

资料来源：中国海关，华通行业研究。

4.3　进口波动较大

由图8可知，2012~2016年，中国白酒进口额总体波动较大，在2012年和2014年同比增速达到了45.8%和20.1%，而在2015年下降了18.0%，2013年和2016年实现小幅增长。

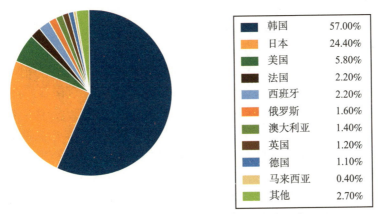

韩国	57.00%
日本	24.40%
美国	5.80%
法国	2.20%
西班牙	2.20%
俄罗斯	1.60%
澳大利亚	1.40%
英国	1.20%
德国	1.10%
马来西亚	0.40%
其他	2.70%

图8　2016年中国白酒行业主要进口国家和地区

资料来源：中国海关，华通行业研究。

2013年，受限制"三公"和禁酒令政策的影响，国内白酒市场需求减弱，白酒进口额增速大幅下滑。2015年，受国内市场生产能力的提高，白酒进口出现下降。2016年，进口酒市场呈现稳定增长态势，一方面，是传统酒商寻找新发展空间；另一方面，贸易自由度的提升使得诸多酒类出产国都将中国市场视为

目标。

中国白酒进口程度极低。这与中国经济、消费能力以及政治因素有关。某些品牌大部分用于出口的酒因种种原因最终又回流到国内市场销售。而国家对出口白酒有减税政策，不排除一部分企业借此避税。

白酒进口价值不大，并且来源地也很集中。2016 年，57.0% 的白酒由韩国进口，占据中国白酒进口的一半以上。其次为日本，白酒进口占到了将近 24.4%。再次为美国、法国、西班牙，所占份额非常小。

由进口来源地的地理分布来看，主要来自中国周边地区，地理距离和税率是影响进口份额不同的重要因素。

5　市　场　竞　争

5.1　竞争维度

5.1.1　内部竞争维度

白酒厂商主要在以下几个方面展开竞争：

品牌的建立

强大的品牌效应会对公司产品的销量起到较大的推动作用。目前白酒行业内能称得上具有品牌效应的公司比较多，包括五粮液、茅台、剑南春、泸州老窖等，还有一些地方品牌。知名品牌的产品质量好、市场推广力度大，往往容易得到消费者的认可，茅台、五粮液、泸州老窖的产品经过多次提价，产品销量依然稳步增长，表明消费者对这些品牌具有依赖性，对产品价格的敏感程度较低。

产品的区域特色

许多白酒品牌具有非常明显的区域特色，在该产品的产地拥有强大的消费能力，而在其他地区，该产品被消费者接受的程度却并不高，这种情况和当地的民俗以及该产品的发展历史相关。北京、天津等地低端市场基本上被本地品牌占领，如红星二锅头、牛栏山等；在四川市场，五粮液、剑南春是领军者，几乎没有外地酒的容身之地，高端市场外地品牌只有茅台具备一定分量，泸州老窖表现日益趋好。这种区域特色使得当地的白酒市场具有较高的进入壁垒。

产品价格

产品的价格也是影响企业成功的重要因素之一。对于茅台、五粮液和泸州老窖等知名品牌，消费者对品牌的认知程度很高，对价格的敏感程度较低，即使是这些品牌的高端产品屡次提价，消费者对他们依然有很大的需求。但是对于那些不太知名的品牌，尤其是中低端产品在价格方面的竞争要更为激烈，因为消费者对这些产品的价格较为敏感，如果价格相差较大，则趋向于选择价格较低的产品。

产品种类

知名白酒厂商不仅拥有高端产品，往往产品线也十分丰富，基本上覆盖了高、中、低三个档次，产品品种也多达十几种甚至二十几种，产品种类的丰富为白酒厂商打开了销路。消费者饮用白酒一般都具备较长的时间背景，对白酒的文化沉淀要比饮用其他酒要深很多，这也容易形成对某个品牌或者某些品牌的忠诚。在这种情况下，如果该品牌的产品线十分完整，消费者将很难再转向其他品牌，而是继续保持对该品牌的依赖。

销售渠道

作为普及率较高的消费品，销售终端的数量决定着产品的销量。企业大都通过传统和现代销售渠道，建立起覆盖全国的、高渗透率的销售网络。国内龙头酒企拥有丰富的现代销售渠道，如设立名酒专卖店，自建电商平台以及综合类电商平台。

5.1.2 外部竞争因素

该行业面对的外部竞争主要来自替代产品制造业，如啤酒、葡萄酒、黄酒、洋酒、保健酒、软饮料等制造业。

白酒制造企业的主要成功要素包括：品牌的文化内涵和市场定位、酒窖的规模和产能利用率、高效的成本控制能力、具备广泛的分销/采购网络。

5.2 竞争格局

5.2.1 高端白酒垄断格局稳定

经过白酒产业升级，四大高档白酒的核心竞争力都非常突出。高端白酒的市场集中度很高，一线白酒企业以其高品牌知名度、较强的市场营销能力和消费者忠诚度占据了市场的主要份额，行业主要效益集中在一线白酒企业。至于中档品牌，除了剑南春外，大部分二线品牌都占据区域市场。由于白酒产业是地方财政收入的主要来源之一，因此省外品牌的进入壁垒较高。

5.2.2 白酒品牌加速集中

白酒品牌现在全国依然有上万家，正在加速集中的过程。以五粮液为例，该品牌既有高端五粮液产品，也有适合百姓日常消费的五粮春、五粮醇、尖庄等。

随着白酒市场竞争的去地方保护，以五粮液为代表的白酒品牌拓展将加速。

商业模式的变迁加速行业的集中，经销商联盟的意愿更强（1919等电商和酒业英雄联盟的崛起）。商业模式的变迁倒逼经销商转向名酒企业，老四大名酒或八大名酒将充分受益。

5.2.3　对外兼并对内整合

目前供给侧改革已上升到国家战略层面，白酒行业也顺势而为。白酒业供给侧改革的逻辑是对外兼并重组、对内整合产品来实现过剩产能的逐步出清。一方面鼓励一线名酒和区域强势酒企展开并购整合，如2016年古井贡酒和黄鹤楼进行的战略合作；另一方面就是减少无效供给，增加有效供给，即根据市场需求调整产品结构，将同质化严重的产品整合，做减法，缩减产品数量。以今世缘举例，就是少推同质化竞争的白酒，多推不同价位白酒，多推个性化定制白酒。

5.3　行业集中度

5.3.1　行业集中度低，高档酒集中度高

2016年，白酒行业排名前四位的企业销售收入所占市场份额之和约为14.5%，行业集中度较低（见表3）。

表3　　　　　　　　　中国白酒行业主要厂商市场份额

主要企业（集团）	2016 年
贵州茅台酒厂（集团）有限责任公司	6.5%
四川省宜宾五粮液集团有限公司	4.0%
江苏洋河集团	2.8%
泸州老窖集团	1.2%
安徽古井集团	1.1%

资料来源：华通行业研究。

白酒行业进入门槛较低，导致行业厂家众多，高度离散。行业集中度低，产能结构性过剩严重，市场竞争激烈。行业离散的格局下，高端白酒的市场集中度却相对较高，一线白酒企业以其高品牌知名度、较强的市场营销能力和消费者忠诚度占据了市场的主要份额，行业主要效益集中在一线白酒企业。以川酒为代表的浓香型白酒依然占据市场主导地位。

5.3.2　行业集中度不断提高

从白酒行业近年来骨干企业各项经济指标来看，中国白酒生产正向大型企业集中。虽然有很多白酒企业仍未走出低谷，但白酒行业的整体经济效益却保持了增长势头，这主要归功于大型企业经济效益的提高，说明重点企业是目前带动白酒行业发展的直接动力。另外，白酒标准体系的进一步修订，将推动白酒企业进一步变革，导致中国白酒企业两极分化程度加深。

随着白酒行业深度调整，发展速度放缓，行业产能结构性过剩矛盾更加突出，业外资本进入加剧了行业竞争，行业内的并购整合加速，国家通过食品安全、严格标识等措施来淘汰掉一批影响食品安全、浪费资源、破坏环境的小酒厂，行业集中度提高。

在行业规模保持稳定的前提下，行业内出现了消费需求向主流品牌的主打产品集中的趋势，这意味着中小企业的生存空间被进一步压缩，经营压力会进一步加大，为中大型企业进行整合打下了基础。2016 年上半年，古井贡酒以 8.16 亿元的价格收购了武汉天龙黄鹤楼酒业 51% 股权；6 月 30 日天洋正式入主沱牌。这也显示白酒行业的进一步集中强化。

5.4　成本结构

白酒行业采购成本比重大

由图 9 可知，2016 年利润总额约占行业销售收入的 13.0%，比 2015 年略有下降。2016 年，原材料价格上涨，市场费用和物流成本也在增加，行业的盈利能力被压缩。

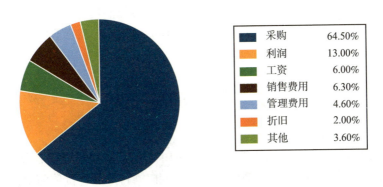

采购	64.50%
利润	13.00%
工资	6.00%
销售费用	6.30%
管理费用	4.60%
折旧	2.00%
其他	3.60%

图 9　2016 年中国白酒行业成本结构

资料来源：国家统计局，华通行业研究。

白酒制造业最大的成本来自原料采购，2016年采购成本占到了销售收入的64.5%。白酒行业制大曲用小麦、大麦、豌豆、甘薯、蚕豆等材料为主，小曲以麦麸、大米和米糠为主，麸曲则以麸皮为主原料。除此之外，白酒生产还需要酿酒辅料，包括稻壳、谷糠、高粱壳、生活用水等。

销售费用主要包括包装费、运输费、广告费、装卸费、保险费、展览费、租赁费，等等。2016年销售费用占销售收入的6.0%。

管理费用主要包括办公费、业务招待费、修理费、仓库经费、排污费，等等。随着国家对环保标准要求的不断提高，排污费用增加。2016年，管理费用占销售收入的4.6%。

2016年白酒行业的工资成本约占全部销售收入的6.0%。该行业属于劳动密集型，机械化程度不高，近年来劳动力成本不断上涨。

折旧约占行业总收入的2.0%。随着该行业的产能扩张，白酒制造企业在固定资产上的投资明显增长，主要表现在新建厂房、引进先进设备等。

其他支出包括水电费用、保险支出和其他杂项费用，约占行业总收入的3.6%。

5.5 进入壁垒

5.5.1 政策性壁垒较高

白酒生产被列入国家禁止用地项目目录，凡是新建、扩建和改建白酒生产线需要新增用地的，各级发改委和国土部门一律不得办理有关手续。白酒投资者不能再投资新建白酒生产项目。

5.5.2 准入门槛或将提高

白酒行业标准体系全面修订，制定和推行白酒原酒质量、感官等产品和工艺技术标准，建立全国范围的白酒原酒标准化样品数据库，将提升行业门槛。

6 重点企业

根据2016年8月由中国酒类流通协会和中华品牌战略研究院联合发布的《第八届华樽杯中国酒类品牌价值200强》名单，白酒行业品牌价值前100名企业如表4所示。

表 4 中国白酒行业品牌价值前 100 名企业

排名	公司名称	2016 年品牌价值（亿元）
1	贵州茅台酒厂（集团）有限责任公司	1285.85
2	四川省宜宾五粮液集团有限公司	1053.03
3	江苏洋河酒厂股份有限公司	795.25
4	陕西西凤酒股份有限公司	605.08
5	安徽古井集团	492.59
6	山西杏花村汾酒集团有限责任公司	395.68
7	湖北稻花香酒业股份有限公司	391.04
8	四川郎酒集团有限责任公司	304.06
9	四川剑南春集团有限责任公司	303.52
10	泸州老窖股份有限公司	274.33
11	华泽集团（金六福企业）	268.36
12	江苏今世缘酒业股份有限公司	208.65
13	酒鬼酒股份有限公司	204.51
14	四川省绵阳市丰谷酒业有限责任公司	203.87
15	贵州茅台酒厂（集团）习酒有限责任公司	189.92
16	湖北白云边股份有限公司	189.19
17	湖北枝江酒业股份有限公司	180.39
18	顺鑫农业股份有限公司牛栏山酒厂	176.67
19	四特酒有限责任公司	175.11
20	安徽金种子实业股份有限公司	173.46
21	北京红星股份有限公司	169.91
22	山东国井集团	129.05
23	山东景芝酒业股份有限公司	126.22
24	衡水老白干酿酒（集团）有限公司	118.2
25	青海互助青稞酒股份有限公司	114.1
26	内蒙古河套酒业集团股份有限公司	107.59
27	四川省宜宾高洲酒业有限责任公司	96.35
28	河南宋河酒业股份有限公司	91.58
29	古贝春集团有限公司	87.3
30	贵州金沙窖酒酒业有限公司	86.09
31	洛阳杜康控股有限公司	83.21

续表

排名	公司名称	2016 年品牌价值（亿元）
32	安徽口子集团	75.07
33	国台酒业集团	74.36
34	新疆伊力特实业股份有限公司	71.1
35	泰山酒业集团股份有限公司	70.06
36	承德乾隆醉酒业有限责任公司	67.56
37	河南省张弓酒业集团有限公司	64.03
38	四川沱牌集团有限公司	58.23
39	广东石湾酒厂集团有限公司	55.99
40	安徽迎驾酒业集团有限公司	53.77
41	四川江口醇酒业（集团）有限公司	53.28
42	江苏省汤沟两相和酒业有限公司	53.22
43	陕西杜康酒业集团有限公司	53.0
44	安徽金口酒业有限公司	52.69
45	贵州董酒股份有限公司	52.31
46	广东顺德酒厂有限公司	50.88
47	河南仰韶酒业有限公司	50.58
48	重庆诗仙太白酒业（集团）有限公司	48.81
49	承德避暑山庄实业集团	47.48
50	曲阜孔府家酒业有限公司	46.62
51	河南宝丰酒业有限公司	44.08
52	安徽文王酿酒股份有限公司	41.75
53	黑龙江省老村长酒业有限公司	39.35
54	内蒙古蒙古王酒业有限公司	38.79
55	安徽井中集团店小二酿酒有限公司	38.65
56	辽宁三沟酒业有限责任公司	38.56
57	桂林三花股份有限公司	37.7
58	四川省宜宾市叙府酒业有限公司	36.98
59	安徽双轮酒业有限责任公司	36.79
60	甘肃滨河食品工业（集团）有限公司	36.06
61	辽宁道光廿五集团满族酿酒有限责任公司	35.4
62	金徽酒业集团公司	35.21

续表

排名	公司名称	2016 年品牌价值（亿元）
63	山东兰陵美酒股份有限公司	34.46
64	四川远鸿小角楼酒业有限公司	33.93
65	四川水井坊股份有限公司	33.64
66	黑龙江富裕老窖酒业有限公司	32.61
67	四川宜宾红楼梦酒业集团有限公司	32.24
68	吉林省榆树钱酒业有限公司	32.03
69	花冠集团酿酒有限公司	31.73
70	四川金盆地（集团）有限公司	31.09
71	四川省东圣酒业有限公司	30.84
72	糊涂酒业有限公司	29.81
73	广西丹泉集团实业有限公司	29.47
74	湖北关公坊酒业股份有限公司	29.41
75	济南趵突泉酿酒有限责任公司	28.55
76	江西堆花酒业有限责任公司	28.27
77	湖南湘窖酒业有限公司	27.82
78	黑龙江玉泉酒业有限责任公司	27.34
79	四川九里春酒业股份有限公司	26.81
80	吉林省洮儿河业有限公司	26.72
81	宁城老窖（属牛栏山）	26.69
82	辽宁铁刹山酒业有限责任公司	26.37
83	安徽皖酒集团	25.55
84	成都蜀之源酒业有限公司	25.44
85	四川仙潭酒厂	25.41
86	河南赊店酒业有限公司	24.68
87	伊犁肖尔布拉克酒业公司	24.26
88	青岛琅琊台集团股份有限公司	24.16
89	广东省九江酒厂有限公司	23.7
90	江西章贡酒业有限公司	23.7
91	山东四君子集团有限公司	23.58
92	贵州醇酒厂	23.14
93	成都长城川兴酒厂	23.12

续表

排名	公司名称	2016 年品牌价值（亿元）
94	黑龙江哈尔滨龙江龙集团有限公司	22.8
95	山西梨花春酿酒集团有限公司	22.8
96	甘肃巨龙集团酒泉汉武酒业公司	22.75
97	四川文君酒经营有限责任公司	22.58
98	陕西省太白酒业有限责任公司	22.53
99	内蒙古骆驼酒业股份有限公司	21.86
100	沈阳天江老龙口酿造有限公司	21.76

7 经 营 环 境

7.1 政策法规

7.1.1 主管部门：国家食品药品监督管理局、工业和信息化部

白酒商品在消费流通环节由国家食品药品监督管理局主管。白酒行业的生产管理、发展运行等方面由工业和信息化部主管。

7.1.2 严格白酒生产许可证发放

《产业结构调整指导目录》指出白酒生产线、酒精生产线（燃料乙醇项目除外）属于限制类投资建设项目。对投资建设该目录限制类所列的国家禁止投资项目的企业，省级质量技术监督部门不得受理其办理生产许可证的申请。

7.1.3 酒消费税改革政策或出台

酒类行业的消费税征收改革有望完成。中国酒协与国务院研究中心已研究出相关调整方案，这次改革主要将征收环节从以往的生产或进口环节，去转为向批发或零售环节的。这次税收改在批发环节，会使以前酒厂所在地的税收大幅缩水，税收会从生产企业所在地流向产品销售所在地。

7.2　行业扶持

政府扶持白酒产业发展

2016 年，中国酒业"十三五"规划出台。规划指出，到 2020 年，白酒行业规划产量为 1580 万千升，年均复合增长 3.77%；销售收入达到 7800 亿元，年均复合增长 7.0%。

规划鼓励酿酒企业加大科技投入，酒类技术装备要提高机械化、现代化、智能化和信息化水平。把智能技术引入白酒业，实现白酒酿造智能化，促进酿造高品质产品。

协调引导酿酒产业集群发展，优化酿酒产业布局，建设先进制造业基地和现代化产业集群，打造特色经济区域集群，培育优质酿酒原辅料产区。

7.3　技术 / 体系

7.3.1　白酒勾兑技术

白酒的勾兑即酒的掺兑、调配，包括基础酒的组合和调味，是平衡酒体，使之形成（保持）一定风格的专门技术。气相色谱技术、高效液相色谱技术、色质联用技术及毛细管电泳技术等现代检测技术不断应用在白酒生产。计算机勾兑技术是近几年发展的白酒勾兑新技术，计算机模拟勾兑系统采用了白酒行业最具创新性的计算机模拟勾兑理论与人工神经智能技术和高性能计算机相结合，以数学模型的建立为基础，实现计算机模拟勾兑。

7.3.2　白酒酿造技术

现代酿酒的基础之一是微生物学和生物化学，从 20 世纪 80 年代开始，注重酒曲及酒窖泥中微生物的代谢产物对酒的风味的影响，以期提高酒的质量。如利用优良酒曲和酵母菌，在酒醅中泼洒己酸菌培养液等。

7.3.3　白酒生产技术

白酒在许多方面已经实现了机械化生产，如用粉碎机代替了牲畜拉磨，将蒸馏器的"天锅"改为冷凝器，免去了人工经常换水。大曲的踏制改为曲坯成型机，人工推车送料改为皮带输送或桁车抓斗。陶坛储酒也改为大容器储酒，减少了酒的损耗，还减轻了工人的劳动强度。白酒的包装设备也普遍实现了洗瓶、灌装、压盖、贴标流水线。

8 市 场 预 测

8.1 关键影响因素

白酒行业的影响因素主要有：一是固定资产投资；二是中国经济的发展；三是国家政策的影响；四是人民收入水平。

8.1.1 固定资产投资变化引起政务、商务消费变化

驱动中国白酒消费的核心因素是固定资产投资。固定资产投资增速加快会引起政务、商务消费的提高，从而促进白酒市场的消费。白酒是一种特殊的商品，其消费价值主要体现在情感的沟通上，工作需要、商务和政务应酬已经是白酒消费的主要原因，政府和企业是中高端白酒消费的主力，而投资拉动经济增长一直以来是中国经济增长的最主要动力。

8.1.2 白酒行业与经济环境密切相关

作为消费品行业，酿酒行业与经济环境的相关性十分密切。由于中国仍处在消费升级的初级阶段，酿酒行业自身的高成长性能够抵消一部分经济环境恶化带来的影响，这也是酿酒行业具有较高的抗周期性的原因之一。

8.1.3 高端白酒消费受政策影响最为直接

国家限制"三公"消费政策出台，并发布禁酒令和加大对酒驾的惩罚力度，导致高端白酒需求幅萎缩。经济增长放缓，商业交流活动减少，也制约了高端白酒在商务活动中的消费。政务消费和商务消费的大幅减少，是高端白酒销量下降的直接原因。

政策影响行业变化。政策对于酒类行业的影响，是决定性的。白酒消费税的调整会影响整个行业以及上市公司的盈利能力，涨价是企业平衡这部分压力最直接的手段。严查酒驾对酒水行业产生了重大影响。打击酒后驾驶做法常态化，抑制了对白酒的需求。

8.1.4 人民收入水平

人均收入水平的变化会影响对白酒的需求。人均消费水平与白酒消费量并非完全正相关，当人均白酒消费量达到一定程度，其影响主要集中在中高端对低端的替代。随着收入水平的提高，消费者的消费观念也发生变化，带动中国居民消

费结构升级，这是名酒及二线名酒能够占据市场主流的主要原因。

8.2 市场发展预测

8.2.1 白酒行业年均增长规模将维持在 5.8% 左右

受国家禁酒令、加大对酒驾的惩罚力度常态化做法，华通行业研究预计今后 5 年内，该行业销售收入的年均增长率保持在 5.8% 左右。

消费者保健意识的提高，以及葡萄酒、保健酒、洋酒等其他饮料酒的快速发展，挤压了白酒的消费市场。未来白酒行业的核心增长动力将主要来自收入提高，富裕阶层的崛起对将取代政商消费群体，城镇居民收入增长带动的大众消费升级。这一消费结构的转变将使得中高端和中档白酒企业迎来增长。

8.2.2 酒业互联网化创新将成趋势

产品创新将成为酒业未来 3~5 年竞争的关键因素。2012~2016 年的行业调整期也是行业的商业模式创新期，整体看流通领域的创新大于生产领域，B2C、O2O、B2B 商业模式的创新不仅在造就百亿、千亿酒商，而且在重构酒业对消费者的服务体系。但不可忽视的是，产品是一切商业模式的起点、是消费者需求的满足点，酒业竞争的关键因素、经营创新的机会原点应该是产品，能为消费者带来高性价比的产品。酒业互联网化创新将是 2017 年传统企业 + 互联网的趋势。

8.2.3 全国和地方性品牌将长期共存

全国目前拥有白酒品牌 10 万余个，竞争激烈，知名品牌优势明显。白酒作为传统行业，技术工艺民间广泛流传，且各个地区的口味、文化的差异，以及地方政府从保护地方经济等角度出发的地方保护主义，使得外地品牌的进入显得较为艰难，在相当长的一段时期内将保持全国性品牌与地方品牌长期共存的局面。

中国家用电力器具制造行业分析报告

2012~2016 年，中国家用电力器具制造行业收入整体呈现不断上涨的趋势，从 11285.7 亿元增长到 14605.5 亿元，复合增长率为 6.1%。

目前，家电行业整体呈现低迷不景气的势态。2015 年，在宏观经济放缓的影响下，冰洗空三大家电行业整体陷入低迷，尤其是占行业销量最大的家用空调增长动力不足，销售下滑拖累了家电全行业的表现。家电行业收入出现小幅下滑，同比下降了 0.4%。

2016 年，整体市场需求疲软，但中国家电业消费升级态势良好，呈现产业结构优化、产品结构升级、产品品质提升的态势。家电行业收入较 2015 年增长了 3.7%。

随着互联网＋时代、"中国制造 2025"计划的实施，智能家电成为新趋势。物联网、云计算、大数据等技术的发展促进了智能工厂的产生。最典型的代表是海尔"互联工厂"以及美的"智能工厂"。2016 年，海尔、美的、海立、九阳、老板先后成为工信部"智能制造综合试点示范"项目。

目前，海尔已经由一个传统大规模制造的企业转型成一个"以用户体验为中心"的平台型企业。海尔实施互联工厂取得了初步成效，已累计完成 5 大产业线 28 个工厂 800 多个工序的智能化改造，建成 7 个智能互联工厂。互联工厂整体效率大幅提升，产品开发周期缩短 20% 以上，交货周期由 21 天缩短到 7~15 天，能源利用率提升 5%。

老板电器余杭新厂区是老板电器着力打造的数字化智能生产基地，年规划产能 225 万台厨电产品。这也是厨电行业首个智能制造基地，2015 年 9 月投入生产，总投入 7.5 亿元。进行智能化操作后，目前工厂整体效率提升了 30% 以上。

海尔、格力、美的、海信等一批中国自有品牌已经得到国外经销商与消费者的认可，中国家电业正在从单纯依赖出口的贸易型模式向新型国际化战略转型。

2016 年，海尔成功收购了美国 GE 的家电业务，目前海尔与 GE 在产品研发与销售渠道的整合发展顺利，对日后海尔全球市场的布局与全球品牌地位的提升起到重要的作用。美的先后完成了对东芝白电业务、德国企业库卡和意大利中央空调企业 Clivet 的收购。未来中国家电企业将获得更多海外并购的机遇，开创中国家电业国际化的新局面。

能效新标准的实施等政策积极引导消费者在消费过程中选择高能效产品，促进家电企业推出在性价比上符合市场需求的高能效产品，推动家电行业消费升级。

2016年，家电行业消费升级趋势显著，消费者对先进、智能、绿色环保的家电产品有较高需求。家电产品在满足消费者日常使用需求的基础上，智能化、时尚化、健康化特征凸显。搭载WiFi功能的智能家电比例提升明显，各大家电企业还开发出拥有人机交互、机器互联以及自学模式等更多智能化功能的产品。随着技术水平、创新能力的提升，企业不断推出能更好地满足消费者健康需求的家电产品，例如具有分区洗涤、实现内筒自清洁的洗衣机，具有更强保鲜功能的冰箱，能更好保持食品营养的料理机等，而蒸脸器、带负离子功能的吹风机等健康美容类的产品越来越受到年轻消费者的关注。除此之外，随着"80后"、"90后"消费能力的提升，外观时尚、富有设计感的家电产品越来越受到消费者青睐，家电产品成为年轻人彰显个性和品位的一个平台。

1　行　业　定　义

1.1　定义

本报告中所讨论的行业活动，是指使用交流电源或电池的各种家用电器的制造。

1.2　主要产品

家电行业主要产品包括：

——家用制冷电器具，如家用电冰箱、家用冷冻箱、家用电冷热水器具等；

——家用空气调节器，如家用房间空气调节器、除湿机、加湿机、空气清洁器、负离子发生器等；

——家用通风电器具，如台扇、落地扇、壁扇、吊扇、空调扇、转页扇、换气扇、电热干手器等；

——家用厨房电器具，如电饭锅、电烤箱、电煎锅、电水壶、微波炉、电磁炉、微波炉、电磁炉、洗碗机、餐具消毒柜、排油烟机等；

——家用清洁卫生电器具，如家用洗衣机、脱水机、干衣机、电淋浴器、吸尘器、擦鞋器等；

——家用美容、保健电器具，如电吹风器、电动剃须刀、电动脱毛器、电美容仪、电动牙刷、电按摩器等；

——家用电力器具专用配件，如电冰箱用蒸发器、冷凝器、温控器，洗衣机用传感器等；

——其他家用电力器具，如电熨斗、熨衣机、电暖气、电热毯等。

1.3 产业链

1.3.1 上游行业

2641——涂料制造

2928——塑料零件制造

3110——炼铁

3120——炼钢

3130——黑色金属铸造

3140——钢压延加工

3150——铁合金冶炼

3442——气体压缩机械制造

384——电池制造

1.3.2 下游行业

5137——家用电器批发

5211——百货零售

5212——超级市场零售

5272——日用家电设备零售

5237——厨房用具及日用杂品零售

1.4 竞争行业

396——非电力家用器具制造

2 行业成长

2.1 行业发展

2.1.1 行业发展整体增速趋稳

2012~2016 年，中国家用电力器具制造行业收入整体呈现不断上涨的趋势，从 11285.7 亿元增长到 14605.5 亿元，复合增长率为 6.1%（见图 1）。

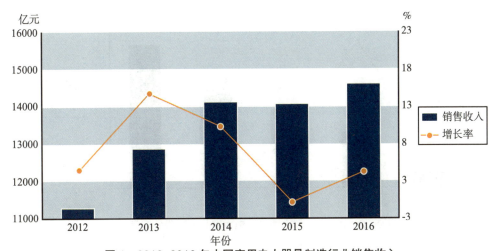

图 1　2012~2016 年中国家用电力器具制造行业销售收入

资料来源：国家统计局，华通行业研究。

2013 年，家电下乡、节能惠民、以旧换新等一系列鼓励家电销售政策接近尾声，刺激了消费者对家电产品的购买。家用电力器具制造行业销售收入同比增速达到 14.2%。

2014 年，受大规模消费刺激政策退出影响，家用电力器具制造行业销售收入增长较上年明显回落，同比增速为 9.7%。

2015 年，在宏观经济放缓的影响下，冰洗空三大家电行业整体陷入低迷，尤其是占行业销量最大的家用空调增长动力不足，销售下滑拖累了家电全行业的表现。受到消费市场不景气以及行业结构调整等因素影响，2015 年家电行业收入出现小幅下滑，同比下降了 0.4%。

2016 年，受到全球经济复苏乏力、国内宏观经济增速放缓、消费透支等因素影响，消费者的消费意愿不强，特别是对大件商品消费尤为明显，整体市场需求疲软。但中国家电业消费升级态势良好，呈现产业结构优化、产品结构升级、产品品质提升的态势，行业转型升级稳步推进。得益于家电企业通过大力创新积极调整产品结构，家电消费升级态势明显。2016 年，家电行业收入较 2015 年增长 3.7%。

2.1.2 行业盈利能力提升

2012~2016 年，中国家用电力器具制造行业盈利能力不断提升，利润总额实现快速增长，从 669.3 亿元增长到 1196.9 亿元，复合增长率达 14.7%（见图 2 ）。

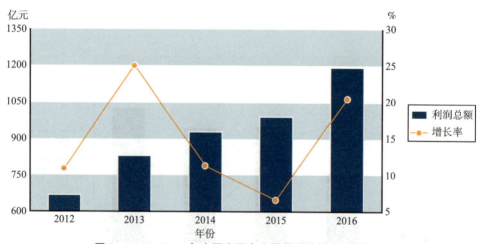

图 2   2012~2016 年中国家用电力器具制造行业利润总额

资料来源：国家统计局，华通行业研究。

2014 年和 2015 年，由于产品结构升级和原材料价格下滑，行业保持了较好的盈利水平，毛利率从 6.6% 升至 7.1%。但受市场销售低迷的影响，行业利润总额同比增速持续大幅回落。

2016 年，原材涨价，铜、铝、钢的材料涨幅超过双位数，直接冲击生产企业利润空间，但通过产业结构调整，产品结构升级，家电工业经济效益增幅大幅提高。产品结构持续优化，技术创新为家电产品结构升级发展带来动力，变频、大容量、智能等中高端产品市场份额迅猛增长。利润总额同比增长了 20.5%，行业毛利率提高到 8.2%（见图 3 ）。

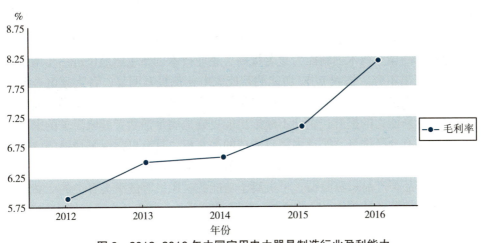

图 3　2012~2016 年中国家用电力器具制造行业盈利能力

资料来源：国家统计局，华通行业研究。

2.1.3　家电企业向智能制造转型

随着"互联网＋时代"、"中国制造 2025"计划的实施，智能家电成为新趋势。物联网、云计算、大数据等技术的发展，促进了智能工厂的产生。最典型的代表是海尔"互联工厂"以及美的"智能工厂"。2016 年，海尔、美的、海立、九阳、老板先后成为工信部"智能制造综合试点示范"项目。

目前，海尔已经由一个传统大规模制造的企业转型成一个"以用户体验为中心"的平台型企业。海尔实施互联工厂取得了初步成效，已累计完成 5 大产业线 28 个工厂 800 多个工序的智能化改造，建成 7 个智能互联工厂。互联工厂整体效率大幅提升，产品开发周期缩短 20% 以上，交货周期由 21 天缩短到 7~15 天，能源利用率提升 5%。

老板电器余杭新厂区是老板电器着力打造的数字化智能生产基地，年规划产能 225 万台厨电产品。这也是厨电行业首个智能制造基地，2015 年 9 月投入生产，总投入 7.5 亿元。进行智能化操作后，目前工厂整体效率提升了 30% 以上。

2.2　生命周期

生命周期阶段：成长期向成熟期过渡阶段

华通行业研究认为，中国家用电力器具制造行业现处于成长期向成熟期过渡阶段。全国居民收入的稳步增长和消费能力的提升持续推动家电产业转型升级以及消费升级。

2016 年，家电产品在满足消费者日常使用需求的基础上，智能化、时尚化、健康化特征凸显。技术创新能力显著提高，企业技术创新主体地位进一步增强，创新产品层出不穷。搭载 WiFi 功能的智能家电比例提升明显，各大家电企业还开发出拥有人机交互、机器互联以及自学模式等更多智能化功能的产品。随着技术水平、创新能力的提升，企业不断推出能更好地满足消费者健康需求的家电产品，例如具有分区洗涤、实现内筒自清洁的洗衣机，具有更强保鲜功能的冰箱，能更好保持食品营养的料理机等，厨电产品中适应都市消费人群的台式洗碗机、炒菜机等新品类产品；蒸脸器、带负离子功能的吹风机等健康美容类的产品越来越受到年轻消费者的关注。除此之外，随着"80 后"、"90 后"消费能力的提升，外观时尚、富有设计感的家电产品越来越受到消费者青睐，家电产品成为年轻人彰显个性和品位的一个平台。

在整体需求疲软的背景下，线上销售的强劲表现依然是亮点，大家电与厨房小家电线上销售延续保持强势增长。

在家电产品普及率接近饱和的背景下，随着"80 后"、"90 后"的成长与中产阶级消费群体的壮大，市场对家电产品的需求呈现高端化、时尚化、个性化、多样化的趋势。家电行业有着广阔的发展前景。

2.3 行业波动性

行业波动性水平：低

2012~2016 年，中国家用电力器具制造行业的销售收入增长率的波动幅度为 6.6%，处于较低水平。

该行业的产品生产在很大程度上受到国内经济、国家政策和消费水平的影响。随着居民可支配收入的增加以及"以旧换新"、"节能惠民"一系列刺激工程的推广，推动了国内需求的有效增长，尤其是三、四级市场消费力的释放以及产品结构高端化，使得行业保持了持续稳态增长。经济的平稳增长、消费水平的提升、生活节奏加快推动国内市场的消费需求，使得该行业保持相对平稳的增长。

3 市 场 特 征

3.1　市场概述

3.1.1　销售规模

产品销量增速趋缓

2012~2016 年，中国家用电力器具制造业整个行业销售规模不断扩大，销量保持逐年增长态势。商品住宅市场的回暖、家电消费需求趋稳，以及近年来的消费升级趋势，都为家电业的稳健发展提供了良好的环境基础。

自 2015 年以来，在宏观经济放缓的影响下，中国家电行业市场增长动力不足，冰洗空销量低迷。2015 年 1~11 月，冰箱销售量同比下降 9.1%；空调销售量同比下降 16.0%；洗衣机情况最好，销售量同比增长 0.6%。

2016 年，家电市场销售量整体增速趋稳，冰洗空三大产品市场微增或微降。2016 冷年（冷年是空调行业的一种惯例说法，因为空调的使用具有较强的季节性，一般指从前一年的 8 月开始到当年的 7 月为止称为一个冷年，如 2016 冷年即为 2015 年 8 月到 2016 年 7 月的时间），受整体气候变化影响，特别是受 2016 年 6 月、7 月普遍高温影响，国内整体空调市场出现转机，国家信息中心数据显示，2016 冷年国内整体空调市场销售量为 4375 万台，销售量同比增长 4.36%。其中，智能空调得到了快速发展，占整体空调销售量比例由 2015 冷年的 8.68% 提升为 15.16%。

冰箱市场规模下滑，实现零售量 3462 万台，同比下滑 0.7%。家用电冰箱新能效等级于 2016 年 10 月 1 日正式实施，变频冰箱市场受益政策驱动将快速发展。

洗衣机市场整体规模上扬，实现零售量 3428 万台，同比上涨 2.2%。洗衣机产品消费结构的全面提升是 2016 年整个行业发展呈现的特色，滚筒、大容量、高端洗衣机产品市场份额呈持续攀升状态。随着人们生活水平的提高，消费也在逐渐升级，消费者在选购时越来越倾向于大容量、高端滚筒洗衣机产品。另外，众多特色品类比如双滚筒、波轮＋滚筒、子母洗、洗烘一体、迷你式等众多洗衣机产品，市场定位特定人群，其特色的技术很有针对性，也呈现出明显的增长态势。

3.1.2　生产规模

产量整体保持小幅增长

　　由图4、图5、图6可知，2012~2016年，中国家用电力器具产量整体保持增长趋势，主要品类家用冰箱、空调和洗衣机产量合计整体保持上行态势，从29628.8万台增长到32908.5万台，复合增长率为1.0%。

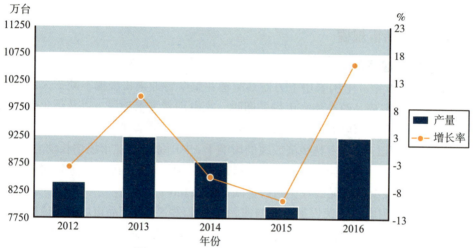

图4　2012~2016年中国家用冰箱产量

　　资料来源：国家统计局，华通行业研究。

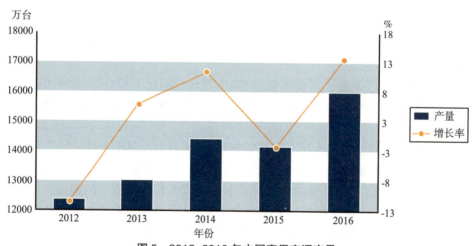

图5　2012~2016年中国家用空调产量

　　资料来源：国家统计局，华通行业研究。

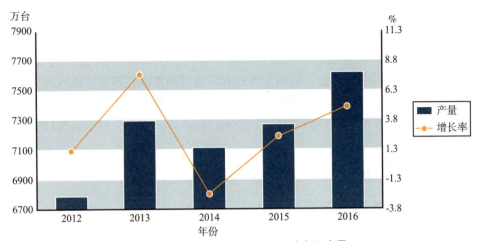

图6　2012~2016年中国家用洗衣机产量

资料来源：国家统计局，华通行业研究。

2013年，在国家一系列政策密集出台的环境下、国内市场强劲需求的推动下、产业投入加大、技术不断突破，中国家用电力器具主要品类家用冰箱、空调和洗衣机产量保持较快增长。

2014年以后，随着家电下乡、节能惠民等工程的退出，市场需求放缓。在经过产能的快速扩张后，部分产品企业盲目扩张规模，使得产能过剩。2015年，家用冰箱、空调和洗衣机产量合计出现小幅下降，同比降幅为2.8%。其中，家用冰箱和空调分别同比下降了9.1%和1.8%，家用洗衣机同比增长了2.3%。

由于2015年下半年火爆房地产市场在经历1年左右的装修期后，在2016年下半年爆发了大量的家电新增需求，加之2016年爆热的夏天高温这两大因素共同影响，家电产量扩大。受到房地产的推动及上年同期基数较低的原因，家用冰箱、空调和洗衣机市场产量合计同比增长了4.5%，分别同比增长了15.6%、13.0%和4.8%。

3.1.3　产品价格

2016年，家电企业纷纷涨价

家用电力器具产品的价格与原材料价格波动幅度及供求关系密切相关。

2016年下半年以来，受大宗材料价格持续上涨、物流费用上涨、人工成本不断增加等因素影响，家电行业成本上涨。铜、钢铁、铝、塑料等原材料价格快速上涨，其中，铜价上涨了40%，钢材上涨了200%以上，塑料、铝材等涨价30%以上；因限超限载等因素，物流费用上涨了30%以上。以上因素均加大了家电生产企业的成本压力，使得家电生产企业纷纷涨价。如美的空调价格上涨了

317

50~200 元不等；海尔、海信、美菱、奥马等企业也已提价，还有一些热水器企业也开始对整机提价 5%~10%。

2017 年 1 月，国家发改委价格监督检查与反垄断局在京专门召开了家电行业价格法规政策提醒告诫会，提出不得相互串通横向垄断；不得实施纵向垄断；不得滥用市场支配地位；不得哄抬价格；不得以排挤竞争对手为目的的低价倾销；不得利用虚假或者使人误解的价格手段实施价格欺诈。这将会抑制家电行业的涨价行为。

3.1.4　渠道特点

家电销售渠道进一步下沉

随着一二级市场增速放缓，三四级市场成为家电企业的主要竞争点，家电销售渠道进一步下沉。从原有家电产品政策因素导向，到消费者品质生活需求转移，再到如今销售渠道的持续拓展，家电行业发展越来越重视整个产业链环节的互通性。而渠道领域正是近两年家电企业角逐的重中之重。一方面，互联网的高速渗透，使得线上电商渠道发展迅速；另一方面，网购在三四级农村市场的持续延伸下沉，进一步开发了这一空白领域。

电商渠道发展较快

随着电子商务的发展，家电企业在京东商城、淘宝商城、苏宁易购等渠道的扩张迅猛，卓越亚马逊网、当当网、飞虎乐购、新七天电器网、1 号店等也在不断壮大。

京东在 2016 年京东战略发布会上重点指出了将把家电作为京东商城的独立事业部重新面向大众。除此之外，京东还将在村镇市场上推出"京东家电专卖店"，拓展线下市场。同时还推出"家电购买指数"以完善线上体验。

2016 年，中国 B2C 家电网购市场（含移动终端）规模达到 3846 亿元，同比增长 27.9%。传统四大家电网购零售额达 1161 亿元，同比增幅 34.9%，其中，空调 296 亿元、冰箱 196 亿元、洗衣机 175 亿元；包括厨房电器、两净产品、生活小家电等在内的其他家电产品网上零售额达 635 亿元，同比增长 36.6%。家电市场网购渗透率已达 19.95%，其中，京东、天猫、苏宁易购三巨头占据了绝大部分市场，家电网购市场渠道格局稳定。

渠道融合加快

在家电企业竞争不断加剧的背景下，家电行业运营模式不断创新，销售渠道实现多元化，家电企业线上业务快速增长、线下推进 O2O 转型，线上线下融合、微店等新渠道方式不断涌现。2017 年，"线上＋线下＋物流＋服务"的模式逐渐成为主流，打造线上与线下相结合的零售模式，成为更多家电企业转型的新思路。

3.2　产品细分市场

家用空调、电冰箱和洗衣机占据较大市场份额

家用电力器具制造行业产品种类众多，其中，家用空调、家用电冰箱、家用厨房电器和家用洗衣机是最主要的品类，占据较大的市场份额（见图7）。

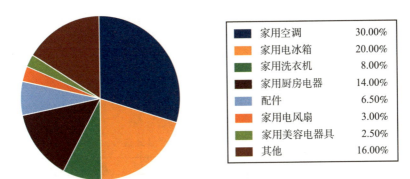

■ 家用空调	30.00%
■ 家用电冰箱	20.00%
■ 家用洗衣机	8.00%
■ 家用厨房电器	14.00%
■ 配件	6.50%
■ 家用电风扇	3.00%
■ 家用美容电器具	2.50%
■ 其他	16.00%

图7　2016年中国家用电力器具制造行业主要产品市场份额

资料来源：华通行业研究。

2016年，中国家用空调累计产量为16049.0万台，较上年同比增长13.0%。在经历2014年和2015年的低迷后，2016年空调市场实现回暖，主要得益于房地产市场的强有力拉动和夏天的高温天气。2016年，空调行业库存从4000万台降至1300万台。随着新产品创新升级的加速，围绕空调智能化、衍生功能方向，全年共有1240多款新品推出。在消费端需求升级与产品端功能升级相互作用下，产业的整体升级已成必然。

中国家用电冰箱累计产量为9238.3万台，较上年同比增长15.6%。在房地产复苏、城镇化和智能化等因素的影响下，冰箱市场将持续增长。随着消费升级以及人民生活水平的提高，目前最受消费者关注的因素逐渐从价格为先转为需求为先的形式，其中4门冰箱以及对开门冰箱走势逐渐上升，大容量产品搭配个性化突出的产品逐渐成为市场主流；同时制冷方式也发生变化，变频在2017年或将迎来高增长。预计未来高端家电尤其注重人机交互与高性能制冷方式的冰箱将成为市场的主流趋势。

2016年，得益于中国的城镇化率的提升，厨电产品需求逐步释放的同时，消费升级客观促进以华帝、方太、老板为首的厨电龙头企业走高端智能化的产品策略，提升市场空间的同时，已经进入资本规模作战的厨电行业必然加速了行业洗牌。城镇化进程加快和厨电产品较低的保有量给厨电市场广阔的发展空间。嵌

入式电蒸箱、电烤箱、洗碗机等新兴厨电品类的快速增长以及消费升级推动产品的升级换代，使得厨电产品的需求向高端化、多样化发展。

2016 年，中国家用洗衣机累计产量达 7620.9 万台，同比增长 4.8%。随着二胎政策全面开放，婴幼儿衣物的洗涤的需求日趋提高，消费者对于"健康洗衣"意识增强，洗衣机销售高端趋势明显，大容量、变频、智能甚至定制化的高端产品将成为市场的主流趋势。2016 年智能洗衣机产品增长较快，由原来的智能添加逐渐向 WiFi 智能控制转移。另外，随着消费者认知的加强，烘干功能的前景看好，洗干一体机、独立式干衣机的市场规模增长明显。

3.3 地区市场

2016 年冰洗空三大产品产量分布如表 1 所示。

表 1

2016 年冰洗空三大产品产量分布

省份	产量占比（%）
广东	27.6
安徽	24.9
江苏	9.9
浙江	9.6
山东	6.9
重庆	5.0
湖北	4.9
河北	3.0
上海	1.7
河南	1.7

资料来源：华通行业研究。

3.3.1 产业生产集群成熟

各地区经济发展的不平衡造成了家用电力器具制造行业分布和发展的不均衡性。目前，珠三角地区和华东地区是集中产地，其他地区所占份额极少。

中国家用电器行业上市公司有 60 家，广东省 21 家，占比约 35%；江苏省 11 家，占比约 18%，浙江省 10 家，占比约 17%。广东省、浙江省、江苏省、山东省等少数省份几乎垄断了家电。而广东省、山东省两个省份的三家公司（海尔集团、美的集团、格力电器）几乎垄断了整个家电行业。

3.3.2 珠三角地区

为了促进该地区的家用电力器具制造行业的发展，珠三角地区政府在税收、土地使用和出口等方面提供了优惠政策。

广东省云集了中国家电知名企业，拥有美的、格力、TCL、科龙、康佳、奥马及未上市的格兰仕等知名家电品牌，也有万家乐、华帝、万和等成长型家电品牌。龙头企业格力和美的主要产能均分别设在珠海和顺德，除此之外海信科龙、格兰仕、志高、TCL等主力二、三线品牌的工厂也均在广东省内。此外，广东省聚集了众多旋转压缩机生产企业和电机企业，松下万宝、三菱电机、广东美芝、TCL瑞智、东莞瑞智、威灵电机等。产业链的完善使得该生产基地具有其他基地无法比拟的优势。

随着近年来土地、人工等成本上涨，不少龙头企业如美的、TCL等的产能也纷纷向合肥、武汉、南昌等地转移，珠三角则成为研发设计、品牌、资本聚集的家电总部经济聚集区。

3.3.3 华东地区

家用电力器具制造行业的产品关键零部件的主要生产能力集中于华东地区，这为该地区该行业的发展提供了产业支持。山东省拥有海尔、海信、九阳等知名品牌企业。江苏省、浙江省等省份上市家电企业较多，规模普遍较小，但成长较为迅速，如小天鹅、苏泊尔、老板电器及未上市的方太等。国外制造商纷纷在华东地区设立生产基地，西门子、美菱、荣事达、三洋等家电巨头在安徽分别设立了生产基地。

3.4 终端市场

3.4.1 家电连锁是主要分销渠道

家用电力器具制造行业的主要销售终端市场可以划分为家用电器连锁店、家用电器经销商、专卖店、网络销售和销售子公司等（见图8）。

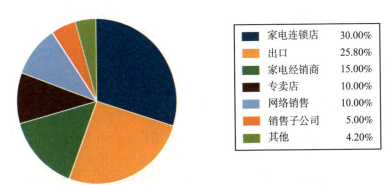

家电连锁店	30.00%
出口	25.80%
家电经销商	15.00%
专卖店	10.00%
网络销售	10.00%
销售子公司	5.00%
其他	4.20%

图8 2016年中国电力器具制造行业主要销售终端份额

资料来源：华通行业研究。

3.4.2　家电连锁

外资公司的主要目标市场是城市市场，家用电器连锁店是其主要合作伙伴。大型的连锁店包括国美、苏宁、三乐、通力等。家用电器连锁店集中度高，企业规模大，占据着城市市场的主要份额。与欧美等国相比，国内的家电连锁销售市场的集中度依然偏低，扩张的空间还很大，尤其是在二三级城市。面对京东商城、淘宝网等纯电商企业迅猛的发展势头，传统的家电连锁企业也推出苏宁易购、国美商城等网上平台。但同时，线上渠道投入扩张不可避免冲击线下零售业务的稳定性和价格体系。

随着专业家电连锁门店数量的大幅增加，其竞争实力进一步增强。在一级重点城市市场，全国性家电连锁和区域家电连锁企业销量达到零售总量的60%~70%。许多厂商在一级市场对家电连锁采取直营的方式。

3.4.3　出口

家电产品主要出口到欧洲、北美、东南亚、非洲等国家和地区，出口规模较大。2016年，中国家用电力器具出口额为568.3亿美元，占行业销售收入的25.8%。

3.4.4　家电经销商

家用电器经销商是第二大销售终端，尤其是在华南地区和三四级市场。其中，一些地区实行独家经销体系，一些地区实行多家经销体系。

3.4.5　专卖店

专卖店主要在三四级市场中发展较快。"家电下乡"唤醒了农村消费需求，国内家电制造商纷纷利用这一契机，拓宽销售网络、增设专卖店、售后服务点等，展开三四级市场的争夺战。格力专卖店模式在全国市场取得胜利，因此得到各厂商的广泛借鉴。目前 TCL、格兰仕、美的等企业的专卖店都已形成相当的规模。专卖店的大肆兴建，不只在于扩大销售网点，更重要的是，厂商可以通过加强二、三级市场专卖店的建设，在渠道中获得更多话语权，这是厂家和商家合作之外的竞争。因此，各厂商对于二、三级市场专卖店的投入不断加大。尤其是，随着三四级市场需求的释放，自建专卖店已经成为国内主要厂商的渠道之一。

3.4.6　销售公司

许多家用电力器具制造商在全国各地设立销售子公司来管理和协调制造商与经销商之间的关系，推广产品和提供售后服务。另外，销售子公司还会在地方市场上将产品销售给大型购买者，比如房产商，其购买价格比较低。这个市场主要被国内生产商占据着。

3.4.7　网络销售

电商新渠道在家电市场快速发展，主要是由于网络购物环境日益规范化以及物流业发展的辅助作用。目前市场上有京东商城、淘宝网等纯电商企业，还有苏宁等多平台联合经营模式以及品牌企业自有的网上商城。家电销售的电商化已经成为未来渠道发展的重要趋势。

3.4.8　其他

其他销售终端市场主要包括百货商场和大型超市等。

4　对外贸易

4.1　全球市场

4.1.1　新兴经济体快速发展

金融危机以来，全球家电行业逐渐面临新的形势。多极化的特征日益显现。以前全球家电行业一直以欧盟核心国、美国、日本等发达国家为主体，但现在，无论生产还是进出口，新经济体都在这个市场占据越来越重要的地位。

区域经济对世界经济影响越来越大。全球市场一体化与区域化并存，是世界经济一大特点。地区性合作集团、自由贸易区、完全海关联盟、共同市场、货币联盟已经逐渐由贸易优惠转向自由贸易区，再由自由贸易区提升为关税同盟。目前，世界区域经济集团主要包括北美自由贸易区、欧盟、东盟自由贸易区、南方共同市场和海湾共同市场。2014 年，上述 5 个区域经济集团从中国进口家电额分别达到 148 亿美元、120 亿美元、35 亿美元、28 亿美元和 24 亿美元。

4.1.2　空调器市场：亚洲市场强劲增长

2016 年，全球空调器市场从 2015 年的负增长中恢复，同比增长了 5.5%，市场规模增大到 1.14 亿台。

亚洲市场保持着强劲增长。东南亚市场出现 11.2% 的增长，增大到 870 万台。印度经历了漫长的炎热夏季，导致空调器市场增长 21.2%，增大到 510 万台。中国大部分地区出现了炎热的夏天，促使消化掉大量的库存，房间空调器（RAC）

市场同比增长 7.1%，达到 4430 万台。根据日本制冷空调工业协会（JRAIA）的统计，2016 年日本国内 RAC 的出货量估计为 880 万台，比 2015 年增长 2.7%。

4.2 出口

4.2.1 出口市场低迷

2012~2016 年，中国家用电力器具制造行业出口整体呈现出稳定的增长趋势，出口额从 503.6 亿美元增长到 568.3 亿美元，复合增长率为 3.8%（见图 9）。

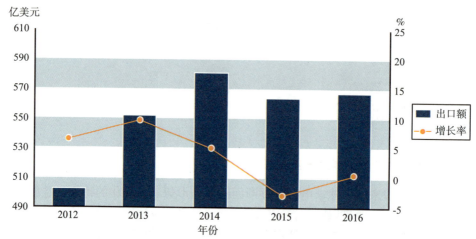

图 9 2012~2016 年中国家用电力器具制造行业出口额

资料来源：中国海关，华通行业研究。

2012~2014 年，中国家用电力器具制造行业出口额保持平稳增长，出口额同比增速维持在 5%~10% 之间。

2015 年，受到全球政经格局动荡以及汇率大幅波动的影响，使中国家电产品价格优势下降，出口市场走低。2015 年，家电业出口额 565.0 亿美元，同比下降 2.8%。冰洗空三大品类出口均出现下降。其中，空调出口额为 124.9 亿美元，同比下降了 5.0%；冰箱实现出口 78.8 亿美元，同比下降了 1.8%；洗衣机出口额为 40.0 亿美元，同比下降 6.9%。

2016 年，家用电力器具出口实现微增，同比增长了 0.9%。其中，空调出口规模稳定增长，出口额达到 131.2 亿美元，同比增长了 5.1%；冰箱实现出口 79.1 亿美元，同比增长了 0.4%；洗衣机全年出口总量为 884.0 万台，同比增长 10.7%，但出口金额出现 5.1% 的下滑，为 37.9 亿美元，这是企业降价换量的结果。

家电出口贸易预计将持续转暖，"一带一路"沿线国家采购成为外贸增长的最大动力。随着"一带一路"倡议的进一步推进，龙头企业尤其是厨电及白电领域出口有望持续改善。

4.2.2 冰洗空产品出口国家较分散

2016 年，中国家用冰箱、空调和洗衣机的出口目的地较分散，主要为美国和日本等发达国家（见图 10）。

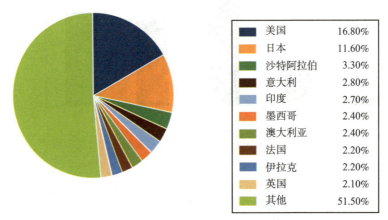

■ 美国	16.80%
■ 日本	11.60%
■ 沙特阿拉伯	3.30%
■ 意大利	2.80%
■ 印度	2.70%
■ 墨西哥	2.40%
■ 澳大利亚	2.40%
■ 法国	2.20%
■ 伊拉克	2.20%
■ 英国	2.10%
■ 其他	51.50%

图 10　2016 年中国家用冰箱、空调和洗衣机主要出口国家和地区

资料来源：中国海关，华通行业研究。

其中，美国是最大的出口市场，家用冰箱、空调和洗衣机三大业务出口总额为 41.8 亿美元，占总出口额的 16.8%。其次是日本，三大业务出口总额为 28.8 亿美元，占总出口额的 11.6%，其他国家所占比例很小。

南美、非洲、东盟等新兴经济体保持了高速增长。北非和中东多国政局仍然不稳，导致对这一新兴市场的出口增速大幅放缓。

中国家电产品出口数量非常大，但单价都是比较低的，远低于国际同行，产品竞争力也不是很强，这反映出中国家电产品在技术方面的研究和改进还要进一步提升。

4.3　进口

4.3.1 进口呈现疲弱态势

2012~2016 年，中国家用电力器具制造行业进口总体保持低速增长，进口额从 30.8 亿美元增长到 33.7 亿美元，复合增长率仅为 1.2%，行业表现出一定的波动性（见图 11）。

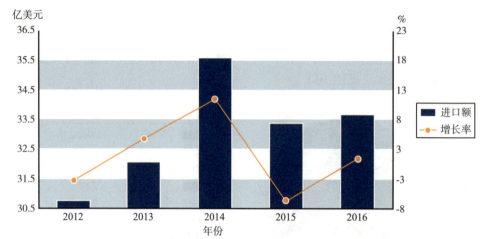

图 11　2012~2016 年中国家用电力器具制造行业进口额

资料来源：中国海关，华通行业研究。

2012 年，受国内需求放缓的影响，进口额同比下降了 2.8%。2013 年，进口额恢复增长，同比涨幅达 4.2%。2014 年，受高端产品需求增长的驱动，行业进口额同比增长了 10.9%。

2015 年，受国内市场需求下降的影响，家用电力器具进口额再次出现下降，同比降幅为 6.2%。冰洗空三大品类进口均出现下降。其中，空调进口额为 7.1 亿美元，同比下降了 3.8%；冰箱实现进口 11.6 亿美元，同比下降 6.6%；洗衣机进口额为 1.7 亿美元，同比下降 15.6%。

2016 年，家用电力器具进口市场呈现微增态势，进口额同比增长了 0.9%，主要受国内产品竞争力的增强影响。其中，空调进口规模实现稳定增长，进口额达到 7.3 亿美元，同比增长了 3.9%；冰箱实现进口 9.3 亿美元，同比下降了 19.7%；洗衣机进口金额出现 16.3% 的下滑，为 1.4 亿美元。

4.3.2　冰洗空产品进口市场较集中

新加坡、日本、韩国、德国和美国为中国家用冰箱、空调和洗衣机主要进口来源国，前五大国家合计所占市场份额为 72.9%（见图 12）。进口产品主要为高端产品，上述国家在产品质量和技术方面享有较强的优势。

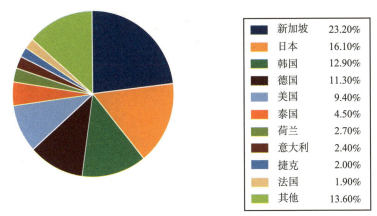

新加坡	23.20%
日本	16.10%
韩国	12.90%
德国	11.30%
美国	9.40%
泰国	4.50%
荷兰	2.70%
意大利	2.40%
捷克	2.00%
法国	1.90%
其他	13.60%

图12　2016年中国家用冰箱、空调和洗衣机主要进口国家和地区

资料来源：中国海关，华通行业研究。

　　分类别来看，家用空调主要进口国家较集中，为日本、德国、韩国、泰国、美国等发达国家，前五大国家合计所占市场份额为71.7%。其中从日本进口空调2.1亿美元，占家用空调总进口额的28.1%；从德国进口1.2亿美元，占家用空调总进口额的16.8%；从韩国进口0.69亿美元，占家用空调总进口额的9.5%；从泰国进口0.67亿美元，占家用空调总进口额的9.1%；从美国进口0.6亿美元，占家用空调总进口额的8.2%；其他进口国家所占份额很小。

　　家用冰箱主要进口国家为新加坡、美国、韩国、日本和德国，前五大国家合计所占市场份额为80.0%。其中，从新加坡进口冰箱4.1亿美元，占家用冰箱总进口额的43.6%；从美国进口1.1亿美元，占家用冰箱总进口额的11.5%；从韩国进口0.96亿美元，占家用冰箱总进口额的10.3%；从日本进口0.77亿美元，占家用冰箱总进口额的8.3%；从德国进口0.6亿美元，占家用空调总进口额的6.4%；其他进口国家所占份额均在3%以下。

　　家用洗衣机主要进口国家为韩国、德国、土耳其、意大利和日本，前五大国家合计所占市场份额为81.6%。进口市场高度集中。其中，从韩国进口家用洗衣机0.672亿美元，占家用洗衣机总进口额的48.4%；从德国进口家用洗衣机0.211亿美元，占家用洗衣机总进口额的15.2%；从土耳其进口家用洗衣机0.098亿美元，占家用洗衣机总进口额的7.1%；其他进口国家所占份额均在6%以下。

5 市 场 竞 争

5.1 竞争维度

5.1.1 内部竞争维度

家用电力器具制造厂商主要在以下几个方面展开竞争：

规模经济。海尔、格力、美的等大型企业已形成庞大的规模。通过规模扩张，具有较高的知名度和产品质量的一线企业大大增加了供应能力，大肆铺货占据国内市场，而在海外市场，规模与技术实力使得这些企业在 OEM 订单的竞争中更具优势。

价格。价格是影响产品消费的主要因素之一。家电产品具有高度同质性，产品供应较为充分，因此该行业的价格竞争较为激烈。家电下乡、以旧换新、节能补贴等政策带来的优惠，使得局部农村市场空调销量上涨。政策优惠结束后，空调价格上扬，销量也受到影响。

品牌。强大的品牌效应会对公司产品的销量起到较大的推动作用。由于该行业产品的差异化水平较低，知名度较高的品牌往往被认为具有较高的质量水平，消费者倾向于选择这些品牌的产品。知名品牌如海尔、格力、美的等，在中国市场上的消费者认同度较高，在与其他品牌的竞争中占据绝对优势。

产品与技术创新。产品的新功能和时尚设计已成为吸引顾客的重要因素，尤其是在高端市场。如高保湿、大容量、变频、低碳、智能成为冰箱发展的五大趋势。节能环保、无氟、变频化、外形色彩设计，原材料工艺水平，都是高端市场竞争的关键技术。但是目前国内家电品牌相对外资品牌在专利技术上，没有绝对的优势。

销售渠道。渠道已成为目前企业竞争的主要要素之一，格力、美的通过加强对渠道的投入和控制力，彼此的差距不断缩小。各品牌对渠道建设非常重视，在二、三级市场渗透力较差的外资品牌也在筹划独立的渠道运营。而三、四级市场的渠道之争不仅存在于厂商之间，也是目前厂商与专业连锁争战的焦点，双方均意图通过加强对渠道的掌控力，增强在整个产业链中的话语权。国内龙头企业拥有丰富的现代销售渠道，纷纷发展电商平台。

产业延伸。近年来，家电企业对上游关键部件的投入增多，格力自建压缩机厂，实现部分自供；美的拥有合资企业美芝，在产品采购上具有优势；而海尔则加强和瑞智的合作。此外，美的大力发展电机产品，而格力则加强与大金的合作，共同出资成立压缩机电控器厂和精密模具厂。

5.1.2　外部竞争因素

396——非电力家用器具制造

5.1.3　主要成功要素

家用电力器具制造企业的主要成功要素包括：品牌塑造；庞大的产能规模；高效的成本控制能力；具备广泛的分销 / 采购网络；采用最新和最高效的技术；新产品开发；上下游产业链的延伸；出口市场的建立和开拓。

5.2　竞争格局

5.2.1　竞争格局总体稳定

目前，家电行业竞争格局总体稳定，包括品牌、渠道、规模、研发等竞争因素在内，家电市场正在走向相对成熟，市场份额的集中度逐渐提高，企业盈利能力的稳定性较强，行业已经形成了一定的软壁垒。例如，空调行业前两位企业销量已占据半壁江山，一线品牌凭借强大的品牌张力、渠道控制力、规模地位、售后服务及迅速的市场反应速度等多方面优势，不断巩固和强化其龙头地位；冰箱与洗衣机行业虽然竞争仍不充分，但经过多年的产业整合，品牌集中度逐步提升，竞争格局及发展趋势日渐清晰。

5.2.2　国内品牌竞争力逐渐增强

国产品牌通过技术创新、调整产品结构、增加高端产品比重等手段，对市场格局的影响已开始显现。如在冰箱领域，目前在高端市场，容声"艾弗尔"、美的"凡帝罗"、海尔"卡萨帝"、美菱"雅典娜"和新飞"天尊"五大产品系列，与外资品牌展开竞争。

国产品牌已经改变了过去外资品牌占据高端家电绝大部分市场份额的现象。国内品牌凭借价格和渠道方面的优势，逐步侵蚀了外资企业的市场份额。

5.2.3　向新型国际化战略转型

随着中国家电企业科研能力以及自动化、智能化制造水平的提升，海尔、格力、美的、海信等一批中国自有品牌已经得到国外经销商与消费者的认可，中国家电业正在从单纯依赖出口的贸易型模式向新型国际化战略转型，家电龙头企业不断扩张海外市场。

2016 年，海尔成功收购了美国 GE 的家电业务，目前海尔与 GE 在产品研发与销售渠道的整合发展顺利，将对日后海尔全球市场的布局与全球品牌地位的提升起到重要的作用。美的先后完成了对东芝白电业务、德国企业库卡和意大利中央空调企业 Clivet 的收购。未来中国将从国际制造业的深度调整中获得更多海外并购的机遇，开创中国家电业国际化的新局面。

5.3　行业集中度

5.3.1　行业集中度较低

中国家用电力器具制造行业集中度较低。家用电力器具制造行业厂家众多，高度离散。由于产品种类繁多，消费需求各异且层次丰富，行业集中度较低。产能结构性过剩严重，市场竞争激烈。

5.3.2　细分市场品牌集中度较高

行业内产品种类众多，细分市场表现出较高的品牌集中度。

在冰箱市场上，海尔、容声、美的、美菱等品牌占据较大的市场份额。这些行业巨头在成本、资源、技术、管理和营销上都有优势。因此，冰箱市场的市场格局比较稳定。目前，这些行业巨头为了获得更多的市场份额，都纷纷开始进攻高端领域。随着冰箱产业结构的升级，高端冰箱的市场份额将会进一步提升，整个冰箱市场的行业格局将会更加集中，行业龙头企业如海尔、格力、美的等将会实现对城乡市场、高中低端消费群体的全面覆盖。而一些行业新军、小企业则有可能沦为区域性品牌、代加工厂。

在空调市场，格力、美的、海尔、海信、奥克斯和志高等品牌占据较大的市场份额。经过多年的激烈竞争与品牌淘汰，中国家用空调市场格局鲜明。空调行业已基本进入寡头竞争。格力、美的和海尔稳坐一线阵营。格力和美的对渠道的投入大量增加，尤其是美的，在重点区域的渠道与主要经销商结成战略伙伴，同时在全国范围内大规模建设自有专卖店体系，增加乡镇销售服务网点，将渠道进一步向三四级市场下沉。国内智能空调市场保持了智能产品高集中度特征，2016年 9 月 21 日，国家信息中心发布了《2016 冷年中国智能空调市场分析报告》，数据显示，海尔 60% 左右的销售量占有率，海尔、美的、格力三大品牌销售量占总销售量比例近 90%。

洗衣机产业的行业集中度不断提升。经过多年发展，不但成功培育出海尔、荣事达、美的、小天鹅等本土国际品牌，同时吸引诸多国外知名洗衣机生产商在中国设立生产基地，如日资系制造商夏普、松下、日立等，韩资系制造商 LG、三星等、欧美系制造商西门子、惠而浦等。作为国内家电行业龙头品牌，海尔洗衣机零售额的市场占有率在 25% 以上。

5.3.3 市场集中度将继续提升

在家电产品普及率接近饱和，改善型需求潜力巨大的背景下，家电龙头企业的技术优势和资金优势愈发明显。同时，2016 年国家陆续出台家电新标准，标准提升和市场规范将更有利于大品牌的发展。另外，2017 年家电企业生产成本将持续提高，大企业对原材料议价能力明显强于小企业，因此家电市场强者愈强的局面将更加明显，家电行业市场集中度将持续提升。

5.4 成本结构

行业采购成本比重大

通过产业结构调整，产品结构升级，产品结构持续优化，技术创新为家用电力器具制造行业产品结构升级发展带来动力，变频、大容量、智能等中高端产品市场份额迅猛增长，2016 年，中国家用电力器具制造行业利润率增长到 8.2%，比 2011 年高出 2.6 个百分点。

由图 13 可知，中国家用电力器具制造行业最大的成本来自原材料采购，2016 年，行业采购成本占到了销售收入的 65.0%。行业主要原材料包括铜、铝、钢及其他原材料。2016 年，原材料涨价，铜、铝、钢的材料涨幅超过双位数，增加了行业的采购成本。

该行业在产品研发上的投入加大。2016 年，规模以上企业的研发费用在行业收入中比例达到 4.0%。产品结构的升级调整，节能、环保、智能等绿色空调进入市场，未来智能化将成为市场主导。

销售费用主要包括包装费、运输费、广告费、装卸费、保险费、展览费、租赁费，等等，主要源于销售渠道的建设和维持，品牌塑造和新产品推广等。2016 年销售费用占销售收入的 8.0%。

管理费用主要包括办公费、业务招待费、修理费、仓库经费、排污费，等等。随着国家对环保标准要求的不断提高，排污费用增加。2016 年，管理费用占销售收入的 4.0%。

2016 年，工资成本约占全部销售收入的 5.0%。近年来，虽然劳动力成本不断上涨，但是由于制造工人占员工总人数比例较高，并且制造工人平均工资处于较低水平，因此该行业总体工资水平较低。

2016 年，折旧约占行业总收入的 3.0%。随着该行业的产能扩张，在固定资产上的投资明显增长，主要表现在引进先进设备等，折旧费也随之增长。

其他支出包括水电费用、保险支出、财务费用和其他杂项费用，约占行业总收入的 2.8%。

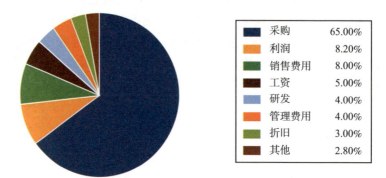

采购	65.00%
利润	8.20%
销售费用	8.00%
工资	5.00%
研发	4.00%
管理费用	4.00%
折旧	3.00%
其他	2.80%

图 13　2016 年中国家用电力器具制造行业成本结构

资料来源：华通行业研究。

5.5　进入壁垒

进入壁垒较高

该行业对产品生产设备的投资是企业初始投资的主要构成。这对新进企业来说形成了一定的进入壁垒。

家电行业整体市场竞争激烈，且需要相对高的技术水平。该行业内顶级品牌众多，而且基本竞争格局已经相对稳定，格力、美的、海尔等品牌位居前列。因此，新企业很难进入该行业。

目前市场的主要需求来自旧产品置换。越来越多的消费者更加注重产品的功能、布局、设计、质量和能效，且消费者品牌意识逐渐增强，很难接受新进入者的产品。此外，现有的中型和大型企业已在研发和广告方面投入了较多的资金，获得了更多的竞争优势，拥有了较大的固定消费群体，这为新进入者设置了较强的进入壁垒。

此外，政府颁布了一些政策以及规章制度来规范该行业的生产和发展，如能源效率标识和中国强制性产品认证制度，这些政策以及规章制度规定该行业的产品需要接受能源效率等级评定，产品上必须有能源效率等级标识，从而造成政策壁垒较高。

6 重点企业

2016 年白色家电行业 26 家上市公司营业收入如表 2 所示。

表 2　　　　　2016 年白色家电行业 26 家上市公司营业收入

排名	公司名称	营业收入（亿元）	净利润（亿元）
1	美的集团	1590.44	146.84
2	青岛海尔	1190.66	50.37
3	格力电器	1083.03	154.21
4	海信科龙	267.30	10.88
5	小天鹅 A	163.35	11.75
6	美菱电器	125.27	2.20
7	海立股份	73.84	1.76
8	华意压缩	69.65	2.52
9	惠而浦	69.31	3.72
10	盾安环境	58.30	0.83
11	毅昌股份	57.54	0.19
12	奥马电器	50.41	2.98
13	澳柯玛	37.51	0.24
14	康盛股份	28.07	1.91
15	日出东方	23.52	2.44
16	顺威股份	12.99	0.31
17	秀强股份	11.47	1.18
18	禾盛新材	10.49	0.29
19	依米康	9.73	0.10.44
20	东方电热	9.30	0.46
21	立霸股份	8.63	0.73
22	地尔汉宇	7.58	1.92
23	天银机电	6.54	1.65
24	雷科防务	5.31	1.05
25	聚隆科技	4.81	0.97
26	春兰股份	1.86	0.12

333

中国市场企业营销战略及行业分析

2016 年中国小家电上市公司营业收入排名如表 3 所示。

表 3　　　　　　2016 年中国小家电上市公司营业收入排名

排名	公司名称	营业收入（亿元）
1	苏泊尔	119.47
2	九阳股份	73.16
3	新宝股份	69.86
4	老板电器	58.48
5	万和电气	49.67
6	莱克电气	44.26
7	华帝股份	43.96
8	蒙发利	34.61
9	爱仕达	25.5
10	奋达科技	20.95
11	长青集团	19.08
12	金莱特	7.73
13	德奥通航	7.17
14	浙江美大	6.66
15	开能环保	6.43
16	乐金健康	6.2
17	天际股份	4.99
18	圣莱达	0.95

7　经　营　环　境

7.1　政策法规

7.1.1　主管部门：国家发改委、工信部

中国家用电力器具制造行业主要由国家发改委、工信部主管。国家发改委主要承担产业政策的制定、指导行业结构调整和技术改造、审批和管理投资项目；

工信部负责拟定并组织实施工业行业规划、产业政策和标准，监测工业行业日常运行，推动重大技术装备发展和自主创新。

7.1.2　中国家电召回制度

自2016年1月1日起，国家质量监督检验检疫总局发布的《缺陷消费品召回管理办法》（以下简称《办法》）正式施行，家用电器被正式纳入《办法》实施召回管理的消费品目录，预示着中国家电召回制度终于落地。《办法》明确了生产者是缺陷消费品召回主体，且将从中国境外进口消费品到中国境内销售的企业或境外企业在中国境内设立的授权机构均视为《办法》规定的生产者。

7.1.3　空气净化器新国标正式实施

2016年3月1日，GB/T18801—2015《空气净化器》国家标准（以下简称"空净新国标"）正式实施，其中明确规定了影响空气净化器净化效果的四项核心指标：即CADR值（洁净空气量）、CCM（累计净化量）、能效等级及噪音标准。空净新国标对规范市场、引导消费、提升产品质量等方面起了积极作用。

7.1.4　燃气热水器新国标正式实施

自2016年6月1日起，新国标GB/20665—2015《家用燃气快速热水器和燃气采暖热水炉能效限定值及能效等级》（以下简称"燃气热水器新国标"）正式开始实施，修订后的新国标主要是对燃气热水器的能效等级进行了严格划分，"节能"将成为燃气热水器最核心的衡量指标之一。燃气热水器新国标的实施将有效促进燃气热水器行业的转型升级。

7.1.5　新版冰箱能效标准正式实施

2016年10月1日，新版冰箱能效标准GB12021.2—2015《家用电冰箱耗电量限定值及能效等级》正式实施。在新标准的引导下，节能技术过硬的冰箱产品将持续走在前列，未来的冰箱产品将更加注重产品的节能性。

7.2　行业扶持

7.2.1　轻工业发展规划

2016年8月，工信部发布《轻工业发展规划（2016~2020年）》。该规划提出，"十三五"期间，国家将积极推动轻工业的智能化发展，重点推进智能制造。

具体来说，促进工业互联网、云计算、大数据的综合集成应用。在家用电器基础条件好的行业，推进智能制造，加快智能制造软硬件产品应用与产业化，研发智能制造成套装备，推进数字化车间/智能工厂的集成创新与应用示范，加快典型经验交流和推广。这将有力推动家电产品应用云计算、大数据等技术，实现向智能产品的升级。

7.2.2 家用电器工业"十三五"规划指导意见

2016年8月，《中国家用电器工业"十三五"发展指导意见》出台，该规划明确提出，家电工业需要进一步转变增长方式，加快从要素驱动向创新驱动转型步伐，全面提升国际竞争力和影响力，这将鼓励家电产品的技术创新，推动家用电力器具制造行业实现持续发展。

7.2.3 智能制造"十三五"规划

2016年12月，工信部在全球智能制造大会上发布了《智能制造发展规划（2016~2020年）》。该规划指出，加快攻克关键技术装备，加强关键共性技术创新，加大智能制造试点示范推广力度，推动重点领域智能转型，推进区域智能制造协同发展，这将有力促进家电企业加速向智能制造产业布局。

7.2.4 关税调整

2016年11月，财政部发布对家电产品出口退税率的通知。家电产品中电风扇、干衣机、家用水净化器、家用气体净化器、家用洗碟机及压缩机、风扇零部件、空调器零部件、干衣机零部件、家用净化器零部件、家用洗碟机零部件、家用洗衣机零部件等出口退税率自2016年11月1日起提高至17%。出口退税率的提高将有效促进家电产品的出口。

7.3 技术/体系

7.3.1 智能制造

中国家用电力器具制造行业的技术改造继续向纵深发展，由规模扩张转向效率驱动。数字化、智能化的科技革命将进一步推动家用电力器具制造行业的制造模式变革。"机器换人"、"智能制造"的引入将有效促进该行业逐步完成由大批量生产向产品的大规模个性化定制转型，进一步迈入向现代制造业升级的新阶段。

7.3.2 节能技术

近年来，中国政府大力提倡家电制造企业开发节能产品，并要求家用电器，如空调、冰箱，在国内市场销售标有能源效率等级标识。节能技术主要包括采用高效率的压缩机、应用新的和改进的泡沫层、改善门封条和应用部分关闭功能。

7.3.3 变频和自动控制技术

随着市场对节能技术的日益关注以及冰箱向大容积、多温区的方向发展，变频冰箱开始受到重视。与定速系统相比，其采用变频控制器调节压缩机转速，使冰箱的制冷量与冰箱的负荷匹配良好。

压缩机变频技术的应用为冰箱系统实现最优控制和智能化控制奠定了基础。其采用智能温度控制和数字显示技术，具有冷藏室温度、冷冻室温度、标准状态、节能运行和速冻功能 5 种状态的显示与调节；采用二位三通电磁阀对系统进行双温双控，独立控制冷冻室和冷藏室温度，可显著提高冰箱的保质保鲜功能，满足用户的个性化要求，便于产品覆盖多气候带地区，节能性好。

7.3.4 低频控制技术

现有的变频空调在实际应用中依然存在低频潜力没有充分发掘、空调使用过程中停机概率较大的现象，因此各大空调企业纷纷研究如何让压缩机在更低频率下平稳运行，从而提高整机的节能性和舒适性。格力电器自主研发的 G10 变频引擎低频控制技术，不仅有效解决了压缩机低频运行时的振动难题，而且实现了压缩机在 1 赫兹低频状态下的平稳运行，避免了空调室外机达到设定温度后停机的现象，从而进一步提高了空调整机的节能性、可靠性和舒适度。

7.3.5 高效保温新材料

陶瓷及陶瓷复合材料作为制冷机的电绝缘、减振件和软管材料，制造压缩机中的复杂零件，如转子、阀片等，在压缩机上的应用改善了导热、耐磨和润滑性能，优点有质轻、强度和韧性好、化学及尺寸稳定性好、表面光洁度好。

制冷剂向 HFC 和天然工质转型，VIP 真空绝热技术以及航空绝热保温材料在空调上得到应用，采用了高效换热材料和技术，控制或降低了产品成本，提高了能源效率。

8 市 场 预 测

8.1 关键影响因素

家庭可支配收入水平

中国家庭可支配收入迅速增长，同时随着生活水平的提高，人们对家用电器产品升级的需求日益增长。

价格。价格是影响家电产品需求的重要因素之一，该行业产品存在一定的价格弹性。对高端产品而言，适当降低价格能够促进产品的销售。但是，与产品功能、设计、品牌和能力相比，价格重要性已下降，特别是在城市市场。但是在农村市场，价格仍然是最重要的因素。更低的价格和适当的功能是农村家庭选择家电产品的最重要因素。

品牌。强大的品牌效应会对公司家电产品的销量起到较大的推动作用。由于该行业产品的差异化水平较低，知名度较高的品牌往往被认为具有较高的质量水平，消费者倾向于选择这些品牌的产品。知名品牌如海尔、格力、美的等，在中国市场上的消费者认同度较高，在与其他品牌的竞争中占据绝对优势。

房地产市场。消费类电子产品如空调、冰箱、洗衣机等，与房地产产业密切相关。房地产市场收紧对家电行业的影响很直接。房地产市场低迷，则房屋成交量会减少，对家电产品的需求就会减少；房地产市场发展较好，则房屋成交量会增加，将会增加对家电产品的需求。2017 年，国家施行严厉的房地产调控政策，因城施策，预计会抑制房屋的成交量，影响对家电产品的需求。

政策导向。国家政策对家电产品销售具有较大的影响力。家电下乡、以旧换新、节能惠民工程等政策实施使得家用空调、冰箱等产品销售受益匪浅。在经济增长放缓，市场饱和度提升的背景下，这些政策的实施有效推动了家电行业的发展。同时，国家政策的出台，不仅关系到家用电器内销销量、企业的成本与盈利，还对行业产品结构产生较大影响。

技术发展和产品创新。技术的发展对家用电力器具制造行业非常重要，因为大部分城市市场的需求来自对旧产品的更换，消费者更愿意选择具有新功能和更好质量的产品。消费者对高端产品的需求呈现上升态势，如节能环保、保鲜、大容量、时尚美观等均是消费者对于高端冰箱的诉求。

原材料价格波动。钢材、铜铝等原材料在成本中所占的比重较高，使得原材料价格成为决定企业运营成本及盈利的关键因素之一，如 2016 年，尤其铜、铝等空调生产主要原材料价格上涨，加大了空调制造企业的成本压力。

气候。家用电器销售旺季的气温变化也将对家电市场产生较大影响，如空调销售旺季，如果存在持续性高温天气，这将有力推动空调销售市场的增长，如果气候异常较冷则会造成空调需求不旺。

8.2 市场发展预测

8.2.1 行业仍将保持平稳增长

随着中国经济的稳步发展，城市化进程不断加快，家用电器必然会继续稳定增长。未来 5 年，行业仍将保持平稳增长。在产品更新与消费者观念进步的大环境下，家用电器市场出现了一些档次更高、质量更佳、更能满足消费者需求的新产品，逐渐替代现有产品。

同时，伴随着户籍制度的改革，推动居民实现进城落户，家电市场需求将会有效增长，尤其是二孩政策的放开将刺激冰箱、洗衣机市场需求增长。另外，"90后"、"准 90 后"，个性、互联、快节奏的生活，一键搞定的要求，APP 手指的互动，都是未来家电行业新的增长点。

8.2.2 智能化成家电发展新趋势

随着家电产业加速与互联网、大数据和云计算等信息技术的跨界融合，以及在国家节能、环保政策的助推下，智能、健康、节电的家用电器日益受到市场青睐，中国家电市场将加快转型升级，网络化、个性化、多元化将助推智能家电产业快速发展。

8.2.3 线上线下融合将加快

随着家电企业竞争不断加剧，家电企业须持续不断地进行经营模式的创新和转型，打造线上线下融合的"新零售"模式。互联网的普及推动了电商的快速发展。2017 年，"线上 + 线下 + 物流 + 服务"的模式将成为主流，打造线上与线下相结合的零售模式，成为更多家电企业转型的新思路。

8.2.4 农村市场仍具有较大发展潜力

城市电商市场日趋饱和，增长空间有限，而农村电商潜力无穷。在"互联网 +"的浪潮下，以国美为代表的互联网电商开始向有着巨大人口和市场潜力的农村发展，互联网电商向农村市场的扩展将有力推动农村家电市场的发展。同时，中国城乡家电市场差距依然明显，随着国家层面政策的支持，家电行业也将更加注重

农村消费潜力，实体渠道和电商渠道将继续下沉。

8.2.5 市场国际化和品牌高端化将成为中国家电的趋势

个性化、智能化、个性定制、使用体验、高端，已经成为中高端消费者在选购产品时的重要关注点，消费者不再仅仅满足于产品的性能和使用，而是希望产品能够更加智能、更好地节省时间，并且能够形成完善的家居智能系统。

只有相对大型的家电企业才有能力去形成完整的家电品类系统，并且随着品牌效应，大型家电企业将不断获得更多的消费者信任和市场占有率，品牌的高端化和大型化成为未来家电企业的发展趋势。

在未来的几年，国内家电企业与国外企业之间的合作将会更加紧密，中国家电企业产品会更多地进入国外市场，双方不断合并；产品国际化、品牌高端化将成为中国家电企业的发展趋势。

中国肥皂及合成洗涤剂制造行业分析报告

2012~2016 年，中国肥皂及合成洗涤剂制造行业整体保持平稳增长，经济效益增速出现全面回落，年均增速基本维持在 5% 左右；销售收入从 1555.4 亿元增长到 1839.6 亿元，复合增长率为 4.2%。2016 年，由于行业竞争日益激烈，产品平均价格持续下滑，导致洗涤用品行业整体收入增速持续下降，全年销售收入同比增速预计为 3.5%。

近年来，中国洗涤用品的产量呈现出平稳增加的趋势。洗涤产品涌现出很多知名品牌，但国内洗涤用品市场的份额却主要被宝洁和联合利华等外资寡头垄断，如奥妙、汰渍等知名洗涤产品均为宝洁和联合利华生产，中国品牌中，仅有雕牌在洗衣皂市场占据了较大份额。

在当前的市场格局内，中国品牌越来越具有竞争力，在洗衣粉、洗洁精、洗衣液等重要领域都具有较强优势。在品牌竞争力榜单中，雕牌、立白、白猫在国内洗涤产品领域都有各自的主打产品，给外资品牌造成了一定的竞争压力。

电商、微商等新的销售渠道快速兴起。部分企业自建电商平台以及综合类电商平台，如梵大集团旗下洗涤用品品牌泉立方和 B2C 渠道平台进行合作，在天猫、京东和苏宁易购上均有布局，同时在微商领域也投入较大精力进行市场拓展，目前已拥有了 80 多万的微商代理。线上销售已成为洗涤用品行业的重要渠道之一，2016 年，网络销售占据行业终端市场份额的 20% 左右。

与普通洗涤产品相比，浓缩产品具有绿色、高效、节能环保等特点，符合国家环保政策要求。浓缩型洗涤产品在发达国家普及度已经非常高，如在法国、英国、德国、美国、日本等国家，洗衣液的浓缩化程度已经超过 96%，而中国浓缩洗衣液的占比却只有 3%，差距较大。

中国洗涤用品行业相对于发达国家起步偏晚，目前消费者已经完成从皂到粉、从粉到液的消费转变，正处于从普通洗涤剂到浓缩洗涤剂转变的过渡期。目前，国内已有蓝月亮等知名企业率先试水浓缩产品市场化。根据《中国洗涤用品工业"十三五"规划》中所提出的目标，到 2020 年，浓缩（高效）液体洗涤剂占液体洗涤剂总量的比重要达到 20%。未来洗涤用品行业的主要发展方向和趋势将为浓缩洗涤剂。

洗涤用品行业是民生产品，随着人民生活水平的不断提高、城镇化进程的加快、消费观念和消费方式的变革，洗涤用品行业有着广阔的发展前景。

在洗涤行业中，绿色、浓缩、功能性与个性化需求，正是目前中国消费市场新的增长点与产品竞争焦点。如洗衣片的研发推出，作为洗涤行业的一个全新品类，2015 年开始在中国兴起，由微商渠道推广，成长较快。在能够满足日常清洁需求的前提下，产品创新将成为洗涤用品市场新的增长点。

1 行 业 定 义

1.1 定义

本报告中所讨论的行业活动，指以喷洒、涂抹、浸泡等方式施用于肌肤、器皿、织物、硬表面，即冲即洗，起到清洁、去污、渗透、乳化、分散、护理、消毒除菌等功能，广泛用于家居、个人清洁卫生、织物清洁护理、工业清洗、公共设施及环境卫生清洗等领域的产品（固、液、粉、膏、片状等），以及中间体表面活性剂产品的制造。

1.2 主要产品

● 洗浴用品：包括香皂，如护肤香皂、药用香皂、硫磺皂、除臭药皂、洗面皂、透明皂；浴用洗涤剂如浴液、儿童浴液等。

● 纤维洗涤用品：包括洗衣皂如肥皂、皂粉等；洗衣粉如高泡、中泡、低泡洗衣粉，加酶洗衣粉，增白洗衣粉，浓缩洗衣粉，含氧彩漂洗衣粉，低磷及无磷洗衣粉等；液体洗涤剂如弱碱性衣用洗涤剂、中性衣用洗涤剂、羽绒服专用洗涤剂等；合成洗衣膏；固体洗涤剂；干洗剂如浴剂性洗涤剂，水剂性洗涤剂等。

● 环境用洗涤剂：餐具果蔬洗涤剂；硬表面清洗剂如玻璃清洗剂、瓷器清洗剂，铝质晶清洗剂，煤气灶清洗剂，家具专用清洗剂，去污粉；脱臭剂如除臭清洗剂、复合脱臭剂。

1.3 产业链

1.3.1 上游行业

2661——化学试剂和助剂制造

2662——专项化学用品制造

1.3.2 下游行业

5134——化妆品及卫生用品批发

5234——化妆品及卫生用品零售

5211——百货零售

5212——超级市场零售

5213——其他综合零售

1.4 竞争行业

该行业没有真正的竞争性行业，行业内产品互为竞争产品。

2 行 业 成 长

2.1 行业发展

2.1.1 行业销售收入小幅增长

随着居民购买能力的快速提升以及消费结构的不断升级，中国消费者对于洗涤用品的消费理念发生了较大的变化，不再满足于去污力的保证和价格的便宜，更多趋向于对洗涤用品的细分化和功能化的需求，进而推动了洗涤用品行业的技术提升。预计未来随着城市化进程的进一步加快和农村清洁卫生状况的改善，城乡居民对于洗涤用品的消费需求将会进一步提升。

2012~2016 年，中国肥皂及合成洗涤剂制造行业整体保持平稳增长，经济效益增速出现全面回落，年均增速基本维持在 5% 左右，销售收入从 1555.4 亿元增长到 1839.6 亿元，复合增长率为 4.2%（见图 1）。

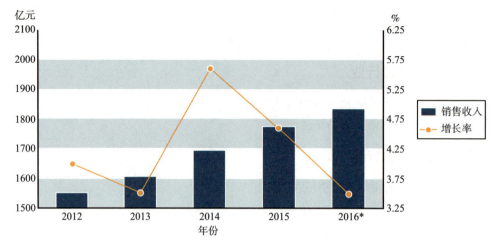

图1 2012~2016年中国肥皂及合成洗涤剂制造行业销售收入

资料来源：国家统计局，华通行业研究。

2016年，由于行业竞争日益激烈，产品平均价格持续下滑，导致洗涤用品行业整体收入增速持续下降，全年销售收入同比增速预计为3.5%。

2.1.2 行业盈利能力下降

2012~2016年，在运输物流、渠道运营、劳动力价格上涨压力等因素的影响下，中国肥皂及合成洗涤剂制造行业盈利能力不断下滑，利润总额从168.4亿元下降到115.0亿元（见图2、图3）。

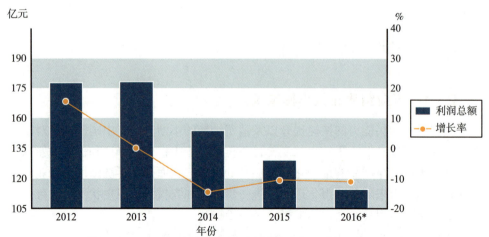

图2 2012~2016年中国肥皂及合成洗涤剂制造行业利润总额

资料来源：国家统计局，华通行业研究。

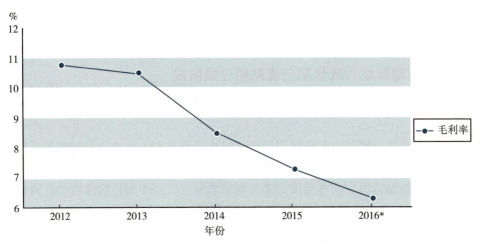

图 3 2012~2016 年中国肥皂及合成洗涤剂制造行业盈利能力

资料来源：国家统计局，华通行业研究。

在经过 2012 年 15.6% 的快速增长后，受产能大幅扩张、产品供给增加、竞争进一步加剧等因素影响，2013 年全行业利润总额仅同比增长 0.2%；2014~2016 年，人工、渠道等要素成本持续上涨，市场竞争加剧，利润总额持续下滑，分别为较同期下降 14.4%、10.5% 和 11.1%。

2.1.3 以需求为导向进行产品创新

洗涤用品行业是民生产品，随着人民生活水平的不断提高、城镇化进程的加快、消费观念和消费方式的变革，洗涤用品行业有着广阔的发展前景。

在洗涤行业中，绿色、浓缩、功能性与个性化需求，正是目前中国消费市场新的增长点与产品竞争焦点。如洗衣片的研发推出，作为洗涤行业的一个全新品类，2015 年开始在中国兴起，由微商渠道推广，成长较快。在能够满足日常清洁需求的前提下，产品创新将成为洗涤用品市场新的增长点。

2.1.4 本土企业发力高端产品市场

随着我国居民消费进一步升级，低端产品已无法完全满足消费者需求，高端产品需求增长迅速。国内本土洗涤企业也开始发力高端市场，如立白推出去渍霸全效洗衣粉；纳爱斯的宣传语则从"只选对的，不买贵的"转变为"只为提升您的生活品质"；走中低端路线的雕牌洗衣液也进行了升级，推出超能"一低一高"品牌组合，都是企业提升品牌定位，进军高端市场的举措。

2.2 生命周期

生命周期阶段：成长期向成熟期过渡阶段

华通行业研究认为，中国肥皂及合成洗涤剂制造行业现处于成长期向成熟期过渡阶段。

经过多年的发展，中国洗涤用品产品结构得到了较大改善，但与欧美日等先进国家相比仍存在一定的差距，主要体现在中低档产品比例仍然偏大；浓缩化进展不大，国外发达国家基本实现了洗涤剂的浓缩化，而中国目前浓缩产品的比例仍低于 4%；传统的洗涤用品发展较快，但家居、公共设施等专用的功能性洗涤用品发展仍处于起步阶段，品种数量和质量都不能满足消费者和用户的要求，市场覆盖率也不高，工业用洗涤剂在开发和应用上的差距更大。此外，在年人均家居清洁用品消费方面，日本和英国人均消费量最高，超过 90 美元/人；其次为法国、意大利、美国、德国等国家，人均消费量为 70~90 美元/人，而中国仅为 10 美元/人。

近年来，中国洗涤用品方面的技术进步已取得了突破性进展，大幅度缩小了与国外产品的差距，技术创新能力仍有待进一步提升。全行业技术水平参差不齐，中小企业的创新能力严重不足，新产品产出速度与数量不足，新原料的开发与应用进展不大，相关分析检测方法技术也相对不足。

预计未来，随着居民生活水平的不断提高、城镇化进程的进一步加快，居民消费观念和消费方式的持续变革，消费者对产品差异化、多元化和精细化的要求会更高，产品的更新换代速度会进一步加快，洗涤用品行业仍有着较为广阔的发展前景。

2.3 行业波动性

行业波动性水平：低

2012~2016 年，中国肥皂及合成洗涤剂制造行业的销售收入增长率的波动幅度为 1.7%，处于较低水平。

该行业的产品生产与国内经济发展和居民消费水平密切相关。肥皂及合成洗涤剂属于日用品，需求刚性较大，因此消费具有较强的稳定性，没有特别明显的周期。经济的平稳增长、消费水平的提升、生活节奏加快均会推动国内市场的消费需求，使得该行业保持相对平稳的增长。

3 市 场 特 征

3.1 市场概述

3.1.1 产销规模

产品销量增速放缓

2012~2016 年，中国肥皂及合成洗涤剂制造业整个行业销售规模不断扩大，消费量保持逐年增长态势，但受国内经济放缓、产品高度同质化、市场竞争加剧等的影响，销量受到一定影响，增速呈现出下滑趋势。2012~2016 年，洗涤用品行业的产品结构不断优化，各细分市场表现有所不同，传统的肥（香）皂销量有所下降，洗衣粉销量增速放缓，液体洗涤剂销售得到了快速发展，促进了整个洗涤用品行业销量的增长。

2016 年，合成洗涤剂产量出现下滑

2012~2016 年，随着国内市场需求增长，合成洗涤剂产业整体保持平稳较快增长，合成洗涤剂产量整体保持上行态势，从 2012 年的 933.8 万吨增长到 2016 年的 1299.1 万吨，复合增长率达 7.9%（见图 4）。

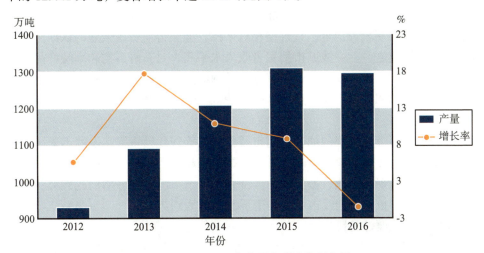

图 4　2012~2016 年中国合成洗涤剂产量

资料来源：国家统计局，华通行业研究。

2012~2015 年，受国家一系列政策密集出台及国内市场需求增长推动，中国合成洗涤剂产业投入持续加大、技术不断突破，产量实现较快增长。但经过产能的快

速扩张后，由于部分企业盲目扩张规模，使行业出现产能过剩，部分中小企业仅依靠OEM维持生计。2016年，合成洗涤剂产量出现小幅下降，较2015年同期下降0.9%。

3.1.2 产品价格

2016年，平均价格整体下降

洗涤用品的主要原材料包括表面活性剂、烷基苯、脂肪醇和4A沸石。2011年，受原材料价格上涨影响，宝洁、联合利华、立白、纳爱斯四大日化品牌对洗衣粉、洗衣液、洗洁精、沐浴露等洗涤类日化用品集体涨价，涨幅最高达到15%。

但自2014年以来，国际原油价格不断下跌，作为日化产品原材料的石油衍生品价格也因此受到波及，大部分原料价格持续下降。而洗涤用品行业的竞争程度不断加剧，企业不得不降低价格来抢占市场份额。

预计未来，原材料价格仍会继续走低，洗涤用品成本仍有进一步下降的空间，因此，产品价格有较大可能性继续下降。

3.1.3 渠道特点

流通渠道呈现新趋势

肥皂及合成洗涤剂企业的渠道大致可以分为大城市流通渠道、二三级市场流通渠道和乡镇流通渠道，按销售终端进一步细分，可以分为综合超市渠道、便利店渠道、电商渠道等。近年来，随着肥皂及合成洗涤剂行业的进一步发展，流通渠道呈现逐渐下沉、不断扁化、更加细分的趋势。

综合超市终端较为稳定，且价格相对平稳，能赢得消费者强烈的认同感，是重要的销售渠道之一。一线城市消费者收入水平高，对新鲜事物和高端产品的接受程度较高，相比二三线城市，消费者对品牌的选择范围大，消费渠道也更为分散。二三线城市和农村等欠发达地区的消费群体巨大，产品主要依托杂货商品店等传统渠道销售。

随着中国城市化进程的加快，超市及便利店等现代销售终端发展迅速，现代销售渠道在该行业中的比重不断上升，占据越来越重要的地位。肥皂及合成洗涤剂行业的产品呈现品类化、差异化、液洗化、渠道下沉、细分格局的趋势。巩固一线市场份额，抢夺三四线市场，渠道下沉已成为趋势。

网络渠道重要性凸显

据中国互联网络信息中心统计，2016年全国互联网用户达到7.31亿，其中移动互联网用户达到6.95亿。随着移动互联网的高速发展，电商、微商等新的销售渠道快速兴起。洗涤用品行业的众多企业也通过融入、尝试、接触等多种方式，进行网络营销等电子商务运作，更加专业化、个性化的产品有了发展空间，线上品牌新模式正在崛起。

部分企业自建电商平台以及综合类电商平台，如梵大集团旗下洗涤用品品牌泉立方和 B2C 渠道平台进行合作，在天猫、京东和苏宁易购上均有布局，同时在微商领域也投入较大精力进行市场拓展，目前已拥有了 80 多万的微商代理。线上销售已成为洗涤用品行业的重要渠道之一，2016 年，网络销售占据行业终端市场份额的 20% 左右。

渠道融合加快

洗涤产品拥有快消产品低附加值、体积重和用户消费习惯等特点，因此线下销售仍是目前的主要方式，但线上销售占比正快速增长。预计未来，综合超市、便利店、卖场、微店和网络销售等线上线下深度结合将成为洗涤用品企业销售渠道的未来发展方向，各种渠道之间的融合会进一步加快。

3.2 产品细分市场

洗涤用品结构不断优化

洗涤用品包括个人清洁护理用品、家庭清洁护理用品、工业和公共设施清洁护理用品三大品类体系，产品形态除常态化的粉状和块状洗涤剂外，使用方便、节能降耗的液体化产品得到快速增长和发展。此外，除考虑功效性外，更加注重安全与环保、生产过程中的节能节水以及运输过程中能耗和物耗的降低。

中国洗涤用品行业的产品结构不断优化，传统的肥（香）皂产量基本保持稳定，洗衣粉产量增速放缓，液体洗涤剂得到了快速发展，促进了整个洗涤用品行业产量的增长。

在市场份额方面，肥（香）皂、洗衣粉市场占比有所下降，液体洗涤剂比例不断上升，其中尤以洗衣液发展最快，产量占比由 2011 年的 9.8% 提高到 21.1%（见图 5）。另外，家居清洁护理产品以及工业与公共设施清洗剂也得到了较快发展。

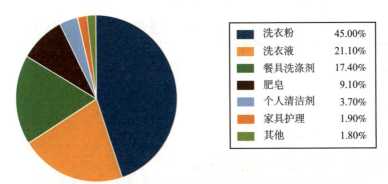

洗衣粉	45.00%
洗衣液	21.10%
餐具洗涤剂	17.40%
肥皂	9.10%
个人清洁剂	3.70%
家具护理	1.90%
其他	1.80%

图 5   2016 年中国肥皂及合成洗涤剂制造行业主要产品市场份额

资料来源：华通行业研究。

3.3 地区市场

2016 年中国洗涤用品行业产量分布如表 1 所示。

表 1   2016 年中国洗涤用品行业产量分布

省份	产量占比（%）
广东	37.0
四川	10.2
河南	9.0
山东	7.2
安徽	6.3
浙江	6.0
天津	3.8
湖南	3.3
上海	3.2
吉林	2.1

资料来源：国家统计局，华通行业研究。

3.3.1 中国合成洗涤剂产业生产集群成熟

各地区经济发展的不平衡也造成了合成洗涤剂行业分布和发展的不均衡性。目前，中国合成洗涤剂行业已形成以广东省为代表的珠江三角洲地区，以上海市、浙江省、江苏省为代表的长江三角洲地区，以四川省为代表的西南地区等三大板块。

3.3.2 广东是国内最大的生产基地

广东是国内最强大的合成洗涤剂生产制造基地，集中了立白、蓝月亮、浪奇等国内知名品牌，形成了以此为核心的庞大生产基地。2016 年，广东省合成洗涤剂产量达到 480.6 万吨，占全国合成洗涤剂产量的 37.0%。

3.4 终端市场

杂货商店和超市是主要分销渠道

由图 6 可以看出，肥皂及合成洗涤剂作为日用品，会通过多种终端进行销售，其中最主要的渠道为各种形式的超市和杂货商店。

超市在经营模式上具有一致性和规范性，在服务、经营方面较为成熟，是肥皂及合成洗涤剂产品最大的销售渠道。近年来，超市作为日用消费品的主要分销渠道，从经济发达的一二线城市向三四线城市快速扩展。预计未来，随着城市化进程的进一步加快，这一销售终端的份额将保持平稳态势。

在较小的城市、乡镇及农村地区，产品主要通过分布广泛、各种形式的杂货商品店进行销售，因此，杂货商店也是本行业重要的销售渠道之一，通常设在居民区内，如便利店、小卖部等。通过这种终端销售的产品主要为中低端产品。

2016 年，本行业的出口额占行业销售收入的比重为 5.6%，主要出口目的地为美国以及周边亚洲地区。

近年来，随着电子商务的快速崛起和在线购物的普及，网络销售快速发展，成为本行业产品销售的重要渠道之一。目前，多数企业通过进驻各种电商平台加强其线上销售渠道，如与天猫、京东、苏宁易购等进行合作。未来，随着居民消费方式的转变，网络销售的份额将进一步增长。

日化专营店以其灵活多变的形式成为随处可见的日化产品销售终端，在中小型城市和乡镇市场则尤为突出。近年来，专营店销售占比不断下降，主要原因是网购渠道的挤压以及商超渠道的下沉。

其他销售终端所占份额相对较小。

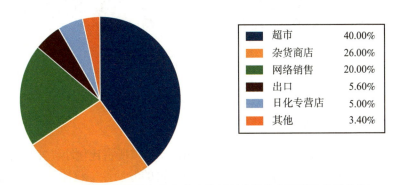

超市	40.00%
杂货商店	26.00%
网络销售	20.00%
出口	5.60%
日化专营店	5.00%
其他	3.40%

图 6　2016 年中国肥皂及合成洗涤剂制造行业主要销售终端份额

资料来源：华通行业研究。

4 对 外 贸 易

4.1 全球市场

发达国家以液体化、浓缩化产品为主

发达国家目前基本上以液体化、浓缩化产品为主。美国在 20 世纪 80 年代就开始推进洗衣粉浓缩化，2003 年后又开始推进液体洗涤剂的浓缩化进程，目前，液体洗涤剂已占市场 80% 以上的份额；西欧市场液体化和浓缩化的趋势也非常明显，自 2009 年起洗衣液市场份额就超过了洗衣粉，并且市场优势逐年扩大；日本浓缩洗衣粉占洗衣粉总量的 95% 以上，液体洗涤剂近年来也发展迅速，2011 年，日本洗衣液市场份额也首次超过洗衣粉，并且两者差值在逐年扩大，超浓缩洗衣液近年来也有了较快发展，产品表面活性剂含量都在 50% 以上，有的甚至达到 70% 以上。此外，以胶囊洗涤剂为代表的单次剂量产品近年来在欧美等发达国家产品市场快速发展，市场份额逐年扩大。

与发达国家相比，发展中国家洗涤剂产品结构尚有不少差距。以"金砖五国"（中国、巴西、南非、俄罗斯、印度）为例，目前市场上产品品类方面仍以洗衣粉为主，洗衣液正处于起步或快速发展期，块状肥皂依然占有相当比例；产品形态方面，主要还是以普通型产品为主，浓缩型产品比重较小。

4.2 出口

4.2.1 出口波动较大

中国肥皂及合成洗涤剂绝大部分属于内销，出口所占比例小。2012~2016 年，中国肥皂及合成洗涤剂制造行业出口表现出一定的波动性，整体保持增长，出口额从 11.1 亿美元增长到 15.6 亿美元，复合增长率为 8.4%（见图 7）。

2013 年，受产能大幅增长影响，中国肥皂及合成洗涤剂制造行业出口活跃，出口金额实现高速增长，同比涨幅达 32.4%。2014 年，出口金额实现稳定增长，相较 2013 年增长了 8.2%。2015 年，由于产品价格优势逐渐减弱和国际市场需求低迷，行业出口额同比下滑了 4.4%。2016 年，得益于"一带一路"扩大国际市场，行业出口额实现小幅增长，同比增速为 2.6%。

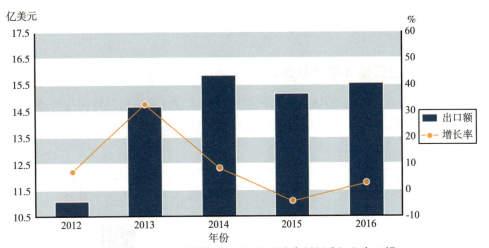

图 7　2012~2016 年中国肥皂及合成洗涤剂制造行业出口额

资料来源：中国海关，华通行业研究。

4.2.2　出口国家较分散，主要集中在美国和亚洲地区

如图 8 所示，中国肥皂及合成洗涤剂产品出口地区较分散，主要集中在美国以及亚洲地区。美国是该行业产品最大的出口目的地，消费量较大，2016 年对美国出口额为 1.9 亿美元，占行业总出口额的 12.3%。

亚洲地区主要包括日本、中国香港地区、澳大利亚、马来西亚、越南、菲律宾等，其中，对日本和中国香港地区的出口金额较大。2016 年，中国出口到日本和中国香港地区的产品价值占全部出口金额的 19.3%。周边国家和地区距离中国较近，运输费用较少，且税率较低是其成为中国肥皂及合成洗涤剂出口到该地区的主要原因。

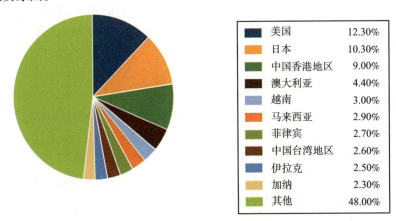

美国	12.30%
日本	10.30%
中国香港地区	9.00%
澳大利亚	4.40%
越南	3.00%
马来西亚	2.90%
菲律宾	2.70%
中国台湾地区	2.60%
伊拉克	2.50%
加纳	2.30%
其他	48.00%

图 8　2016 年中国肥皂及合成洗涤剂制造行业主要出口国家和地区

资料来源：中国海关，华通行业研究。

353

4.3 进口

4.3.1 进口整体保持快速增长

如图 9 所示，2012~2016 年，中国肥皂及合成洗涤剂进口总体保持快速增长，进口额从 5.8 亿美元增长到 8.8 亿美元，复合增长率达 10.7%。

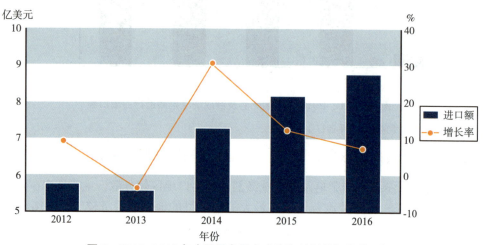

图 9　2012~2016 年中国肥皂及合成洗涤剂制造行业进口额

资料来源：中国海关，华通行业研究。

2013 年，受国内需求放缓的影响，进口额同比下降了 3.4%，2014~2015 年，得益于消费者消费观念的转变及产品结构升级拉动，进口额快速增长，同比涨幅达到 30.4% 和 12.3%。2016 年，进口肥皂及合成洗涤剂市场呈现稳定增长态势，但增速有所放缓，进口额同比增长了 7.3%，主要受国内产品竞争力的增强影响。

4.3.2 主要从发达国家进口

由图 10 可以看出，中国肥皂及合成洗涤剂进口地区分布较分散，进口主要来自日本、美国及德国等发达国家和地区。

2016 年，18.1% 的产品由日本进口。其次为美国，进口额占到了将近 17.7%。第三为德国，所占份额达到 16.6%。这三个进口国家制造技术领先，新产品研发能力较强，成为主要进口国家。

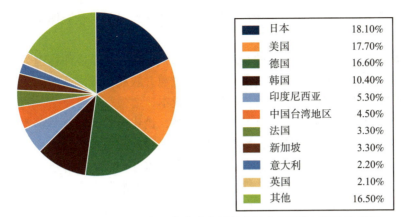

日本	18.10%
美国	17.70%
德国	16.60%
韩国	10.40%
印度尼西亚	5.30%
中国台湾地区	4.50%
法国	3.30%
新加坡	3.30%
意大利	2.20%
英国	2.10%
其他	16.50%

图 10   2016 年中国肥皂及合成洗涤剂制造行业主要进口国家和地区

资料来源：中国海关，华通行业研究。

5　市　场　竞　争

5.1　竞争维度

5.1.1　内部竞争维度

肥皂及合成洗涤剂制造厂商主要在以下几个方面展开竞争：

价格。肥皂及合成洗涤剂具有高度同质性，产品供给较为充分，因此该行业的价格竞争较为激烈。具体的价格竞争方式包括：同量低价、同价多量以及低价多量。

品牌。洗涤用品是习惯性消费，因此消费者对品牌具有非常高的忠诚度。另外，由于该行业产品的差异化水平较低，知名度较高的品牌往往被认为具有较高的品质保证，消费者倾向于选择这些品牌的产品。知名品牌如超能、奥妙、蓝月亮、雕牌、立白等，在中国市场上消费者认同度较高，在与其他品牌的竞争中占据绝对优势。

产品创新。肥皂及合成洗涤剂制造行业的产品创新主要体现在产品形态上，龙头企业通过不断开发新形态的产品，满足不同偏好消费群体的需要，从而在市场竞争中占得先机，如皂液、洗衣片的推出。

包装和主题。差异化和富有创意的产品外包装设计和主题主要针对不同年龄

和偏好的消费群体。例如，企业设计针对不同香味产品的外包装图案，针对儿童群体设计具有动画图案的包装等。

规模经济。近年来，企业的利润空间不断被压缩，小企业往往因为入不敷出而倒闭。龙头企业则利用资金优势，不断通过兼并收购和建立新的生产基地等方式扩充产能，通过规模经济优势，降低生产成本，增强竞争力。

销售渠道。作为普及率较高的日用消费品，销售终端的数量决定着产品的销量。目前，大多数企业已通过传统和现代的方式建立起覆盖全国的、高渗透率的销售网络，如国内龙头企业除拥有传统的线下渠道外，还通过自建或进驻主流电商平台的方式拥有了丰富的现代销售渠道，在竞争中占据优势。

促销方式。促销方式作为阶段性刺激消费者购买行为的重要方式，地位是非常重要的。消费者对不同促销方式的接受情况存在着较大的差异。对于洗涤用品来说，超值加量、折价优惠和买几送几均是消费者愿意接受的几种主要促销方式。

5.1.2 外部竞争因素

该行业基本不存在外部竞争，行业内产品互为竞争产品。

5.1.3 主要成功要素

肥皂及合成洗涤剂制造企业的主要成功要素包括：
- 品牌塑造；
- 高品质原材料投入；
- 产品规模和产能利用率；
- 高效的成本控制能力；
- 具备广泛的分销／采购网络；
- 新产品开发。

5.2 竞争格局

5.2.1 市场竞争激烈

经过多年发展，中国洗涤用品产品门类已经相对比较齐全，基本能够满足消费者不断升级的需求。然而，目前市场上产品同质化现象仍较为严重，产能过剩导致激烈的市场竞争。个别企业为追求利润最大化而采取短视行为，加上众多社会资本的涌入，加剧了市场竞争，也使得产品质量良莠不齐，影响了行业的健康可持续发展。

5.2.2　中国品牌竞争力逐渐增强

近年来，中国洗涤用品的产量呈现出平稳增加的趋势。洗涤产品涌现出很多知名品牌，但国内洗涤用品市场的份额却主要被宝洁和联合利华等外资企业占据，如奥妙、汰渍等知名洗涤产品均为宝洁和联合利华生产，中国品牌中，仅有雕牌在洗衣皂市场占据了较大份额。

在当前的市场格局内，中国品牌越来越具有竞争力，在洗衣粉、洗洁精、洗衣液等重要领域都具有较强优势。在品牌竞争力榜单中，雕牌、立白、白猫在国内洗涤产品领域都有各自的主打产品，给外资品牌造成了一定的竞争压力。

5.2.3　差异化创新成竞争点

近年来，随着市场竞争的不断加剧，中国洗涤用品企业的营销压力、渠道压力与日俱增。由于传统渠道存在进场费、堆头费、扣点等多项费用开支，且在电商的冲击下不断推高渠道成本，导致厂商不堪重负，洗涤行业的龙头企业开始进行变革，如洗涤剂龙头品牌蓝月亮和威露士先后开拓线上市场，通过渠道创新寻找新的盈利增长点。

在激烈的市场竞争下，企业纷纷通过增加产品品类、延伸产品线、投放新产品、换新包装等方式加大与消费者接触面来提高销售额。在外资品牌走进二三线城市市场的同时，内资洗涤品牌也开始向高端市场进入，如立白推出去渍霸全效洗衣粉；纳爱斯的宣传语转变为"只为提升您的生活品质"，都是其提升品牌定位、进军高端市场的信号。

5.2.4　企业并购

当产业资本和金融资本发展到一定阶段时，必然会出现企业之间相互渗透、相互融合，通力合作、相互促进的跨越式发展，企业并购即为时代发展的必然产物。近年来，随着市场竞争的不断加剧，中国洗涤用品行业盈利能力逐渐下降。由于企业规模直接决定企业的利润水平和品牌的影响力，因此在行业集中度提高的过程中，优势企业通过产业并购扩大规模进行不断扩张。

5.3　行业集中度

5.3.1　行业集中度较高

中国肥皂及合成洗涤剂制造行业集中度不断提高，规模效应、品牌效应凸显。产量排名前10位的企业已占全行业总产量的80%以上。一线企业如联合利华、

宝洁、蓝月亮、纳爱斯、立白等以其高品牌知名度、较强的市场营销能力和消费者忠诚度占据了市场的主要份额。

随着利润率进一步走低，行业领先企业将利用品牌知名度和规模优势，继续扩大在二三线城市和农村地区的市场份额。预计未来行业集中度将进一步提高，企业规模效应、品牌效应凸显。

5.3.2 细分市场品牌集中度较高

行业内产品种类众多，细分市场表现出较高的品牌集中度。2015 年，肥（香）皂市场，前 10 家企业占肥（香）皂总产量的 86%；洗衣粉市场，前 10 家企业洗衣粉产量占洗衣粉总产量的 76%；洗衣液市场，前 10 家企业洗衣液产量占洗衣液总产量的 87% 左右；洗涤剂市场，餐具洗涤剂前 10 家企业产量占洗涤剂总产量的 84%。

5.4 成本结构

行业采购成本比重大

如图 11 所示，2016 年中国肥皂及合成洗涤剂制造行业的利润总额约占行业销售收入的 6.3%，比 2015 年略有下降。2016 年，其行业营销费用、人工成本和物流成本在增加，行业的盈利能力被压缩。

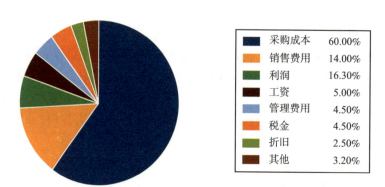

采购成本	60.00%
销售费用	14.00%
利润	16.30%
工资	5.00%
管理费用	4.50%
税金	4.50%
折旧	2.50%
其他	3.20%

图 11 2016 年中国肥皂及合成洗涤剂制造行业成本结构

资料来源：华通行业研究。

行业最大的成本来自原材料采购，2016 年采购成本占到了销售收入的60.0%。行业主要原料包括表面活性剂、烷基苯、脂肪醇、助剂及其他。2016 年，原材料价格下降，一定程度上缓解了行业的采购成本压力。

销售费用主要包括包装费、运输费、广告费、装卸费、保险费、展览费、租赁费等，主要源于销售渠道的建设和维持，品牌塑造和新产品推广等。2016 年，销售费用占销售收入的 14.0%。

管理费用主要包括办公费、业务招待费、修理费、仓库经费、排污费等。随着国家对环保标准要求的不断提高，排污费用有所增加。2016 年，管理费用占销售收入的 4.5%。

工资成本约占全部销售收入的 5.0%。在国内通货膨胀压力下，近年来劳动力成本不断上涨。

税金支出占行业总收入的 4.5%。

折旧约占行业总收入的 2.5%。随着该行业的产能扩张，在固定资产上的投资明显增长，主要表现在新建厂房、引进先进设备等。

其他支出包括水电费用、保险支出、财务费用和其他杂项费用，约占行业总收入的 3.2%。

5.5 进入壁垒

进入壁垒适中

该行业对产品生产设备的投资是企业初始投资的主要构成，对新进企业来说形成了一定的进入壁垒。

对于该行业的小企业，其产品主要在本地销售，但对市场领先企业而言，建立一个覆盖全国的完善高效的销售网络是保持市场份额和控制成本的关键。宝洁、联合利华、纳爱斯等领先企业均依托其广泛的销售网络，使其产品迅速进入全国市场。新进入企业需要较大的资本和时间投入来建立完善其销售网络，构成了一定的进入壁垒。

近年来，该行业的主要产品价格持续下降，给中小企业的生存带来压力，领先企业可以利用规模优势降低成本，提高生产效率。因此，在盈利不断下降的形势下，较大企业享有规模经济效应，给新进入的企业带来挑战。

6 重点企业

该行业竞争力优势品牌企业如表 2 所示。

表 2   **该行业竞争力优势品牌企业**

排名	公司名称	品牌	产品品类
1	联合利华（中国）有限公司	奥妙、清扬、多芬、力士	洗衣粉、洗洁精、皂粉、洗衣液、洗发露、沐浴露
2	宝洁（中国）有限公司	汰渍、碧浪、舒肤佳、海飞丝、沙宣、潘婷	洗衣粉、洗洁精、皂粉、洗衣液、洗发露、沐浴露
3	纳爱斯集团有限公司	雕牌、超能	洗衣粉、洗洁精、皂粉、洗衣液
4	南风化工集团股份有限公司	奇强	洗衣粉、皂粉、洗衣液
5	欧莱雅（中国）有限公司	清扬、飘柔	洗发露
6	广州立白企业集团	立白	洗衣粉、洗洁精、皂粉、洗衣液
7	蓝月亮（中国）有限公司	蓝月亮	洗衣液、洗手液
8	北京绿伞化学股份有限公司	绿伞	洗衣液、洗衣粉
9	广州是浪奇实业股份有限公司	浪奇	洗衣液、洗衣粉、洗洁精
10	上海和黄白猫有限公司	白猫	洗衣粉、洗洁精
11	强生（中国）有限公司	强生	沐浴露
12	威莱（广州）日用品有限公司	威露士、卫新、妈妈壹选	洗衣液、洗洁精
13	洛娃集团	洛娃	洗衣液、洗洁精、洗衣粉、皂粉、洗手液、清洁剂
14	上海家化联合股份有限公司	六神	花露水
15	汉高（中国）投资有限公司	施华蔻、丝蕴	洗发露
16	花王（中国）投资有限公司	洁霸	洗衣粉、洗衣液
17	利洁时家化（中国）有限公司	滴露、奇力洁	沐浴液、香皂、洗手液
18	西安开米股份有限公司	开米	蔬果清洗剂
19	中山榄菊日化实业有限公司	榄菊	洗洁精
20	北京金鱼科技股份有限公司	金鱼	洗洁精

2016 年洗衣液十大品牌企业排名如表 3 所示。

表 3   **2016 年洗衣液十大品牌企业排名**

排名	公司名称	品牌
1	蓝月亮（中国）有限公司	蓝月亮

从 产业 变化看未来

中国市场企业营销战略及行业分析

更正说明

由于编著者的疏忽，在文件整理中出现错行问题，导致表中内容混乱，现予以更正！

表2　　　　　　　　该行业竞争力优势品牌企业

排名	公司名称	品牌	产品品类
1	联合利华（中国）有限公司	奥妙、清扬、多芬、力士	洗衣粉、洗洁精、皂粉、洗衣液、洗发露、沐浴露
2	宝洁（中国）有限公司	汰渍、碧浪、舒肤佳、海飞丝、沙宣、飘柔、潘婷	洗衣粉、洗洁精、皂粉、洗衣液、洗发露、沐浴露
3	纳爱斯集团有限公司	雕牌、超能	洗衣粉、洗洁精、皂粉、洗衣液
4	南风化工集团股份有限公司	奇强	洗衣粉、皂粉、洗衣液
5	欧莱雅（中国）有限公司	巴黎欧莱雅、卡诗	洗发露
6	广州立白企业集团	立白	洗衣粉、洗洁精、皂粉、洗衣液
7	蓝月亮（中国）有限公司	蓝月亮	洗衣液、洗手液
8	北京绿伞化学股份有限公司	绿伞	洗衣液、洗衣粉
9	广州市浪奇实业股份有限公司	浪奇	洗衣液、洗衣粉、洗洁精
10	上海和黄白猫有限公司	白猫	洗衣粉、洗洁精
11	强生（中国）有限公司	强生	沐浴露
12	威莱（广州）日用品有限公司	威露士、卫新、妈妈壹选	洗衣液、洗洁精
13	洛娃集团	洛娃	洗衣液、洗洁精、洗衣粉、皂粉、洗手液、清洁剂
14	上海家化联合股份有限公司	六神	花露水
15	汉高（中国）投资有限公司	施华蔻、丝蕴	洗发露
16	花王（中国）投资有限公司	洁霸	洗衣粉、洗衣液
17	利洁时家化（中国）有限公司	滴露、奇力洁	沐浴液、香皂、洗手液
18	西安开米股份有限公司	开米	蔬果清洗剂
19	中山榄菊日化实业有限公司	榄菊	洗洁精
20	北京金鱼科技股份有限公司	金鱼	洗洁精

2016 年洗衣液十大品牌企业排名如表 3 所示。

表 3   2016 年洗衣液十大品牌企业排名

排名	公司名称	品牌
1	蓝月亮（中国）有限公司	蓝月亮
2	威莱（广州）日用品有限公司	威露士
3	威莱（广州）日用品有限公司	卫新
4	联合利华（中国）有限公司	奥妙
5	纳爱斯集团有限公司	超能
6	广州立白企业集团	立白
7	宝洁（中国）有限公司	汰渍
8	宝洁（中国）有限公司	碧浪
9	威莱（广州）日用品有限公司	妈妈壹选
10	北京绿伞化学股份有限公司	绿伞

2016 年洗衣粉十大品牌企业排名如表 4 所示。

表 4   2016 年洗衣粉十大品牌企业排名

排名	公司名称	品牌
1	宝洁（中国）有限公司	汰渍
2	联合利华（中国）有限公司	奥妙
3	纳爱斯集团有限公司	超能
4	花王（中国）投资有限公司	洁霸
5	纳爱斯集团有限公司	雕牌
6	宝洁（中国）有限公司	碧浪
7	广州立白企业集团	立白
8	上海和黄白猫有限公司	白猫
9	南风化工集团股份有限公司	奇强
10	广州市浪奇实业股份有限公司	浪奇

2016年洗发露十大品牌企业排名如表5所示。

表5 2016年洗发露十大品牌企业排名

排名	公司名称	品牌
1	宝洁（中国）有限公司	海飞丝
2	宝洁（中国）有限公司	潘婷
3	联合利华（中国）有限公司	清扬
4	宝洁（中国）有限公司	沙宣
5	欧莱雅（中国）有限公司	巴黎欧莱雅
6	联合利华（中国）有限公司	多芬
7	宝洁（中国）有限公司	飘柔
8	汉高（中国）投资有限公司	施华蔻
9	联合利华（中国）有限公司	力士
10	汉高（中国）投资有限公司	丝蕴

2016年洗洁精十大品牌企业排名如表6所示。

表6 2016年洗洁精十大品牌企业排名

排名	公司名称	品牌
1	上海和黄白猫有限公司	白猫
2	广州立白企业集团	立白
3	纳爱斯集团有限公司	雕牌
4	中山榄菊日化实业有限公司	榄菊
5	威莱（广州）日用品有限公司	绿劲
6	蓝月亮（中国）有限公司	蓝月亮
7	威莱（广州）日用品有限公司	妈妈壹选
8	广州市浪奇实业股份有限公司	高富力
9	广州南顺清洁用品有限公司	斧头牌
10	纳爱斯集团有限公司	超能

续表

排名	公司名称	品牌
2	威莱（广州）日用品有限公司	威露士
3	威莱（广州）日用品有限公司	卫新
4	联合利华（中国）有限公司	奥妙
5	纳爱斯集团有限公司	超能
6	广州立白企业集团	立白
7	宝洁（中国）有限公司	汰渍
8	宝洁（中国）有限公司	碧浪
9	威莱（广州）日用品有限公司	妈妈壹选
10	北京绿伞化学股份有限公司	绿伞

2016 年洗衣粉十大品牌企业排名如表 4 所示。

表 4　　　　　　　　　　2016 年洗衣粉十大品牌企业排名

排名	公司名称	品牌
1	宝洁（中国）有限公司	汰渍
2	联合利华（中国）有限公司	奥妙
3	纳爱斯集团有限公司	超能
4	花王（中国）投资有限公司	洁霸
5	纳爱斯集团有限公司	雕牌
6	宝洁（中国）有限公司	碧浪
7	广州立白企业集团	立白
8	上海和黄白猫有限公司	白猫
9	南风化工集团股份有限公司	奇强
10	广州市浪奇实业股份有限公司	浪奇

2016 年洗发露十大品牌企业排名如表 5 所示。

表 5　　　　　　　　　　2016 年洗发露十大品牌企业排名

排名	公司名称	品牌
1	宝洁（中国）有限公司	海飞丝

续表

排名	公司名称	品牌
2	联合利华（中国）有限公司	潘婷
3	欧莱雅（中国）有限公司	清扬
4	宝洁（中国）有限公司	沙宣
5	联合利华（中国）有限公司	欧莱雅
6	宝洁（中国）有限公司	多芬
7	联合利华（中国）有限公司	飘柔
8	欧莱雅（中国）有限公司	施华蔻
9	宝洁（中国）有限公司	力士
10	联合利华（中国）有限公司	丝蕴

2016 年洗洁精十大品牌企业排名如表 6 所示。

表 6　　　　　　　　　2016 年洗洁精十大品牌企业排名

排名	公司名称	品牌
1	上海和黄白猫有限公司	白描
2	广州立白企业集团	立白
3	纳爱斯集团有限公司	雕牌
4	中山榄菊日化实业有限公司	榄菊
5	威莱（广州）日用品有限公司	绿劲
6	蓝月亮（中国）有限公司	蓝月亮
7	威莱（广州）日用品有限公司	妈妈壹选
8	广州市浪奇实业股份有限公司	高富力
9	广州南顺清洁用品有限公司	斧头牌
10	纳爱斯集团有限公司	超能

7 经 营 环 境

7.1 政策法规

7.1.1 主管部门：国家食品药品监督管理局

中国洗涤用品由国家食品药品监督管理局、国家质量监督检验检疫总局主管。

7.1.2 规范市场浓缩洗涤剂命名，推广"浓缩洗涤剂"标志

中国洗涤用品工业协会于 2009 年始在行业推广"浓缩洗衣粉"标志；2012 年 9 月推出了"浓缩洗涤剂"标志。2012 年 6 月，协会又发布了《关于规范洗涤剂产品名称的通知》，要求行业企业对符合或略高于国家标准或行业标准的洗涤剂不再宣称"超浓缩"、"超超浓缩"、"高浓缩"、"浓浓缩"、"高浓度"等概念。这些举动旨在宣传环保、低碳产品，倡导消费者绿色、健康的消费方式，促进行业进步。

7.1.3 《食品安全国家标准洗涤剂》

2016 年 9 月，由国家卫生和计划生育委员会发布的《食品安全国家标准洗涤剂》正式实施，明确规范了洗涤剂的术语、定义以及技术要求。其中，在原料要求中明确了表面活性剂、防腐剂、着色剂、香精等原料使用规范。

7.1.4 强制性国家标准不再强制执行

2017 年 4 月，国家质量监督检验检疫总局、国家标准化管理委员会发布将《漂白粉、漂白液生产安全技术规范》《双氧水安全规程》《手洗餐具用洗涤剂》等强制性国家标准转化为推荐性国家标准，所述标准不再强制执行。

7.2 行业扶持

7.2.1 政府扶持洗涤用品产业发展

2016 年，中国洗涤用品行业发展"十三五"规划出台。规划指出，主营业务收入到 2020 年达到 2100 亿元，年均增长率达到 5%。

鼓励企业促进结构调整。到 2020 年，浓缩（高效）洗衣粉占洗衣粉总量的比重达到 20%，衣用液体洗涤剂占衣用洗涤剂总量的比重达到 60%，浓缩（高效）液体洗涤剂占液体洗涤剂总量的比重达到 20%。

推动关键共性技术研究开发。开发可再生资源为原料和功能性的油脂化学品、绿色油脂催化剂、废油脂和油脂化工副产物的深度利用等技术，以及节能减排工艺技术的研究与应用。开发具有国际先进水平的生物质基绿色表面活性剂技术、具有特殊功能的高效表面活性剂及其应用技术、节能节水型洗涤剂及其配用表面活性剂的清洁生产技术。

7.2.2　关税降低

化学品关税降低。自 2017 年 1 月 1 日起对进口商品实施暂定税率，肥皂及有机表面活性剂产品进口关税最惠国税率由原来的 15% 暂定为 10%，

7.2.3　实现全国通关一体化

2017 年《政府工作报告》要求"实现全国通关一体化"，各个海关都成为整体流程中的一个环节，执法更加统一、规范、高效。通过"一次申报、分步处置"，在口岸排查安全准入风险后，货物即可放行，放行后海关实施征管作业，从而大大加快货物通关速度。通过企业"自报自缴"，海关税收征管作业后置，进一步缩短货物通关时间，降低贸易成本，也有利于强化企业申报责任。2017 年，海关将加快风险防控中心、税收征管中心的建设布局并全面启用，其他配套改革同步推进，基本完成全国通关一体化改革。全国实现通关一体化后，会大大加快货物通关速度，简化行业的进出口流程。

7.3　技术/体系

新型功能性原料技术

技术进步与创新促进了行业平稳、快速发展。经过多年的发展，中国肥皂及合成洗涤剂制造行业实现了较大技术进步，现已成为世界洗涤用品生产大国。针对终端产品功能化与差异化的需求，表面活性剂原料在传统大宗品种方面不仅实现了规模化、集约化，在装备及工艺方面得到了提升，部分产品达到了国际先进水平，大宗原料实现了自给自足；同时在国家科技支撑计划的支持下，适合于洗涤剂产品的新型功能性原料的生产有所突破，如突破了表面活性剂部分催化、装置及分子设计的关键技术、实现醇醚糖苷的万吨级产业化、脂肪酸甲酯磺酸盐的万吨级产业化等，对优化洗涤用品配方起到了积极作用。

8 市 场 预 测

8.1 关键影响因素

8.1.1 家庭可支配收入水平

家庭可支配收入水平决定了消费者对于洗涤用品的购买能力。预计未来随着我国居民家庭可支配收入迅速增长,消费者对日用品的消费品的需求将日益增长,促进肥皂及合成洗涤剂制造行业发展。

8.1.2 城镇化进程的加快

城市化进程的加快将促使城乡差异逐步缩小,带动农村居民生活习惯不断改善,增加对健康护理用品的使用。同时,城镇化的推进将促使居民生活内容更加丰富,居民对健康护理用品的消费需求越来越强,成为拉动市场增长的新动力。

8.1.3 消费者对提升生活品质的追求

随着生活质量的不断提高,人们的消费需求也呈现升级趋势。高端洗涤用品的环保性能、洗涤效果正在被越来越多的消费者接受。洗衣粉、肥皂这种传统的洗涤用品不再是购买时的首选。越来越多的消费者选择洗衣液、洗衣凝珠等新式高端洗涤用品。消费者对生活品质的追求会促进对洗涤用品高端产品的需求。

8.1.4 产品创新

不同形态、功能和包装的肥皂及合成洗涤剂受到不同消费群体的青睐。如洗衣粉、洗衣液、洗衣片较适合机洗消费群体;肥皂较适合手洗消费群体。此外,产品创新还体现在产品功能上,如为迎合消费者多样化的需求,肥皂产品推出了婴儿皂、内衣专用皂等,洗衣液也有婴幼儿专用、户外专用等。

8.1.5 产品功效

产品功效是影响洗涤用品消费行为的最重要的因素之一。消费者对洗涤产品的功效需求具有多元化的特点,洗涤去污能力、气味清新和不伤皮肤等功效的需求相对更为集中。若消费者偏好气味清新、容易冲洗、不伤皮肤和持久耐用等功效，则会选择洗衣皂、洗衣液产品。

8.2　市场发展预测

8.2.1　行业仍将保持平稳增长

随着中国经济的稳步发展、城市化进程不断加快、居民生活水平的进一步提升等，洗涤用品必然会继续稳定增长。预计未来 5 年，洗涤用品行业仍将保持平稳增长。在产品更新与消费升级的大环境下，洗涤用品市场将出现档次更高、质量更佳、更能满足消费者需求的新产品，逐渐替代现有产品，产品结构进一步升级。

8.2.2　浓缩化产品是未来发展趋势

随着全球低碳时代到来，国内洗涤用品市场也与国际接轨。预计未来，随着人们对生活品质要求的提高，仅提供具有去污效果的洗涤产品已无法满足消费者需求，具有衣物柔顺、消毒等效果的多功能洗涤用品将更受消费者青睐，绿色、安全环保、健康的产品更容易被消费者接受。与普通洗涤产品相比，浓缩化产品具有绿色、高效、节能环保等特点，符合国家环保政策要求，且操作简单，性价比更高，是未来洗涤用品市场的发展方向。

8.2.3　网络销售将成为主要战场

作为标准化程度非常高的日化产品，洗涤用品非常适合在线上销售。近年来，淘宝、天猫、1 号店、京东等电商平台中，洗涤用品均为重要的产品组成部分。由于网购具有价格低廉、购买方便、送货上门等优点，已成为消费者购买洗涤用品的重要销售渠道。预计未来，随着居民消费方式进一步向线上转移，以及热衷于网络消费的"80 后"、"90 后"消费群体崛起，网络销售将成为行业内企业竞争的主战场。

8.2.4　消费者消费趋势的变化将引领行业发展

随着城镇化进程的加快，消费者的生活条件将得到改善，生活习惯将逐渐发生变化，必然也会带来消费习惯的变化，比如消费理念的提升、自动洗衣机普及率的提高、洗涤频率的改变，等等。消费者消费方式的改变，将对行业的发展模式产生影响。

附　录

一、中国传媒大学广告学院简介

中国传媒大学广告学院成立于 2002 年 7 月，是国内较早建立的广告学院，也是国内广告学教育层次最为完备的广告学院。学院前身为成立于 1988 年的北京广播学院新闻系广告学专业，1989 年招收首届广告学专业本科生，1993 年招收全国第一届广告学硕士研究生，2000 年招收全国第一届广告学方向博士研究生。

学院下设广告学系、公共关系系、新媒体与传播系、艺术设计系等教学单位，开办广告学、公共关系学、网络与新媒体、视觉传达设计等专业，涵盖了本科、硕士、博士等各个教学层次，为学生提供了完整的学习型空间、创造性环境和创新研究机会，构建了国内一流、国际领先的广告及相关专业教育体系。

多年来，学院在教学、科研、国际交流与合作、社会服务等方面，"政、产、学、研、用"结合，打造各领域相互支撑的融通平台，为学生成人、成才，创新、创业提供有力的支持，以创新引领教学。主要科研机构包括国家广告研究院（国家工商行政管理总局批准设立）、中国广告博物馆、全国公益广告创新研究基地、首都传媒经济研究基地、商务品牌战略研究所、公关舆情研究所、战略传播研究所、IAI 国际广告研究所、IMI 市场信息研究所、广告主研究所、危机管理研究所、高龄沟通与传播研究所、媒介研究所、美术传播研究所、IP 跨界传播研究中心、广告史学与文献研究中心、互动媒体设计中心、公共艺术与设计研究中心、内容银行国家重点实验室、大数据联合实验室等，形成了创意与设计、市场与效果、企业与广告生态、品牌传播、广告作品、舆情与形象、媒介产业与新媒体、广告历史等研究群，处于中国广告研究的最前沿。

多年来，学院与国家工商行政管理总局、国家新闻出版广电总局、中央精神文明建设指导委员办公室、中国广告协会、中国广告主协会、中国商务广告协会等政府、行业机构，以及全球范围内主要传媒集团、媒体机构、营销传播集团、广告公司、公关公司等建立了长期的合作关系，合作领域涉及人才培养、科研、学术交流、咨询服务等，为教学、科研以及学生实习实践、就业创业提供了广阔的平台。

多年来，广告学院学生在教育部全国大学生广告艺术大赛、中国广告协会全国大学生广告大赛、戛纳广告节、美国 ONE SHOW 青年创意营、时报广告金犊奖、全国大学生视觉设计大赛、中文字体设计大赛、全国公共关系策划大赛等国内、国际大学生广告大赛中获得了优异的成绩。毕业生就业领域广泛，涵盖政府、企业、各大媒体、各大营销传播机构。

同时，广告学院、国家广告研究院、全国公益广告创新研究基地、中国广告博物馆主办并受各政府机构、行业协会以及各类组织委托主办、承办了各类面向学界、业界的专业活动。学院各专业教师在各类国际、全国性奖项评选中担任评审团主席、评委等职，为推动行业发展做出了突出贡献。

二、众盟数据简介

众盟数据，成立于 2013 年，4 年以来始终专注于线下数据的持续积累和价值挖掘，目前拥有国内最大的线下数据体系，包括 200 万＋线下应用场景，覆盖 300＋ 城市。

成立之初，众盟数据即获得互联网大佬级天使投资。从 2016 年起，众盟数据 2 年内完成多轮融资。2017 年完成由云峰基金领投，IDG 资本、昆仲资本跟投的 B+ 轮融资，2016 年完成由 IDG 资本、昆仲资本领投，盛景网联跟投的亿元级 B 轮融资，由复星锐正领投、九鼎投资跟投的 A+ 轮融资，以及由九鼎投资、海子金融联合投资的 A 轮融资。

众盟数据是只为新零售服务的线下数据平台，致力于帮助企业实现线下数据资产化。公司以线下数据资产化理论及实践成果为指导，通过集数据获取、合成、应用为一体的闭环生态，助力没有"大数据＋"的企业实现新零售的转型升级。众盟数据的线下数据资产化包括有效获取数据资源、全面盘活数据资产、持续积累数据资本三个层面，解决的是新零售发展的核心问题——用线下数据也就是活数据，全方位连接企业和消费者。众盟数据所做的，就是让线下数据作为资产或资本流通在物联网体系之中，也流通于经济市场之中，使其真正成为第一生产力。

众盟数据的线下数据资产化实践应用方案，不仅帮助包括老庙黄金、红星美凯龙、欧尚超市等传统商业进行了业态升级，也在为来电、星糖、新印相、玩美、头等舱等新零售及共享经济企业推进线下数据资产化。

三、北京华通人商用信息有限公司简介

北京华通人商用信息有限公司（简称"华通人公司"）创始于 1992 年，作为领先的信息服务与市场研究的专业性公司，专注于宏观经济、行业、企业及商用市场数据的采集、研究与分析，致力于帮助客户洞悉市场、有效决策。

华通人公司依托国家统计局等权威数据源为基础，凭借专业的宏观经济分析和产业分析模型，为客户提供统计咨询服务、行业研究分析、商业智能与数据挖掘服务等。

华通人公司在媒体、汽车、IT、化工、能源、零售、金融等多个领域服务全球领先企业，积累了丰富的研究经验，并拥有熟悉中国市场及专业服务能力的顶尖研究咨询团队和数据挖掘团队。

华通人公司长期服务国内一线媒体，提供重点广告主行业发展情况监测、重点广告主企业营销行为监测，根据媒体业务特点及优势进行潜力行业及潜力企业挖掘，实现广告客户的精准营销。

后　记

——在课堂，遇见未来

一本好书的形成，总会有一些人，还会有一些故事。这本书也是如此，有寻常的故事，也有特别的故事。还有一些精神也是至关重要。

2016年9月初，秋季学期刚刚开始，何海明主任正式调入广告学院任教。岗位设在网络与新媒体系，职位是国家广告研究院副院长。作为教授的海明首先致力于课程的创新，并在第一时间推出了新课"广告主行业研究"，而我和我的团队（广告主研究所）有幸加入到了该课程中来，一起经历了这个特别的故事。

回想起来，记忆犹新。2016年12月14日，海明教授用微信建立了"广告主行业研究"课程筹备小群，群里的12个人，6位来自中国传媒大学广告学院，6位来自课程的赞助方——众盟公司。正是海明在营销业界的影响力、在中国企业家以及管理者圈层中的口碑、对广告主行业的洞见以及对大学课堂教育趋势的思考，等等，使得该课程迅速落地。2017年2月28日下午，课程正式开启并且跨越了整个春季学期。

这些走上课堂的企业管理者跨越了六大行业，分别是饮用水行业、啤酒行业、白酒行业、汽车业、洗涤用品行业、家电业。时逢数字化技术深刻改变着我们的经济和社会，这些行业也正在经历跌宕的历史变革。不仅仅是品牌之路，更有独到的中国式营销；不仅仅是产品创新，更有前瞻的管理变革；不仅仅是战略求索，更有深刻的忠告和反思。16讲，16人，共同构成了这个特别的故事。

寻常的故事就是我们连续了17年的日常。广告主研究所的初心是走进企业，通过实证研究让学界和业界得以更快速地碰撞和共鸣，或引领或服务或共同建设。初心虽好，砥砺前行。从广告主基础调研到成功的传播案例研究，再到央企品牌传播研究，我们多个角度发力，其中一些正是和中央电视台广告经营中心共同开展的研究。在当年的海明主任眼中，即使是国家电视台，也必须充分地去研究行业、研究企业，勤跑一线做实证，这种日常和广告主研究所的日常并无二致。回想起来，一起登门拜访企业管理者的日子还犹在眼前。

时至今日，营销环境发生着巨变，诸多困惑也时时涌现：在新一轮的营销生态巨变中，我们要往何处去？升级创新的方向又是什么？路径又在哪里？而这本书的应运而生不仅有益于我们的思考，更是对我们行动的砥砺推动。

最后，这本书涉及的精神，又是什么呢？为什么说至关重要呢？这部分的感悟还有一个重要的来源，那就是每次课后，我们会邀请企业家和管理者们进行一个深度访谈，尽管行业不同、所处的世代不同、各自的背景不同、企业文化不同，但是体会最深的就是企业管理者们的这个共同的精神——实干精神以及独立精神。

梁启超在民国十六日《给孩子们书》中说道："今在学校中只有把应学的规矩尽量学足……我生平最服膺曾文正两句话；'莫问收获，但问耕耘。'将来成就如何；现在想他则甚？着急他则甚？一面不可骄盈自慢，一面又不可怯弱自馁，尽自己能力做去，做到哪里是哪里，如此则可以无入而不自得，而于社会亦总有多少贡献。我一生学问得力专在此一点，我盼望你们都能应用我这点精神。"

时至今日，这种精神不仅是孩子们，更是教师们、各路职场精英们都应该积极应用起来的一种精神。而令人喜悦的是，这种精神在企业家和优秀管理者群体中是素养也是底蕴。也正是因为这门课，这本书，我们的团队也有了新的成长，包括我自己，在倾听中思考，在思考中改变。通过传播，我们相信会有更多的人受益。而时下的风气让很多年轻人在大学、在职场都无法潜心耕耘，从而错失了最好的成长。我们从课堂做起，从课程做起，从这本书做起，努力创造更多的机会让这种精神来到我们中间。我们相信这种精神影响着我们的未来，也让我们更好地面对未来。

杜国清

2017 年 12 月 10 日